あなたの予想と馬券を変える
革命競馬

競馬のプロが使っている
上がり指数
ガツンと儲ける！攻略ガイド

「競馬の天才！」編集部

はじめに

月刊誌「競馬の天才！」は、その前身である「競馬最強の法則」時代より、「馬券術」に重きを置いた誌面作りを行なってきた。近年の若い競馬ファンは「馬券術」という言葉に〝陰謀論〟にも似た、よからぬ何かを感じることもあるようだが、ずっと中にいる作り手からしてみれば、「馬券術」とはすなわち「公式」である。

競馬、レースという難問を解くにあたって、無為無策では心許ないし、勝ち目がない。

あるいは、予想にあまり時間をかけず、気軽に答え＝馬券にたどり着きたい。

そんな自らの欲望を満たし、読者の期待に応えるべく、お届けしてきたのが「馬券術」である。

残念ながら、その答え＝馬券は、必ずしも正解＝当たり馬券とはならない。

それでも、作り手である我々が常に意識し続けてきたのは、雑誌を手に取り、記事を読んでくれた読者であれば皆、必ず同じ答え＝買い目にたどり着ける、という部分である。数学や物理で必ずひとつの「解」へと至るように、「馬券術」というフィルターを通せば、必ず同じ馬券が買えるのだ。

ゆえに、競馬における「馬券術」とは、数学や物理でいうところの「公式」に他ならない。

雑誌のタイトルが変わった件については、それこそ単行本にでもまとめたいくらい、まるでドラマのような出来事がいろいろと起こったわけだが……。「競馬の天才！」を冠してからというもの、編集部には「馬券術」における悲願があった。

『天才』を名乗る以上、数学や物理の『公式』を用いたアプローチによって『馬券術』を生み出したい」

結論からいってしまえば、そうした一念から誕生したのが本書で紹介する**「上がり指数」**である。

だが、この「上がり指数」は雑誌への掲載を見送った。

なぜなら、驚くほど馬券で儲かったからである。

雑誌のアイデンティティに反するようなことをいうが、「馬券術」は「必勝法」たり得ない。

というのも、優れた「馬券術」であればあるほど、競馬ファンに広く浸透していくのは自明の理。こうして優れた「馬券術」が多数派になった瞬間、「必勝法」は「必敗法」へと成り下がる。

それがパリミュチュエル方式によってオッズが決まるギャンブルの宿命だからだ。

2023年、この「上がり指数」を実戦に本格投入している編集部のひとりは、年間回収率129％という金字塔を打ち立てた。それも全開催日＝107日のうち106日、実に1323レースに参戦して、である。

これだけの結果を出せる指数である。誰もがアクセス可能な状態になれば、あっという間に広まり、我々の食い扶持を持っていかれるのは目に見えている。

それゆえ、「上がり指数」は、雑誌でその「公式」を明かしていない。

編集部が運営するオンラインサロン「天才！の競馬サロン」（P174～175参照）でのみ、指数値やその狙い目を公開するにとどめているのが現状だ。

よって、最初にお断りさせていただくが、本書でもそのすべては明かせない。

が、どのような思考によって「上がり指数」にたどり着いたのか、そして、数学もしくは物理におけるどのような「公式」を基にしたのかは、じっくりと紹介していく所存だ。

以上をご了承のうえ、ページを先にめくっていただければ幸いである。

2025年4月吉日　競馬の天才！編集部

目次

第4章　高配当ハンティング！上がり指数活用編

目次

装丁●橋元浩明（sowhat.Inc.）　本文DTP●オフィスモコナ
写真●武田明彦　馬柱●天才！の競馬サロン

※名称、所属は一部を除いて2025年3月20日時点のものです。
※成績、配当、日程は必ず主催者発行のものと照合してください。

馬券は必ず自己責任において購入お願いいたします。

第1章

競馬の二大必勝法と物理法則

「逃げる馬」と「上がり最速の馬」

本書で紹介していく「上がり指数」とは、読んで字のごとく、競走馬の「上がりの脚」に着目した指数である。編集部が運営するオンラインサロンの開設にあたり、何か新しい馬券作戦や指数の開発を、という話になり、編集部の悲願ともいえる「公式」を用いた「馬券術」として生み出したものだ。

では、なぜ「上がりの脚」に狙いを定めたのか？ まずはそこから説明していこう。

皆さんは競馬における「必勝法」をご存知だろうか。

いきなり本書の冒頭（はじめに）で断言した「『馬券術』は『必勝法』たり得ない」とは矛盾するような物言いになってしまうが、競馬には「必勝法」が存在する。しかも、それはひとつだけではなく、少なくとも2つあることを編集部は確認している。

ただ、それは「馬券術」ではない。いや、「馬券術」になっていない……とするのが正解か。

なぜなら、その2つの「必勝法」は、いまだに法則化や公式化がされていないからである。多くの競馬ファンが儲かる狙い目として認識しているのにも関わらず、だ。逆説的な言い方になるが、誰もがわかっちゃいるが、実践できないからこそ「必勝法」として成立しているのだ。

まずは必勝法・その1から。

「今走で『逃げる馬』を買い続ける」

これである。あまりに有名であるため、やっぱりな、と思った方も多いのではなかろうか。全競馬ファンにとって長年の夢だろうが、事前にこれがわかれば馬券で蔵が建つ。

念のため、過去10年の成績を見ておこう。

■今走で「逃げた馬」の成績

15年	勝率17・2％	複勝率38・8％	単回値167円	複回値138円
16年	勝率16・8％	複勝率38・4％	単回値216円	複回値136円
17年	勝率18・0％	複勝率38・9％	単回値197円	複回値137円
18年	勝率17・9％	複勝率40・4％	単回値207円	複回値140円
19年	勝率18・4％	複勝率40・6％	単回値175円	複回値134円
20年	勝率18・6％	複勝率40・2％	単回値205円	複回値139円
21年	勝率19・6％	複勝率41・0％	単回値227円	複回値139円
22年	勝率19・4％	複勝率41・9％	単回値210円	複回値131円
23年	勝率19・6％	複勝率44・1％	単回値207円	複回値140円
24年	勝率19・7％	複勝率42・7％	単回値185円	複回値138円

ご覧の通り、ＪＲＡの全レースを買ったとしても勝率は16～20％、複勝率は40％前後と高い好走率を誇る。

そのうえ、単勝回収値は少なくとも１６７円、数字が上がりにくい複勝回収値でさえ10年連続で１３０円以上を記録しており、文字通り「必勝法」と呼ぶに相応しい数字が並ぶ。

確実に「逃げる馬」がわかっているのであれば、何も考えず、ただひたすら単複を買い続ければ儲かる寸法である。ただ問題は、その正答率は１００％に近い数字が求められる、ということ。繰り返しになるが、誰もがわかっちゃいるが実践できない、というのが実情である。

できないことを紐解いても仕方がない、という意見もあるだろうが、知見《ちけん》は得られる。

この「逃げた馬」を買い続けてさえいれば儲かるという事実は、競馬が物理的に前の馬に有利な競技であることを示しているし、物理的に前が有利なレース、つまりはスローペースが多いことの証明でもある。

余談だが、ハイペースやスローペースという判断は、人間が勝手に判断しているだけに過ぎない。

「ペースが速かったものの前が残った」

というフレーズはおなじみだが、前が残っている時点で、その馬にとって、あるいはそのクラスや競馬場にとっては、決して速くないペースだったといっていい。

おそらく、我々競馬ファンが思っている以上に、馬にとっての適切なペース＝平均ペースというのは、もっと速いものなのだろうと予測する。プレイヤー（主に騎手）たちがその事実に気づき、もっともっとペースを上げていかない限り、未来永劫、「逃げる馬」は儲かり続けるはずだ。

では、２つ目の「必勝法」はどうだろうか。

実は「今走で『逃げる馬』を買い続ける」と同じくらい強固で揺るぎない必勝法なのだが、競馬ファンのなかにも、こちらのほうは知らなかった、思いつかなかった、という方が少なからずいる。

あまりもったいぶっても仕方ないので、ここはあっさりと白状してしまおう。競馬における二大必勝法のもうひとつ、必勝法・その2がこちらだ。

「今走で『上がり最速をマークする馬』を買い続ける」

先ほどとはある意味正反対、真逆の狙い目である点が非常にユニークだが、レースの上がり3ハロン、つまり最後の６００ｍで一番速いタイムをマークする馬も、買い続ければ必ず儲かるのだ。

こちらも過去10年の成績を確認しておこう。

■今走で「上がり最速（＝1位）をマークした馬」の成績

15年	勝率30・4%	複勝率61・9%	単回値295円	複回値205円
16年	勝率30・2%	複勝率62・0%	単回値291円	複回値209円
17年	勝率31・5%	複勝率63・3%	単回値310円	複回値208円
18年	勝率35・3%	複勝率67・1%	単回値292円	複回値204円
19年	勝率33・7%	複勝率65・3%	単回値305円	複回値206円
20年	勝率33・7%	複勝率65・3%	単回値335円	複回値208円
21年	勝率33・2%	複勝率65・5%	単回値284円	複回値205円
22年	勝率35・2%	複勝率66・7%	単回値305円	複回値206円
23年	勝率33・8%	複勝率65・9%	単回値335円	複回値208円
24年	勝率33・6%	複勝率64・9%	単回値286円	複回値207円

ご覧の通り、こちらは必勝法・その1以上に素晴らしい成績を残しているのがおわかりいただけるだろう。

勝率は30％以上、複勝率でも60％以上を確実にクリアしているように、好走率は毎年の1番人気の数字に匹敵するほどである。にも関わらず、こちらは平均で5・3番人気にとどまっているため、大きなリターンが望めるのだ。

その単勝回収値は300円前後、複勝回収値でも200円超と凄まじい。「逃げる馬」の単勝回収値より「上がり最速をマークする馬」の複勝回収値が上なのだから驚きである。

この2つの必勝法からわかることをまとめよう。

それは、競馬は「前半のポジション取りに優れた馬」か「後半の差し脚に優れた馬」――このどちらか、あるいは双方に優れた馬が勝ちやすい競技である、ということだ。**「物理的に位置取りのいい馬」**と**「上がりの脚が物理的に速い馬」**といい換えてもいいだろう。

どちらも当たり前のことではあるのだが、地球上で物体が動く時点で物理からは逃れられないし、競馬も例外ではない、ということである。そして、物理に即した狙い目であるからこそ、年によって成績に大きなブレが生じることもない。馬が入れ替わっても、ジョッキーが入れ替わっても、物理的な有利不利は変化がないのだから当然だろう。

ゆえに、競馬に何かドラスティックな変化がない限り、あるいは、こちらはもっとあり得ないが地球上の物理法則が覆るような何が起こらない限り、これら2つの方法は今後も必勝法として成立し続けるに違いない。物理とは、それほど絶対的なことわりなのだ。

逆にいえば、競馬予想にもっともっと物理的なアプローチを取り入れることによって、馬券を攻略することができるかもしれない。

とある競馬予想AIで〝億り人〟となった人物は、自身のX（旧Ｔｗｉｔｔｅｒ）にて「競馬は物理だ」という趣旨のポストを残している。また、本誌に幾度となく登場している当世最高の予想家のひとりは、四半世紀以上も競馬の物理的な部分に目を向けてプラス収支を築いている。

こうした実例を鑑《かんが》みても、競馬予想における物理的なアプローチは限りなく正解に近いはずだ。ならば、編集部の指針は決まったも同然である。

表1●今走で逃げた馬の成績（2015～24年の10年間）

年	着別度数	勝　率	複勝率	単回値	複回値	単適回値
2015年	621- 457- 324- 2211/ 3613	17.2%	38.8%	167	138	142.3
2016年	607- 437- 344- 2228/ 3616	16.8%	38.4%	216	136	136.9
2017年	651- 423- 329- 2208/ 3611	18.0%	38.9%	197	137	147.4
2018年	645- 480- 330- 2148/ 3603	17.9%	40.4%	207	140	137.7
2019年	664- 448- 351- 2143/ 3606	18.4%	40.6%	175	134	136.3
2020年	679- 429- 356- 2178/ 3642	18.6%	40.2%	205	139	141.7
2021年	713- 444- 337- 2146/ 3640	19.6%	41.0%	227	139	150.7
2022年	705- 476- 340- 2112/ 3633	19.4%	41.9%	210	131	141.7
2023年	709- 529- 358- 2019/ 3615	19.6%	44.1%	207	140	138.9
2024年	714- 486- 349- 2080/ 3629	19.7%	42.7%	185	138	135.9
10年間	6708-4609-3418-21473/36208	18.5%	40.7%	200	137	140.8
芝	2679-1979-1553-10830/17041	15.7%	36.4%	195	135	145.2
ダート	3576-2372-1684- 9947/17579	20.3%	43.4%	201	139	137.0

表2●今走で上がり最速をマークした馬の成績（2015～24年の10年間）

年	着別度数	勝　率	複勝率	単回値	複回値	単適回値
2015年	1181- 693- 531- 1479/ 3884	30.4%	61.9%	295	205	191.9
2016年	1186- 730- 516- 1491/ 3923	30.2%	62.0%	291	209	185.7
2017年	1228- 709- 530- 1430/ 3897	31.5%	63.3%	310	208	186.8
2018年	1364- 721- 511- 1270/ 3866	35.3%	67.1%	292	204	193.0
2019年	1306- 751- 478- 1346/ 3881	33.7%	65.3%	305	206	195.5
2020年	1314- 736- 496- 1350/ 3896	33.7%	65.3%	335	208	200.5
2021年	1296- 764- 494- 1348/ 3902	33.2%	65.5%	284	205	194.2
2022年	1355- 710- 500- 1282/ 3847	35.2%	66.7%	287	196	192.4
2023年	1318- 743- 511- 1330/ 3902	33.8%	65.9%	292	205	194.9
2024年	1301- 752- 458- 1359/ 3870	33.6%	64.9%	276	194	187.8
10年間	12849-7309-5025-13685/38868	33.1%	64.8%	297	204	192.3
芝	6257-3866-2621- 7066/19810	31.6%	64.3%	256	190	175.7
ダート	6592-3443-2404- 6619/19058	34.6%	65.3%	339	219	211.3

前と後ろ――どちらから攻めるべきか

新たな馬券術を物理的なアプローチによってつくり上げることを決定した編集部は、改めて競馬における2つの必勝法について議論を重ねた。

■競馬における二大必勝法

1. 今走で「逃げる馬」を買い続ける

2. 今走で「上がり最速をマークする馬」を買い続ける

1に関しては、すでに「予測不可能」という立場を取っているが、2に関しても同様だ。競馬ファンであれば誰でもシステマティックに予測が可能ということなら、こちらも必勝法たり得ない。誰もできていないからこそ、この2つの必勝法は成り立っているのだ。耳にタコだろうが、それこそパリミュチュエル方式を採用するギャンブルの定めである。

では、本当に予測不可能なのか。あるいは、予測が可能だとしたら、どんな手法を用いればそれが叶うのか。必勝法がわかっている以上、それもわかっているだけで2つも存在しているのであれば、なおさら追究していかないのはウソだろう。「競馬の天才！」の名が廃《すた》るというものだ。

では、「逃げる馬」と「差す馬」のどちらを究めていくのか。

これは意見が割れるところで、正解はないのかもしれない。

だが、本書のタイトルからすでにおわかりの通り、編集部では必勝法2の「上がりの脚」、「後ろから差す馬」に着目していくことを選んだ。その理由についても、しっかりと説明していきたい。

最大の理由は、先に示したデータからも一目瞭然、**「逃げた馬」**より**「上がり最速の馬」のほうが好走率も回収値もはるかに高い**からである。

どれだけ予想の精度が上がったとしても、残念ながら100％の的中はあり得ない。必ず間違いを起こす。ならば、それを前提に「どれだけ間違いに耐えられるか」は、非常に重要な部分といえよう。太い柱で建てられた家は少々柱が削れてもビクともしないが、細い柱で建てられた家は少しでも柱が削れると途端にグラついてしまう――よくわからない例え話になってしまったが、いわんとしていることは伝わるのではないか。

それを裏付けるデータを紹介していこう。

■今走で「3角を2番手で通過した馬」の成績

15年	勝率13・2％	複勝率35・6％	単回値139円	複回値124円
16年	勝率12・2％	複勝率33・8％	単回値124円	複回値105円
17年	勝率13・5％	複勝率36・0％	単回値124円	複回値110円
18年	勝率13・5％	複勝率36・7％	単回値126円	複回値117円
19年	勝率14・0％	複勝率36・9％	単回値108円	複回値105円
20年	勝率14・3％	複勝率36・9％	単回値135円	複回値117円
21年	勝率15・7％	複勝率37・8％	単回値146円	複回値112円
22年	勝率15・4％	複勝率38・7％	単回値120円	複回値117円
23年	勝率15・0％	複勝率37・6％	単回値138円	複回値110円
24年	勝率15・3％	複勝率40・0％	単回値134円	複回値115円

これは過去10年における「3角を2番手で通過した馬」の成績である。

続けて「3角を3番手で通過した馬」もご覧いただきたい。

■今走で「3角を3番手で通過した馬」の成績

15年	勝率10・2%	複勝率31・6%	単回値89円	複回値97円
16年	勝率11・3%	複勝率32・1%	単回値95円	複回値92円
17年	勝率10・1%	複勝率31・4%	単回値80円	複回値89円
18年	勝率11・5%	複勝率33・7%	単回値91円	複回値96円
19年	勝率11・3%	複勝率33・6%	単回値95円	複回値94円
20年	勝率12・0%	複勝率33・7%	単回値116円	複回値99円
21年	勝率11・4%	複勝率33・8%	単回値83円	複回値93円
22年	勝率10・8%	複勝率33・3%	単回値88円	複回値98円
23年	勝率10・5%	複勝率32・8%	単回値90円	複回値95円
24年	勝率10・6%	複勝率34・7%	単回値91円	複回値98円

いずれも「逃げた馬」の次点以降の馬として「3角を2番手で通過した馬」と「3角を3番手で通過した馬」の成績を抜き出してみたが、前に行く馬で儲かるのは「逃げた馬」と「2番手の馬」まで。「3番手」でプラスゾーンから転落しているように、「3角4番手以降」の馬はベタ買いしても儲からない。逃げると思って狙った馬が逃げられなかった場合、2番手なら希望は残るが、3番手だとアウト――そう捉えることもできる。

これが、物理に支配されている競馬という競技の真実である。

表3●今走で3角2番手の馬の成績（2015～24年の10年間）

年	着別度数	勝　率	複勝率	単回値	複回値	単適回値
2015年	615- 577- 467- 3005/ 4664	13.2%	35.6%	139	124	107.3
2016年	572- 582- 426- 3095/ 4675	12.2%	33.8%	124	105	100.8
2017年	624- 595- 444- 2956/ 4619	13.5%	36.0%	124	110	107.7
2018年	640- 612- 484- 2997/ 4733	13.5%	36.7%	126	117	105.2
2019年	657- 580- 494- 2959/ 4690	14.0%	36.9%	108	105	103.7
2020年	677- 590- 485- 2991/ 4743	14.3%	36.9%	135	117	109.1
2021年	737- 587- 449- 2916/ 4689	15.7%	37.8%	146	112	114.5
2022年	720- 611- 481- 2867/ 4679	15.4%	38.7%	120	117	111.7
2023年	701- 596- 459- 2920/ 4676	15.0%	37.6%	138	110	109.2
2024年	722- 656- 505- 2830/ 4713	15.3%	40.0%	134	115	106.1
10年間	6665-5986-4694-29536/46881	14.2%	37.0%	129	113	107.6
芝	2489-2313-1936-14967/21705	11.5%	31.0%	102	94	97.5
ダート	3866-3333-2503-13875/23577	16.4%	41.2%	153	129	115.9

表4●今走で3角3番手の馬の成績（2015～24年の10年間）

年	着別度数	勝　率	複勝率	単回値	複回値	単適回値
2015年	422- 464- 422- 2827/ 4135	10.2%	31.6%	89	97	84.3
2016年	460- 411- 432- 2760/ 4063	11.3%	32.1%	95	92	90.7
2017年	424- 471- 417- 2866/ 4178	10.1%	31.4%	80	89	80.5
2018年	465- 453- 443- 2680/ 4041	11.5%	33.7%	91	96	89.8
2019年	462- 492- 413- 2704/ 4071	11.3%	33.6%	95	94	85.0
2020年	468- 456- 389- 2581/ 3894	12.0%	33.7%	116	99	92.5
2021年	469- 484- 432- 2713/ 4098	11.4%	33.8%	83	93	87.4
2022年	447- 493- 438- 2765/ 4143	10.8%	33.3%	88	98	82.7
2023年	437- 472- 453- 2788/ 4150	10.5%	32.8%	90	95	79.2
2024年	425- 494- 473- 2619/ 4011	10.6%	34.7%	91	98	79.2
10年間	4479-4690-4312-27303/40784	11.0%	33.1%	92	95	85.0
芝	2132-2178-2041-14338/20689	10.3%	30.7%	80	86	83.4
ダート	2127-2271-2022-12290/18710	11.4%	34.3%	100	102	85.5

では「上がりの脚」の場合はどうだろうか。

こちらも「上がり最速」の次点として、「上がり2位をマークした馬」の成績を見てみよう。

■今走で「上がり2位をマークした馬」の成績

15年	勝率19.2%	複勝率51.5%	単回値190円	複回値166円
16年	勝率19.3%	複勝率52.2%	単回値175円	複回値169円
17年	勝率19.5%	複勝率53.5%	単回値172円	複回値172円
18年	勝率19.1%	複勝率54.9%	単回値175円	複回値169円
19年	勝率19.6%	複勝率55.5%	単回値188円	複回値174円
20年	勝率20.3%	複勝率55.8%	単回値186円	複回値178円
21年	勝率19.7%	複勝率55.5%	単回値169円	複回値174円
22年	勝率20.4%	複勝率55.7%	単回値170円	複回値171円
23年	勝率19.8%	複勝率53.5%	単回値187円	複回値158円
24年	勝率20.8%	複勝率56.0%	単回値184円	複回値170円

好走率でいえば、若干ではあるが「逃げた馬」を上回っており、回収値に関しては「3角を2番手で通過した馬」を遥かに凌ぐ数字を残している。

特に優れているのが複勝率と複勝回収値で、勝率と単勝回収値に対して妙に高い値を示しているのだ。客観的に推測すると、「いい脚で差してきたものの勝ち切れず。ただし、3着以内はキッチリ確保した」という状況を表しているのではないだろうか。

さらに「上がり3位をマークした馬」についても、ご覧いただきたい。

■今走で「上がり3位をマークした馬」の成績

15年	勝率12・9％	複勝率42・1％	単回値121円	複回値131円
16年	勝率13・1％	複勝率43・0％	単回値139円	複回値141円
17年	勝率12・3％	複勝率43・0％	単回値135円	複回値142円
18年	勝率12・8％	複勝率45・8％	単回値130円	複回値149円
19年	勝率12・8％	複勝率45・9％	単回値133円	複回値149円
20年	勝率13・2％	複勝率47・4％	単回値121円	複回値151円
21年	勝率13・2％	複勝率45・9％	単回値132円	複回値149円
22年	勝率12・4％	複勝率44・2％	単回値114円	複回値142円
23年	勝率13・4％	複勝率45・0％	単回値120円	複回値147円
24年	勝率12・4％	複勝率43・8％	単回値116円	複回値138円

　こちらはまだまだプラス収支を維持しているし、やはり勝率と単勝回収値に対して、複勝率と複勝回収値が優秀である点に目がいく。仕事柄、ベタ買いでプラスというデータはこれまでにもさまざま目にしているが、単勝も複勝も回収値でプラスを叩き出し、なおかつ単勝回収値より複勝回収値の値が大きいデータとなると、あまり記憶にないレベルである。

　また、「3角を3番手で通過した馬」と勝率では2ポイントほどしか変わらないが、複勝率では10ポイント以上も上回っている点は特筆すべきだろう。

先ほどの設問に戻ろう。

繰り返しになるが、どれだけ予想の精度が上がったとしても、すべてを当てることは不可能である。それは認めざるを得ない。そこで「どれだけ間違いに耐えられるか」という話である。

必勝法1を追究し、「逃げる馬」を高い頻度で当てられるようになったと仮定しよう。だが、逃げられなかった場合、2番手は確保してほしいところ。データでもハッキリと示した通り、3番手ではリターンの面で心許ないからだ。

一方、必勝法2を選択した場合、心のゆとりは大きい。上がり最速ならもちろんのこと、上がり2位でも、さらには3位であっても、大きなリターンが期待できるのだから。

さらにもうひとつ、必勝法1と必勝法2には決定的な差がある。

それは「逃げる馬」の中には、ハナを奪えなかった瞬間にまったく能力を発揮できないまま終わる馬が一定数いる、ということだ。こうした馬は2番手を確保しても期待が持てない。同じ「前に行く馬」でありながら、「1番手」と「2番手」には大きな隔たりがあり、意味合いがまるで変わってきてしまう。

一方、「上がりの速い馬」というのは、その順位が1位だろうが2位だろうが、はたまた3位だろうが、競馬自体に大差はない。道中で脚を溜めて勝負どころから鋭い差し脚を繰り出す、という方向性には一切違いがないからだ。狙った馬が速い上がりを使ったのなら、しめたもの。1頭、あるいは2頭、もっと速い上がりを使う馬がいたとしても、馬券に絡み、なおかつリターンを得るチャンスがあるのは、データが示す通りである。

そう考えると、「逃げる（と思しき）馬」を狙うのは、目論見が外れた場合のリスクが大きく、**「差す馬」を狙うほうが明らかにリスクヘッジが利く**とおわかりいただけるはずだ。

表5●今走で上がり2位をマークした馬の成績（2015〜24年の10年間）

年	着別度数	勝　率	複勝率	単回値	複回値	単適回値
2015年	717- 685- 527- 1814/ 3743	19.2%	51.5%	190	166	137.0
2016年	696- 705- 487- 1726/ 3614	19.3%	52.2%	175	169	132.3
2017年	712- 709- 534- 1699/ 3654	19.5%	53.5%	172	172	129.7
2018年	687- 746- 545- 1627/ 3605	19.1%	54.9%	175	169	126.4
2019年	701- 756- 527- 1591/ 3575	19.6%	55.5%	188	174	134.2
2020年	728- 771- 508- 1588/ 3595	20.3%	55.8%	186	178	136.3
2021年	719- 733- 570- 1619/ 3641	19.7%	55.5%	169	174	133.0
2022年	742- 771- 510- 1611/ 3634	20.4%	55.7%	170	171	132.6
2023年	720- 732- 493- 1688/ 3633	19.8%	53.5%	187	158	136.4
2024年	753- 707- 570- 1594/ 3624	20.8%	56.0%	184	170	132.9
10年間	7175-7315-5271-16557/36318	19.8%	54.4%	180	170	133.0
芝	3436-3522-2738- 8615/18311	18.8%	53.0%	155	157	122.7
ダート	3739-3793-2533- 7942/18007	20.8%	55.9%	205	183	144.2

表6●今走で上がり3位をマークした馬の成績（2015〜24年の10年間）

年	着別度数	勝　率	複勝率	単回値	複回値	単適回値
2015年	448- 525- 490- 2016/ 3479	12.9%	42.1%	121	131	103.5
2016年	457- 511- 535- 1991/ 3494	13.1%	43.0%	139	141	106.0
2017年	430- 514- 557- 1991/ 3492	12.3%	43.0%	135	142	99.1
2018年	449- 556- 595- 1895/ 3495	12.8%	45.8%	130	149	98.0
2019年	455- 557- 625- 1926/ 3563	12.8%	45.9%	133	149	96.0
2020年	468- 606- 601- 1859/ 3534	13.2%	47.4%	121	151	104.2
2021年	461- 555- 590- 1893/ 3499	13.2%	45.9%	132	149	104.5
2022年	445- 540- 595- 1998/ 3578	12.4%	44.2%	114	142	96.7
2023年	461- 512- 574- 1893/ 3440	13.4%	45.0%	120	147	105.7
2024年	429- 526- 557- 1944/ 3456	12.4%	43.8%	116	138	95.2
10年間	4503-5402-5719-19406/35030	12.9%	44.6%	126	144	100.8
芝	2213-2559-2818- 9933/17523	12.6%	43.3%	122	134	96.7
ダート	2290-2843-2901- 9473/17507	13.1%	45.9%	130	154	105.1

「逃げて、差す」が物理的に最強！

ここまでお読みいただいて、「逃げる馬」を狙うことが不正解のように感じた方もいるかもしれない。だが、そんなことは一切ない。「逃げる馬」が高い確率でわかるのであれば、展開読みの精度が非常に高くなる。そうなれば、「差す馬」が届くかどうかも手に取るようにわかるし、馬券の的中率や儲けも飛躍的にアップするのは間違いないだろう。

かつて武豊騎手は、本格化を迎えたサイレンススズカを「逃げて差す馬」と評した。さすがはジョッキー界の第一人者、物理をよく理解しておいでだ。

そうなのだ。究極の話をしてしまえば、「逃げて上がり最速をマークする馬」が最強である。

■「逃げた馬」の上がり順位別成績（2015〜24年の10年間）

1位	勝率98・9%	複勝率99・9%	単回値680円	複回値217円
2位	勝率69・1%	複勝率99・9%	単回値561円	複回値241円
3位	勝率52・3%	複勝率99・5%	単回値540円	複回値277円
4〜5位	勝率36・3%	複勝率87・6%	単回値470円	複回値289円
6位以下	勝率6・0%	複勝率22・6%	単回値 90 円	複回値 95 円

これまで競馬の「過去10年データ」において、勝率98・9%などという数字はお目にかかったことがないのではなかろうか。かくいう編集部も、このようなデータは取り扱った記憶がない。まさしく究極の勝負馬といって差し支えないだろう。

ついでに逆のデータも見ておこう。

■「上がり最速をマークした馬」の脚質別成績

逃げ	勝率98・９%	複勝率99・９%	単回値６８８円	複回値２１８円
先行	勝率73・２%	複勝率99・４%	単回値４６７円	複回値２０９円
中団	勝率34・８%	複勝率80・４%	単回値３５７円	複回値２６１円
後方	勝率10・９%	複勝率36・８%	単回値１５３円	複回値１５８円
マクリ	勝率59・２%	複勝率96・０%	単回値５０１円	複回値２４１円

ご覧の通り、「上がり最速をマークした馬」も道中の位置取りが前であればあるほど、好走率も回収値も高くなる。仮に「速い上がりを使えそうな馬」を高い精度で選ぶことができるのなら、そこから道中のポジショニングについても考えたい。同じくらいの末脚を使う馬で取捨選択を迫られた際には、より前目でレースを進める馬を選ぶべきだ。蛇足ではあるが、もちろんサイレンススズカのような強い馬が立て続けに出てくるわけもない。あくまでもレース単位での相対的な話であり、そのメンバーの中で、という話である。ちなみに、近年のGIで逃げを打ち、上がり最速をマークした馬にはタイトルホルダーやドゥレッツァがいる。

当たり前のことしかいってないが、当たり前のことが当たり前に起こるのが物理法則であり、そこから逸脱しない以上、不変の法則として今後もあり続ける。

編集部が目指す新しい馬券作戦は、「上がりの脚」に着目しつつ、この「物理法則のうえに成り立つ」という部分に重きを置く――こうして方向性が定まったのである。次章では、いよいよ具体的な指数の算出方法について触れていくこととしよう。

表7●今走で逃げた馬の上がり順位別成績(2015～24年の10年間)

上がり	着別度数	勝　率	複勝率	単回値	複回値	単適回値
1位	1293- 13- 1- 1/ 1308	98.9%	99.9%	680	217	298.3
2位	1136- 499- 7- 1/ 1643	69.1%	99.9%	561	241	253.1
3位	904- 595- 219- 9/ 1727	52.3%	99.5%	540	277	233.6
4～5位	1350-1153- 760- 461/ 3724	36.3%	87.6%	470	289	197.1
6位以下	1572-2091-2250-20236/26149	6.0%	22.6%	90	95	63
芝1位	354- 4- 1- 0/ 359	98.6%	100.0%	641	199	290
芝2位	414- 160- 4- 1/ 579	71.5%	99.8%	574	229	266.5
芝3位	371- 216- 87- 5/ 679	54.6%	99.3%	568	267	249.3
芝4～5位	599- 499- 336- 234/ 1668	35.9%	86.0%	485	276	211.3
芝6位	941-1100-1125-10559/13725	6.9%	23.1%	114	106	83.1
ダ1位	939- 9- 0- 1/ 949	98.9%	99.9%	695	223	301.6
ダ2位	722- 339- 3- 0/ 1064	67.9%	100.0%	554	248	245.9
ダ3位	533- 379- 132- 4/ 1048	50.9%	99.6%	522	284	223.7
ダ4～5位	751- 654- 424- 227/ 2056	36.5%	89.0%	458	300	187.1
ダ6位	631- 991-1125- 9677/12424	5.1%	22.1%	64	84	46.4
全体	6255-4351-3237-20777/34620	18.1%	40.0%	198	137	140.4

表8●今走で上がり最速の馬の脚質別成績(2015～24年の10年間)

脚質	着別度数	勝　率	複勝率	単回値	複回値	単適回値
逃げ	1307- 13- 1- 1/ 1322	98.9%	99.9%	688	218	299.7
先行	833-1447- 279- 42/ 6601	73.2%	99.4%	467	209	243.5
中団	4449-3487-2331- 2507/12774	34.8%	80.4%	357	261	187.5
後方	1916-2207-2355-11112/17590	10.9%	36.8%	153	158	109.9
マクリ	344- 155- 59- 23/ 581	59.2%	96.0%	501	241	237.3
芝・逃	368- 4- 1- 0/ 373	98.7%	100.0%	670	206	294.9
芝・先	1922- 623- 142- 24/ 2711	70.9%	99.1%	377	198	221.9
芝・中	2579-1865-1177- 1224/ 6845	37.7%	82.1%	325	240	184.9
芝・後	1213-1299-1269- 5805/ 9586	12.7%	39.4%	152	149	110.7
芝・マ	175- 75- 32- 13/ 295	59.3%	95.6%	430	222	218.3
ダ・逃	939- 9- 0- 1/ 949	98.9%	99.9%	695	223	301.6
ダ・先	2911- 824- 137- 18/ 3890	74.8%	99.5%	529	216	260.3
ダ・中	1870-1622-1154- 1283/ 5929	31.5%	78.4%	394	286	191.1
ダ・後	703- 908 1086- 5307/ 8004	8.8%	33.7%	155	168	108.6
ダ・マ	169- 80- 27- 10/ 286	59.1%	96.5%	574	261	260.8
全体	12849-7309-5025-13685/38868	33.1%	64.8%	297	204	192.3

第2章

馬券の「解」はここにある——算出法

用いるファクターは、なるべく削ぎ落とす

第1章のラストでも記したが、編集部が目指す新たな馬券作戦の指針をまとめよう。

■新しい馬券作戦の指針

1・「上がりの脚」に着目する

2・「物理法則」のうえに成り立つ

3・今走で速い上がり（＝上がり1〜3位）を使える馬を高い精度で予測する

4・誰もが容易にアクセス可能なファクターを使用する

5・誰が実践しても必ず同じ結論に辿り着ける（「公式化」して「再現性」があるものにする）

1〜3については、1章にてデータを交えて説明してきた部分なので割愛する。

そして「4」と「5」に関しては、本誌が「馬券術」を考案するうえで前身時代より順守してきたアイデンティティのようなものであり、この2つは絶対に外せない。また、このアイデンティティが存在することによって、アプローチ方法もクッキリ見えてきた。

というのも、「上がりの脚」に着目しつつ（指針1）、競馬ファンの誰もが容易にアクセス可能なファクターを使用する（指針4）となると、利用できるものがひとつに絞られるからである。

JRAがレース結果とともに提供している公式データを見ていくと一目瞭然。出走全馬に対して個別に算出された「上がりの脚」に関するファクターは「上がり3Fタイム」しかない存在しないのだ。であれば、必然的に編集部が用いるべきは**「各馬の上がり3Fタイム」**に定まる。

ならば、単純に「前走の上がり３Ｆタイム」が速い馬を狙うだけかと思いきや、話はそう単純ではない。

ここで読者の皆さんにいくつかクイズを出したい。

■「上がり3Fタイム」にまつわるクイズ

問1・東京芝1400mと東京芝2400mでマークされた「34秒5」はどちらが優秀か？

問2・東京芝1600mと東京ダート1600mでマークされた「34秒5」はどちらが優秀か？

問3・東京芝1800mの良馬場の「34秒5」と道悪の「34秒5」はどちらが優秀か？

問4・東京芝2000mと中山芝2000mでマークされた「34秒5」はどちらが優秀か？

問5・中山芝1800mと阪神芝2000mでマークされた「34秒5」はどちらが優秀か？

こうした設問は無数に作れてしまうのでこのくらいにしておくが、この5問すべてに自信を持って答えることができ、なおかつ正解する自信がある方とは、残念ながらここでお別れである。この先を読み進めても、おそらくあなたが得られるものはそう多くはないからだ。

逆に、まったく答えられない問いがある、答えに窮する問いがある、ぼんやりわかるが自信のない問いがある――という方々は、ぜひこのままご一緒していただきたい。

いずれの設問も、問題の本質が見えやすいよう「上がり３Ｆタイム」を「34秒５」で統一したので、明らかにわかるものや見当がつくものがあるのは、ある意味当然だ。例えば「問２」や「問３」、さらには「問４」などは比較的、正答率が高いものと思われる。

だが、実際には各馬の前走の上がり３Ｆタイムは大きく異なるし、レースによっては前走の競馬場やトラック、距離、馬場状態もまちまちというケースは少なくない。

改めて先の5つの設問の本質を考えてみよう。

問1・同じ競馬場の異なる距離での優劣

問2・同じ競馬場で同じ距離、かつ異なるトラック（芝 or ダート）での優劣

問3・同じ競馬場の同じコース、かつ異なる馬場状態での優劣

問4・異なる競馬場の同じ距離での優劣

問5・異なる競馬場の異なる距離での優劣

このように、たった5つの設問ながら、考慮すべきことはなかなかに多い。さらに、前走のペースはどうだったのか、枠順はどうだったのか、勝負どころで内を突いたのか外を回したのか、といったことまで考え始めたらキリがない。まったく収集がつかなくなってしまう。

そこで、いささか乱暴ではあるが、考慮すべき要素はでき得る限り、削ぎ落としていくことにした。マジメな競馬ファンは、ありとあらゆるファクターを考慮しないと気持ち悪く感じてしまうかもしれない。それでも編集部は、これまでにお届けしてきた数々の馬券術の作成や検証、あるいは優秀な馬券師たちとの交流から、ひとつ確信していることがある。

「予想におけるファクターは多ければ多いほどいい……というわけではない」

諸事情から名前は伏せさせていただくが、かなり早い段階から競馬予想にＡＩを用いて利益を出していた、とある予想家の話だ。彼はその収益があまりに膨らんでしまい、ある段階で税務署からの手入れを受け、追徴課税を命じられてしまった。結果、彼は馬券裁判を起こして係争したのだが、このＡＩ予想のフロントランナーが「ＡＩに学習させている特徴量は『十数個』だけ」と明かしたことがある。

競馬場、トラック（芝 or ダート）、距離、馬場状態、クラス、枠番&馬番、騎手、調教師、馬体重&増減、人気&オッズ……この段階ですでに10ものファクターがあり、猶予はあと数個しかない。この時点でとても十数個に収まる気がしないし、まだまだ考慮したい、あるいは考慮すべきではないかと思われるファクターはいくつも挙げられる。

精緻な予想を行なうためには、予想ファクターが多ければ多いほど好ましいようにも思えるが、どうして彼はたったの「十数個」まで削ぎ落したのか。

その答えは実に明快であった。

「考慮するファクターが増えれば触れるほど、ＡＩの予想は人気順に寄っていく。結果、控除率の壁にはね返され、儲けることができないから」

さらに彼はこのように付け加えた。

「人気って、競馬ファンの叡智の結晶といわれるだけあって、すごく優秀なんだよ。もちろん、誰も知らないような、しかも馬券予想において有用な特徴量が無数にあるならＡＩに学習させる価値があるけど、そんなことはあり得ないからね」

儲け過ぎて税務署に目をつけられた人間の言葉だけに、我々も重く受け止めるべきだし、予想に用いるファクターを削ぎ落としていくことを恐れる必要はない。

ならば、前走の上がり3Fタイムだけを用いて、先の5つの設問に答えてみよう。

第1章でご覧いただいたように、「上がり1位」の馬はレースでの勝率が最も高く、かつ儲かることがわかっている。勝ち馬の上がりタイムの平均値を見れば、優劣の比較は十分に可能だろう。

問1・東京芝1400mと東京芝2400mでマークされた「34秒5」はどちらが優秀か？

2015～24年の10年間に両コースでマークされた勝ち時計の平均と1着馬の上がり3Fタイムの平均、さらには1～3着馬の走破タイムの平均と上がり3Fの最速タイムをまとめたものが次頁の表9、10である。2、3歳の限定戦と古馬戦（3歳以上戦と4歳以上戦の双方）に分け、そのうえでクラス別に集計してみた。

果たして、距離が短くペースが流れるであろう芝1400mのほうが上がりを要すのか、それとも単純に距離の長い芝2400mのほうが上がりを要すのか。瞬時に答えられなかった方も、これさえ見ればどちらのコースの上がり3Fタイムが速いか、一目瞭然だろう。

古馬戦を例にとって勝ち馬の上がり3Fタイムの平均値を比較してみよう。

古馬1勝クラス　1400m＝34秒22　2400m＝34秒63
古馬2勝クラス　1400m＝33秒83　2400m＝34秒26
古馬3勝クラス　1400m＝33秒58　2400m＝34秒22
古馬OPクラス　1400m＝33秒62　2400m＝34秒18

このように、いずれのクラスにおいても上がり3Fタイムは芝1400mのほうが速く、芝2400mのほうが「より上がりのかかるコース」といって間違いない。

逆にいえば、両コースでまったく同じ「34秒5」という上がり3Fタイムがマークされたのであれば、芝2400mのほうが価値のある上がりだと判断できる。

もろもろの要素を削ぎ落とし、単純に「上がり3ハロンのタイム」という一点にだけにフォーカスした場合、これが問1の正しい解答だ。

表9●東京芝1400m【クラス別】1着馬の平均タイム（2015〜24年の10年間）

年齢	クラス	レース数	頭数	1着タイム	上3F	1〜3着平均	最速3F
2歳	新馬	84	15.55	1.23.63	34.20	1.23.82	32.9
2歳	未勝利	73	15.23	1.22.68	34.53	1.22.89	33.0
2歳	1勝	20	10.10	1.22.78	34.20	1.23.00	33.1
2歳	OP	10	13.60	1.21.77	33.68	1.21.92	32.8
2歳	平均	187	14.74	1.23.07	34.30	1.23.27	32.8
3歳	未勝利	68	17.37	1.21.84	34.18	1.22.02	33.0
3歳	1勝	45	14.44	1.21.46	33.94	1.21.61	32.9
3歳	OP	10	10.90	1.21.83	33.63	1.21.98	32.5
3歳	平均	123	15.77	1.21.70	34.05	1.21.87	32.5
古馬	1勝	49	16.98	1.21.63	34.22	1.21.77	32.5
古馬	2勝	111	13.99	1.21.32	33.83	1.21.46	32.4
古馬	3勝	55	15.24	1.20.81	33.58	1.20.90	32.4
古馬	OP	30	15.70	1.20.78	33.62	1.20.89	32.2
古馬	平均	245	15.08	1.21.20	33.83	1.21.33	32.2
全	平均	555	15.12	1.21.94	34.04	1.22.10	32.2

表10●東京芝2400m【クラス別】1着馬の平均タイム（2015〜24年の10年間）

年齢	クラス	レース数	頭数	1着タイム	上3F	1〜3着平均	最速3F
3歳	未勝利	59	14.92	2.27.89	34.77	2.28.12	33.4
3歳	1勝	19	10.11	2.26.49	34.14	2.26.69	33.0
3歳	OP	30	17.27	2.24.12	34.03	2.24.28	33.0
3歳	平均	108	14.72	2.26.60	34.46	2.26.80	33.0
古馬	1勝	59	10.36	2.27.09	34.63	2.27.32	33.0
古馬	2勝	68	10.74	2.26.03	34.26	2.26.20	32.7
古馬	3勝	35	12.83	2.25.78	34.22	2.25.93	32.7
古馬	OP	19	13.84	2.24.56	34.18	2.24.71	32.7
古馬	平均	181	11.34	2.26.18	34.36	2.26.36	32.7
全	平均	289	12.61	2.26.33	34.40	2.26.52	32.7

※「上 3F」＝上がり 3F タイム　※「1 〜 3 着平均」＝ 1 〜 3 着馬の平均走破タイム
※「最速 3F」＝その条件で記録された最速上がり 3F タイム
※芝 2400m の 2 歳戦はないため割愛

問2・東京芝1600mと東京ダート1600mでマークされた「34秒5」はどちらが優秀か？

同じ距離で芝とダートの比較であれば、誰がどう考えても芝コースのほうが上がりは速くなるはずである。正直、データを見るまでもない問題だとは思うのだが、得られる知見はあるはずだ。論より証拠で左頁の表11、12をご確認いただきたい。

ここも古馬の上がり3Fタイムの平均を抜き出して比較してみる。

古馬1勝クラス　芝1600m＝34秒18　ダ1600m＝36秒53
古馬2勝クラス　芝1600m＝33秒76　ダ1600m＝36秒14
古馬3勝クラス　芝1600m＝33秒69　ダ1600m＝35秒95
古馬OPクラス　芝1600m＝33秒58　ダ1600m＝35秒68

ご覧の通り、どのクラスであっても芝のほうが2秒以上速くなっており、芝とダートでは芝のほうが速い上がりが出ると改めて証明された格好だ。

つまり、両コースで「34秒5」という同じ上がり3Fタイムが計時された場合、ダートのほうが圧倒的に価値のある時計である。逆に芝では古馬1勝クラスの勝ち馬の平均上がり3Fタイムにも遠く及ばず、この上がりで好走するためには前目のポジションが必須だろう。

さて、こんな当たり前の結果ではあるが、やはり発見があった。それは、東京の1600m戦は、芝もダートも前半1000mのタイムに大きな差がない、ということだ。2つの表の一番下の項目は年齢を問わずに全レースの平均値である。そこから導ける前半1000mは芝が1分0秒55、ダートが1分1秒0と、わずか0秒45しか変わらないのだ。上がりに大きなタイム差が生じるのは当然といえよう。

表11●東京芝1600m【クラス別】1着馬の平均タイム（2015〜24年の10年間）

年齢	クラス	レース数	頭数	1着タイム	上3F	1〜3着平均	最速3F
2歳	新馬	128	14.34	1.36.56	34.13	1.36.79	32.7
2歳	未勝利	96	14.00	1.35.36	34.57	1.35.56	33.0
2歳	1勝	20	10.00	1.35.04	33.95	1.35.15	32.9
2歳	OP	20	11.40	1.34.34	33.78	1.34.53	32.8
2歳	平均	264	13.67	1.35.84	34.25	1.36.05	32.7
3歳	新馬	14	15.93	1.36.56	34.14	1.36.76	33.1
3歳	未勝利	108	16.81	1.34.59	34.49	1.34.78	32.9
3歳	1勝	33	11.79	1.34.15	34.00	1.34.31	32.9
3歳	OP	20	16.40	1.33.08	34.20	1.33.21	32.9
3歳	平均	175	15.75	1.34.50	34.34	1.34.67	32.9
古馬	1勝	87	14.95	1.33.98	34.18	1.34.12	32.7
古馬	2勝	86	11.55	1.33.89	33.76	1.34.04	32.3
古馬	3勝	45	13.53	1.33.58	33.69	1.33.69	32.2
古馬	OP	50	15.90	1.32.56	33.58	1.32.69	32.0
古馬	平均	268	13.80	1.33.62	33.85	1.33.75	32.0
全	平均	707	14.23	1.34.67	34.12	1.34.84	32.0

表12●東京ダート1600m【クラス別】1着馬の平均タイム（2015〜24年の10年間）

年齢	クラス	レース数	頭数	1着タイム	上3F	1〜3着平均	最速3F
2歳	新馬	59	15.41	1.39.08	36.90	1.39.51	35.2
2歳	未勝利	121	14.26	1.38.85	37.48	1.39.18	35.3
2歳	1勝	15	11.00	1.37.41	36.53	1.37.71	34.8
2歳	OP	5	13.60	1.36.98	36.78	1.37.22	36.1
2歳	平均	200	14.34	1.38.76	37.22	1.39.12	34.8
3歳	新馬	30	15.63	1.39.89	37.45	1.40.32	36.1
3歳	未勝利	288	15.63	1.38.57	37.27	1.38.85	35.3
3歳	1勝	64	14.61	1.37.34	36.74	1.37.58	35.2
3歳	OP	29	13.69	1.36.21	35.83	1.36.44	34.3
3歳	平均	411	15.34	1.38.31	37.10	1.38.59	34.3
古馬	1勝	251	14.61	1.37.50	36.53	1.37.72	33.9
古馬	2勝	143	15.28	1.36.59	36.14	1.36.80	34.1
古馬	3勝	62	14.85	1.36.14	35.95	1.36.33	33.8
古馬	OP	43	15.58	1.35.33	35.68	1.35.50	34.0
古馬	平均	499	14.91	1.36.89	36.28	1.37.09	33.8
全	平均	1110	14.97	1.37.75	36.75	1.38.01	33.8

問3・東京芝1800mの良馬場の「34秒5」と道悪の「34秒5」はどちらが優秀か？

続いては、同じ競馬場の同じコースにおける良馬場時と道悪時の上がり3Fタイムについてである。これもどう考えても、問2と同様に検証するまでもないだろうが、しっかり検証していこう（表13、14）。便宜上、この項で扱う「道悪」とは、稍重・重・不良をすべて含めたものとする。

古馬1勝クラス　芝1800m・良＝33秒87　芝1800m・道悪＝34秒59
古馬2勝クラス　芝1800m・良＝33秒75　芝1800m・道悪＝34秒44
古馬3勝クラス　芝1800m・良＝33秒54　芝1800m・道悪＝35秒58
古馬OPクラス　芝1800m・良＝33秒55　芝1800m・道悪＝34秒23

当然、良馬場時の上がり3Fタイムのほうが速いため、同じ上がり3Fタイムであれば道悪のほうに価値がある。ただ、このタイム差を見て読者の皆さんはどのように感じただろうか。データの少ない3勝クラスだけ顕著な差が出てしまっているものの、これを除くと不良馬場までひっくるめてもタイム差は1秒未満でしかない。どちらかというと、思ったより差がないな……という印象を受けた方が多いのではなかろうか。

また、良馬場時における最速の上がり3Fタイムは、2歳と3歳が32秒5、古馬が32秒3となっており、馬齢によって大きな差がない点も特徴的だ。特に2歳戦は東京スポーツ杯2歳SやアイビーSなど、年末、そして翌春のGⅠに直結するレースが行なわれており、メンバーレベルが高くなる、という事情もあるだろう。

一方で、道悪になると2歳の33秒2、3歳の33秒3はほぼ同等だが、古馬は32秒7と差が生じる点も注目に値する。そこはやはり、体力で勝る古馬に一日の長があるようだ。馬場を問わず2歳と3歳で大差がないのは、先の理由のほか、早期育成技術の進歩で2歳秋と3歳春の差が小さいことを物語っている。

表13●東京芝1800m【クラス別】良馬場時1着馬の平均タイム

（2015〜24年の10年間）

年齢	クラス	レース数	頭数	1着タイム	1上り	1〜3着平均	最速3F
2歳	新馬	57	12.9	1.49.92	33.90	1.50.15	32.9
2歳	未勝利	52	12.7	1.48.81	34.15	1.49.03	33.3
2歳	OP	17	9.5	1.47.34	33.68	1.47.54	32.5
2歳	平均	126	12.4	1.49.11	33.97	1.49.33	32.5
3歳	新馬	23	15.6	1.50.06	34.13	1.50.26	33.1
3歳	未勝利	86	16.2	1.47.72	34.30	1.47.90	33.1
3歳	1勝	30	10.6	1.47.59	33.77	1.47.78	32.9
3歳	OP	16	12.9	1.47.26	33.56	1.47.42	32.5
3歳	平均	155	14.7	1.47.99	34.10	1.48.18	32.5
古馬	1勝	58	13.3	1.47.25	33.87	1.47.40	32.8
古馬	2勝	68	11.0	1.47.12	33.75	1.47.27	32.5
古馬	3勝	36	13.0	1.46.27	33.54	1.46.39	32.5
古馬	OP	28	14.4	1.45.26	33.55	1.45.37	32.3
古馬	平均	190	12.6	1.46.72	33.72	1.46.87	32.3
全	平均	471	13.2	1.47.78	33.91	1.47.96	32.3

表14●東京芝1800m【クラス別】道悪時1着馬の平均タイム

（2015〜24年の10年間）

年齢	クラス	レース数	頭数	1着タイム	1上り	1〜3着平均	最速3F
2歳	新馬	16	13.5	1.51.69	34.41	1.51.92	33.2
2歳	未勝利	14	10.9	1.50.24	34.84	1.50.41	33.4
2歳	OP	3	8.3	1.49.27	34.37	1.49.40	33.3
2歳	平均	33	11.9	1.50.85	34.59	1.51.05	33.2
3歳	新馬	3	16.0	1.51.37	34.63	1.51.67	34.0
3歳	未勝利	18	16.1	1.48.60	34.82	1.48.84	33.3
3歳	1勝	1	13.0	1.47.00	34.20	1.47.07	33.4
3歳	OP	4	10.0	1.48.45	34.77	1.48.68	33.7
3歳	平均	26	15.0	1.48.83	34.77	1.49.07	33.3
古馬	1勝	12	14.2	1.47.97	34.59	1.48.14	32.9
古馬	2勝	12	11.0	1.47.94	34.44	1.48.13	33.0
古馬	3勝	6	13.2	1.49.30	35.58	1.49.39	33.6
古馬	OP	12	14.0	1.46.85	34.23	1.47.02	32.7
古馬	平均	42	13.1	1.47.83	34.59	1.47.99	32.7
全	平均	101	13.2	1.49.08	34.63	1.49.27	32.7

※「道悪時」＝稍重・重・不良時

問4・東京芝2000mと中山芝2000mでマークされた「34秒5」はどちらが優秀か?

それなりにキャリアのある競馬ファンであれば、東京競馬場＝瞬発力、中山競馬場＝持続力というイメージが定着しているのではないだろうか。ゆえに、この設問も迷わず答えられる人が多いに違いない。

では、実際のところはどうなのか。ここも双方の古馬戦データを見比べてみよう(表15、16)。

古馬1勝クラス　東京芝2000m＝34秒19　中山芝2000m＝35秒22
古馬2勝クラス　東京芝2000m＝34秒06　中山芝2000m＝35秒11
古馬3勝クラス　東京芝2000m＝34秒10　中山芝2000m＝35秒22
古馬OPクラス　東京芝2000m＝34秒19　中山芝2000m＝34秒76

やはり巷間いわれる通り、東京のほうが速い上がりを求められる。2歳、3歳、古馬の平均タイムを見比べても、東京のほうが1秒以上速いのがおわかりいただけるだろう。ゆえに、東京芝2000mと中山芝2000mで計時された「34秒5」という上がり3Fタイムは、中山のほうが価値ある時計といえる。

ユニークなのは、東京芝2000mの古馬戦は、クラスによって上がり3Fタイムに大きな差が生じないことだろう。微差ではあるが、1勝クラスとOPクラスが並んで最遅というのも、なかなか珍しいのではないか。また、2歳、3歳、古馬の平均も0秒14差に収まっており、年齢やクラスで上がりに差がつきにくい。もっとも、勝ち時計はOPクラスが唯一の1分58秒台を記録しているように、上のクラスは道中のペースが流れることを理解しておきたい。

一方、中山芝2000mは上級クラスほど上がりも速くなる傾向が見られる。下級条件を上がり34秒台で制した馬がいたら、その後も追いかけてみたくなるデータだ。

表15●東京芝2000m【クラス別】1着馬の平均タイム（2015～24年の10年間）

年齢	クラス	レース数	頭数	1着タイム	上3F	1～3着平均	最速3F
2歳	新馬	40	12.28	2.03.50	33.89	2.03.74	33.0
2歳	未勝利	72	11.65	2.01.95	34.43	2.02.18	33.1
2歳	1勝	10	8.00	2.01.92	33.78	2.02.07	33.1
2歳	平均	122	11.56	2.02.45	34.20	2.02.68	33.0
3歳	未勝利	56	14.27	2.01.46	34.35	2.01.63	32.7
3歳	1勝	17	9.94	2.00.69	34.25	2.00.86	32.8
3歳	OP	20	15.05	1.59.57	34.08	1.59.69	33.1
3歳	平均	93	13.65	2.00.91	34.27	2.01.07	32.7
古馬	1勝	53	11.15	2.00.18	34.19	2.00.38	32.9
古馬	2勝	71	10.11	2.00.53	34.06	2.00.70	32.7
古馬	3勝	41	12.41	1.59.63	34.10	1.59.78	32.8
古馬	OP	30	13.77	1.58.92	34.19	1.59.08	32.5
古馬	平均	195	11.44	2.00.00	34.13	2.00.17	32.5
全	平均	410	11.98	2.00.94	34.18	2.01.12	32.5

表16●中山芝2000m【クラス別】1着馬の平均タイム（2015～24年の10年間）

年齢	クラス	レース数	頭数	1着タイム	上3F	1～3着平均	最速3F
2歳	新馬	49	12.90	2.04.19	35.02	2.04.42	33.4
2歳	未勝利	69	15.35	2.02.35	35.60	2.02.57	33.8
2歳	1勝	10	12.80	2.00.46	34.83	2.00.65	33.9
2歳	OP	20	11.90	2.01.93	35.10	2.02.11	33.8
2歳	平均	148	13.90	2.02.78	35.29	2.02.99	33.4
3歳	新馬	23	15.26	2.05.04	35.44	2.05.27	34.0
3歳	未勝利	96	16.72	2.02.48	35.70	2.02.67	34.0
3歳	1勝	37	10.27	2.02.34	35.58	2.02.54	34.1
3歳	OP	40	14.55	2.00.37	34.80	2.00.54	33.0
3歳	平均	196	14.89	2.02.33	35.46	2.02.52	33.0
古馬	1勝	54	14.69	2.01.35	35.22	2.01.51	33.3
古馬	2勝	64	12.44	2.01.15	35.11	2.01.33	33.5
古馬	3勝	18	12.44	2.00.44	35.22	2.00.59	33.8
古馬	OP	12	15.50	1.59.85	34.76	1.59.95	32.6
古馬	平均	148	13.51	2.01.03	35.14	2.01.19	32.6
全	平均	492	14.17	2.02.07	35.31	2.02.26	32.6

問5・中山芝1800mと阪神芝2000mでマークされた「34秒5」はどちらが優秀か？

中山芝1800mであれば、外回りで直線が長いぶん、阪神芝1800mのほうがより速い上がりを使えそうなイメージがある。だが、阪神芝2000mは内回りコースを使用するため、ラストの直線距離は350mほど。中山と40m程度しか変わらない。そのうえ、どちらもゴール前に急坂が待ち構えるレイアウトのため、速い上がりが出にくい点で共通する。

果たして正解はどちらか。左頁の表17、18から古馬戦のデータを抜き出して比較する。

古馬1勝クラス　中山芝1800m＝34秒78　阪神芝2000m＝35秒20
古馬2勝クラス　中山芝1800m＝34秒86　阪神芝2000m＝35秒06
古馬3勝クラス　中山芝1800m＝34秒95　阪神芝2000m＝34秒70
古馬OPクラス　中山芝1800m＝35秒21　阪神芝2000m＝34秒84

中山芝1800mの古馬戦は、クラスが上がるごとに上がり3Fタイムがかかるようになる稀有な傾向を示しているが、これは上級戦ほどペースが流れるからだろう。走破時計の比較ではやはりOPクラスが最も速くなっているのは、その証左である。

一方、阪神芝2000mは3勝クラスとOPクラスが入れ違いになってしまっているが、クラスが上がるごとに上がりも速くなっている。ただ、4つのクラスの平均を取ると、中山芝1800mの34秒93に対して、阪神芝2000mは34秒99と100分の6秒差でしかない。2、3歳戦も含めた全レースの平均では、その差はさらに縮まり、わずかに100分の3秒差となる。

つまり、設問の答えとしては「ほぼイーブン」、これが正解なのだ。

表17●中山芝1800m【クラス別】1着馬の平均タイム（2015〜24年の10年間）

年齢	クラス	レース数	頭数	1着タイム	上3F	1〜3着平均	最速3F
2歳	新馬	40	14.22	1.51.58	34.99	1.51.75	33.7
2歳	未勝利	49	14.55	1.49.57	35.43	1.49.77	33.8
2歳	平均	89	14.40	1.50.47	35.23	1.50.66	33.7
3歳	未勝利	43	15.93	1.50.25	35.44	1.50.45	34.2
3歳	1勝	43	10.60	1.49.74	34.98	1.49.91	33.3
3歳	OP	20	13.40	1.49.05	35.17	1.49.22	33.3
3歳	平均	106	13.29	1.49.82	35.20	1.50.00	33.3
古馬	1勝	30	14.27	1.48.12	34.78	1.48.27	33.2
古馬	2勝	71	12.07	1.48.75	34.86	1.48.89	32.9
古馬	3勝	32	13.16	1.48.40	34.95	1.48.49	33.4
古馬	OP	28	13.96	1.47.94	35.21	1.48.05	33.5
古馬	平均	161	13.02	1.48.42	34.93	1.48.55	32.9
全	平均	356	13.45	1.49.35	35.09	1.49.51	32.9

表18●阪神芝2000m【クラス別】1着馬の平均タイム（2015〜24年の10年間）

年齢	クラス	レース数	頭数	1着タイム	上3F	1〜3着平均	最速3F
2歳	新馬	48	9.54	2.03.43	34.80	2.03.70	33.5
2歳	未勝利	52	11.67	2.02.32	35.43	2.02.51	33.6
2歳	1勝	12	9.42	2.02.23	34.74	2.02.38	33.4
2歳	OP	3	11.67	2.01.80	35.33	2.01.88	35.0
2歳	平均	115	10.55	2.02.76	35.09	2.02.98	33.4
3歳	新馬	6	15.83	2.04.60	35.05	2.04.87	34.0
3歳	未勝利	62	14.81	2.02.15	35.29	2.02.36	34.0
3歳	1勝	10	9.80	2.01.35	34.93	2.01.56	34.1
3歳	OP	22	10.73	2.00.95	34.84	2.01.14	33.5
3歳	平均	100	13.47	2.01.95	35.14	2.02.16	33.5
古馬	1勝	49	10.82	2.00.79	35.20	2.00.99	33.6
古馬	2勝	65	10.18	2.01.01	35.06	2.01.17	33.5
古馬	3勝	33	12.21	2.00.46	34.70	2.00.59	33.0
古馬	OP	37	13.49	1.59.23	34.84	1.59.35	33.3
古馬	平均	184	11.38	2.00.50	34.99	2.00.66	33.0
全	平均	399	11.66	2.01.51	35.06	2.01.70	33.0

各コースの上がりを同列に扱うための補正法

問1～5までご覧いただいたように、ＪＲＡ全10場の各コースには、上がりが出やすいコースもあれば出にくいコースもある。また、芝とダートのトラックの違いや、馬場状態の変化にも大きく影響される。見かけのタイムが同じでも意味合いが異なるため、これらを同列に扱うことはできない。

一方で、異なる競馬場の異なる距離であっても、上がりの時計の出方が酷似するコースが存在することも改めて知るところとなった。先の例でいえば、中山芝１８００ｍの上がり３Ｆで「34秒５」というタイムをマークした馬は、阪神芝２０００ｍでも同程度の脚を使える可能性がある、という判断もできそうだ。

このように各コースの上がり３Ｆタイムの出やすさ、あるいは出にくさの程度を明らかにしていけば、出走各馬が前走でマークした上がり３Ｆタイムを比較し、瞬時にその優劣がわかるようになるのではないか。結果、今走で最も速い上がりを使えそうな馬、すなわち儲かる馬を導き出すこともできるはずだ。

例えば、先の５つの設問で比較対象の２コースに一番大きな開きがあった「問２」では、東京芝１６００ｍの勝ち馬の平均上がり３Ｆタイムが「34秒12」、東京ダート１６００ｍが「36秒75」だった。後者の「36秒75」を前者の「34秒12」で割ると、その解は「１・０７７」と出る（小数点第４位で四捨五入）。つまり、東京ダート１６００ｍの上がり３Ｆタイムは、東京芝１６００ｍより「１・０７７倍かかる」と考えられる。

この数字を実際のレースに当てはめてみよう。

２０２５年の東京新聞杯（東京芝１６００ｍ）を抜群のキレ味で制したウォーターリヒトは、この一戦で「33秒２」という最速上がりをマークしていた。これに「１・０７７」を掛けてみる。

すると、「33秒2×1・077＝35秒7564」と出る。

小数点第2位で四捨五入、あるいは切り捨てか切り上げを行なうと、その値は「35秒7～35秒8」となる。東京新聞杯におけるウォーターリヒトの末脚を東京ダート1600mでのものと換算すると、このくらいの価値があると推定できる。

都合がいいことに、東京新聞杯の2週後に東京ダート1600mではGI・フェブラリーSが行なわれた。ご存知の通り、根岸Sを圧勝して挑んだコスタノヴァが初GI制覇を飾ったのだが、同馬がこの一戦でマークした上がり3Fタイムが「35秒6」だった（良馬場）。ほぼ近しい値が出ている点は注目に値する。

一方、このコスタノヴァより速い「35秒2」を叩き出したのが2着のサンライズジパングだ。

今度はこちらを東京芝1600mに置き換えてみる。繰り返しになるが、東京の1600mでは芝よりダートの上がりが1・077倍ほどかかるので、上がりタイムを「1・077」で割ってあげればいい。

結果は「35秒2÷1・077＝32秒6833」となり、フェブラリーSでサンライズジパングがマークした上がり3Fタイムを東京芝1600mに換算すると「32秒6～32秒7」くらいの価値があると推定できる。

ちなみに、2024年の1年間に東京芝1600mでマークされた最速の上がり3Fタイムが「32秒7」である。試算と完全に一致しており、サンライズジパングは良馬場の東京ダート1600mで、ほぼほぼ限界に近い末脚を繰り出していたと考えられる。事実、2024年の同コースでマークされた上がり3Fタイムと比較すると3位タイと優秀で、こちらの辻褄も合う。

このように、各コースの勝ち馬の上がり3Fタイムを用いて、時計の出やすさ、出にくさを数字で表し補正する。これにより、芝とダートであっても同列に扱うことが可能となった。

ニュートンの運動方程式でわかること

各コースの上がり3Fタイムの比較は容易になったが、レースによっては似たような数字が並んでわかりにくい、というジレンマもあった。

何より、2章の冒頭で記した指針を満たしているとはいい難い。

■新しい馬券作戦の指針

1・「上がりの脚」に着目する

2・「物理法則」の上に成り立つ

3・今走で速い上がり（＝上がり1～3位）を使える馬を高い精度で予測する

4・誰もが容易にアクセス可能なファクターを使用する

5・誰が実践しても必ず同じ結論に辿り着ける（「公式化」して「再現性」があるものにする）

このうち「1」「3」「4」については、この時点でクリアしたと考えている。

用いているのは「上がり3Fタイム」だけであり（＝1、4に合致）、前項の東京新聞杯とフェブラリーSでマークされた上がり3Fタイムの補正を見ても、今走で速い上がりを使えそうな馬の予測も可能だ（3）。

残る問題は「2」と「5」である。

だが、この指針を定めた段階で、実は新しい馬券作戦に用いる「物理法則」を決めていた。

編集部が目をつけたのは、「リンゴの木」や「万有引力」で広く知られるアイザック・ニュートンが発見した「運動方程式」である。

ニュートンが運動の法則を基礎として構築した力学の体系を「ニュートン力学」と呼ぶが、その基礎を成す3つの運動法則がある。

運動の第1法則 ⬇ 慣性の法則

運動の第2法則 ⬇ 本稿で用いる運動方程式

運動の第3法則 ⬇ 作用・反作用の法則

理系の方ならよくご存知だろうし、文系の方でも「慣性の法則」や「作用・反作用の法則」は中学校で通った道なので、ご記憶の方も多いのではなかろうか。とはいえ、物理法則を基に馬券を当てたいだけの本書では、それぞれを詳しく説明する気は毛頭ない。

前項で異なるコースでマークされた上がり3Fタイムでも、補正（＝ここでは相対的な評価）を行なうことで同列に扱えることを示した。ただ、補正した上がりタイムでも、**競走馬の馬体重によって、その意味合いは大きく異なる**……はずである。

というのも、地球上では右記の運動方程式が成り立たないケースは、原則として存在しない。物体の動きはすべてこの法則がついて回る。無論、馬が走る競馬も例外ではないからだ。

例えば、Aという馬とBという馬の2頭がいたとしよう。

この2頭が同じレースに出走し、上がり3Fで同じような加速を見せ、どちらも「34秒0」というタイムをマークした。その際、Aの馬体重は500キロで、Bの体重は450キロだった。

この場合、AとBのどちらのほうが脚力は大きい、または、どちらが脚力を要したか、おわかりだろうか。

運動方程式に当てはめれば一発で解けるが、答えはAである。

左頁に運動方程式と、この問いに関する考え方をまとめたのでご覧いただきたい。

同じ上がり3Fタイムをマークした2頭だったが、Aの脚力は「510」であるのに対し、Bは「459」にとどまる。逆にいえば、馬体重の軽い馬のほうが小さな脚力で大きな馬と同じだけの加速ができるということだが、長い目で見た場合、どちらの競走成績がより優れたものになるだろうか。

おそらくだが、馬体重の大きいAのほうが、競走成績は良好なものになると思われる。

実際の競馬では、ゴールまで加速し続けるケースはそこまで多くない。上がり3Fだけのラップタイムで言えば、ラスト2F目に最も速いラップを刻み、ラスト1Fはややラップを落とすケースが圧倒的に多い。

AとBが上がり3Fタイムで同じ時計をマークしていたとしても、その中身には違いがあるはずだ。

質量=馬体重の大きなAは一瞬の加速では見劣るが、脚力が大きいため、一度スピードに乗ってしまえば惰性が利いてなかなか止まらない。

一方、馬体重の小さなBは一瞬の加速に秀でるが、脚力はそこまで大きくないため、失速し始めるとその度合いがAより大きく末を欠く。

2025年3月現在、JRAの栗東・斉藤崇史厩舎にドンフランキーという馬が在籍している。同馬は576キロという大きな馬体重でデビューを果たし、6歳となった現時点では600キロを超す馬体重でレースに出走しているのだ。

この超巨漢馬の戦法といえば、逃げである。ハナを奪ってひとたびスピードに乗ってしまえばしめたもの。その大きな馬体重ゆえなかなか止まらず、惰性で押し切ることができるからだ。物理法則に則った、実に理に適った戦法といえよう。

【運動方程式】

F＝m×a

※F（フォース）＝力、m（マス）＝質量、a（アクセラレーション）＝加速度

■競馬に置き換えると……

①F（＝力）とは？

➡馬が地面を蹴る“脚力”に相当

➡単位はニュートン（N）。1ニュートンは小さいリンゴ1個（＝質量約102g）に働く重力と同等

②m（＝質量）とは？

➡本書は単純に馬体重を当てはめているが、厳密には負担重量（ジョッキー＋馬装＋重り）を合わせた重量。単位はキログラム（kg）。

③a（＝加速度）とは？

➡競走馬の加速する度合い。単位はメートル毎秒毎秒（m/s^2）で、$1m/s^2$は1秒ごとに進む距離が1メートル長くなることを意味する

➡競馬では公式データに加速度がないため、本書では“疑似加速度”として「上がり3Fタイム」の相対評価（補正値）を代用する

【上がり指数】

脚力＝馬体重×“疑似加速度”

➡“疑似加速度”が同じであれば、見かけのタイムは同等でも、馬体重の大きな馬のほうが“脚力”は大きくなる

例）“疑似加速度”＝1.02かつA馬（馬体重500kg）とB馬（馬体重450kg）の脚力

A馬：F＝500×1.02＝510　B馬：F＝450×1.02＝459

➡脚力＝A（510）＞B（459）と考えられる

また、日本競馬界のレジェントである武豊騎手のお手馬を思い出していただきたい。

ディープインパクトに跨った際は、後方に構えて強力な末脚を引き出していたが、キタサンブラックの手綱を握った12戦では、6回の逃げを含み、そのすべてで4角2番手以内という徹底先行を見せた。

ディープインパクトは引退レースとなった2006年の有馬記念を438キロという馬体重で勝利したように、非常にコンパクトな馬だった。一方、キタサンブラックはデビューから徐々に馬体重を増やし、こちらも引退レースである2017年の有馬記念を制したが、その時の馬体重が540キロだった。

小さく瞬時に加速できるディープインパクトは後方から。

大きくスピードに乗ってしまえば惰性で止まらないキタサンブラックは前々で。

さすがは名手・武豊。馬の特性といってしまえばそれまでだが、天才は体感的に物理を理解しているのだ。自身のキャリアを彩る名馬たちに跨りながら、最適な騎乗を選択していたというわけである。

こうした競走馬の馬体重と競走成績の関係を端的に表すのが左頁の3つの表だ。

一番上の表19は2015〜2024年の10年間における「今走で上がり最速をマークした馬」の馬体重別成績であり、以下、その中から「440キロ未満の馬＝小さい馬」（表20）と「500キロ以上の馬＝大きい馬」（表21）の脚質別成績を抜き出したものになっている。同じ「上がり最速」でありながら、勝率を比較すると「小さい馬」のほうが10ポイント以上も劣っており、脚力の小ささを露呈した格好だ。

また「小さい馬」は「逃げ・先行」の割合が13・9％にとどまるのに対し、「大きい馬」は24・7％と、物理法則に即した戦法の違いも見て取れる。やはり各場でマークされた上がり3Fタイムの補正だけでは不十分であり、これを運動方程式に当てはめて「真の価値」を導く必要がある。

表19●今走で上がり最速をマークした馬・馬体重別成績（2015～24年の10年間）

馬体重	着別度数	勝率	複勝率	単回値	複回値	単適回値
～399kg	37- 28- 23- 112/ 200	18.5%	44.0%	328	243	253.1
400～419kg	255- 168- 146- 552/ 1121	22.7%	50.8%	293	224	219.8
420～439kg	1010- 738- 507- 1566/ 3821	26.4%	59.0%	286	217	187.1
440～459kg	2406- 1509- 1021- 2820/ 7756	31.0%	63.6%	313	215	197.8
460～479kg	3475- 2034- 1369- 3655/10533	33.0%	65.3%	308	200	190.9
480～499kg	3071- 1611- 1067- 2875/ 8624	35.6%	66.7%	279	193	189.2
500～519kg	1796- 871- 631- 1516/ 4814	37.3%	68.5%	295	198	191.1
520～539kg	643- 275- 213- 492/ 1623	39.6%	69.7%	267	195	192.4
540～	156- 75- 48- 97/ 376	41.5%	74.2%	302	235	203
全体	12849- 7309- 5025-13685/38868	33.1%	64.8%	297	204	192.3

表20●今走で上がり最速をマークした440キロ未満馬の成績

（2015～24年の10年間）

脚質	着別度数	勝率	複勝率	単回値	複回値	単適回値
逃げ	98- 0- 0- 0/ 98	100.0%	100.0%	944	255	362.2
先行	418- 152- 40- 5/ 615	68.0%	99.2%	572	266	271.5
中団	553- 463- 345- 422/1783	31.0%	76.3%	378	293	197.1
後方	198- 307- 283-1802/2590	7.6%	30.4%	132	156	101.2
マクリ	35- 12- 8- 1/ 56	62.5%	98.2%	471	250	264.6
全体	1302- 934- 676-2230/5142	25.3%	56.6%	289	219	194.2

➡逃げ・先行率は全体の13.9%

表21●今走で上がり最速をマークした500キロ以上馬の成績

（2015～24年の10年間）

脚質	着別度数	勝率	複勝率	単回値	複回値	単適回値
逃げ	315- 7- 0- 0/ 322	97.8%	100.0%	568	196	277.1
先行	1055- 253- 41- 9/1358	77.7%	99.3%	387	190	231.5
中団	797- 573- 433- 357/2160	36.9%	83.5%	337	258	183.2
後方	352- 355- 405-1734/2846	12.4%	39.1%	166	159	113.6
マクリ	76- 33- 13- 5/ 127	59.8%	96.1%	462	218	208.6
全体	2595-1221- 892-2105/6813	38.1%	69.1%	289	199	192.1

➡逃げ・先行率は全体の24.7%

運動方程式を用いて補正タイムを指数化

ここまでの話をまとめよう。

前走の上がり3Fタイムに注目し、運動の第2法則＝運動方程式（F＝m×a）を用いて各馬がマークした上がりの「真の価値」を求めるのが目標だ。

同じ競馬場の同じコースであればタイムの単純比較で十分だが、異なる競馬場やトラック、距離においてはそうはいかない。コーナー半径や坂の有無など、物理的なコースの特徴がタイムに影響を与えるからだ。

どんな条件でマークされた上がりでも一貫して比較できるよう、各コースの勝ち馬の上がり3Fタイムの平均を用いることで、時計の出やすいコースと出にくいコースではどの程度の差があるのかを実際に算出する。

これにより、数字の絶対値ではなく、相対的な評価を可能にした。

ただし、数字上で同程度の上がり3Fタイムをマークしていても、実は各馬の馬体重の大きさによって発揮している脚力には大きな差がある。ならば、競走馬の馬体重（m）と相対評価した上がり3Fタイムを〝疑似的な加速度〟（a）を掛け合わせることで各馬の脚力（F）を求めてやればいい。

これがP45にも記した「上がり指数」のバージョン1である。

この段階にたどり着いたのは2021年の8月のこと。サロンの開設が決まっていた10月に合わせるようシミュレーションを重ね、10月初旬、ついに「上がり指数」は完成に至った。

改良した部分は2点。馬体重の大きな馬ほど走行時のエネルギー損失が大きいことを考慮し、運動方程式で求めた値から馬体重を引くことにした点と、他の指数との混同を避けるため「300」を足すことにした。

【上がり指数】※最新版

$F = m \times a - m + 300$

F：上がり指数　註：「ラストの脚力」とも考えられる

m：馬体重

a：“疑似加速度”

註：各コースの基準時計と各馬の前走の上がり3Fタイムから算出

300：他の指数との混同を避けるため

➡“疑似加速度”が同じであれば、見かけのタイムは同等でも、馬体重の大きな馬のほうが“脚力”は大きくなる

➡ただし“疑似加速度”が基準時計を下回る（a＝1以下、脚力が足りないと考えられる）場合には、大きな馬体が足枷となるように設計

例1）“疑似加速度”＝1.02かつA（馬体重500kg）とB（馬体重450kg）の脚力

A馬：$F = 500 \times 1.02 - 500 + 300 = 310$

B馬：$F = 450 \times 1.02 - 450 + 300 = 309$

➡脚力：A（310）＞B（309）と考えられる

例2）“疑似加速度”＝0.98かつA（馬体重500kg）とB（馬体重450kg）の脚力

A馬：$F = 500 \times 0.98 - 500 + 300 = 290$

B馬：$F = 450 \times 0.98 - 450 + 300 = 291$

➡脚力：A（290）＜B（291）と考えられる

各コースの基準となる上がり3Fタイムと、前走でそのコースに出走した馬がマークした上がり3Fタイムがピタリと一致するのであれば、「疑似加速度」は「1」である。前頁の公式に当てはめればわかるが、この場合の「上がり指数」は馬体重の大きさに関わらず「300」になる。そして、この「300」という数字が「上がり指数」の基準値になる。

出走全馬の指数の算出が終わったら、レースごとに値の大きな馬から1位、2位、3位……と順位をつけていく。もちろん、1位馬の値が「300」を下回るレースもあれば、逆に最下位でも「300」を上回っているレースもある。あくまでもメンバー中で最も速い上がりを使えそうな馬を探したいだけなので、何も不都合はない。

こうして集計期間における全レースの指数値が出揃った。だが、ここで安心してはいけない。指数系の馬券術では、指数が完成した段階で真っ先にチェックしなければならないことがひとつある。

それは、好走率が指数順と比例しているか、という点だ。

指数が各馬の前走上がり3Fタイムの価値を正しく評価できているのであれば、指数順と好走率の関係がバラバラにはならない。指数値の大小と好走率の高低も同様である。もし両者の間に比例関係が見られないようであれば、指数値を導く公式に問題があるということだ。

結論からいってしまえば、その心配は杞憂であった。

左頁の表22は「上がり指数」が完成した2021年10月初旬に採ったデータである。ご覧の通り、なだらかではあるものの、ほぼ指数順位と好走率が比例していることがおわかりいただけるだろう。加えて、その下の指数範囲別の成績（表23）からも、指数値の大きさと好走率が比例していることを確認できる。

表22●上がり指数・順位別好走率（2019年1月5日～21年10月3日）

指数順	着別度数	勝　率	連対率	複勝率
1位	1330- 1087- 980- 5707/ 9104	14.6%	26.5%	37.3%
2位	1045- 994- 884- 5876/ 8799	11.9%	23.2%	33.2%
3位	848- 858- 854- 6067/ 8627	9.8%	19.8%	29.7%
4位	735- 790- 767- 6191/ 8483	8.7%	18.0%	27.0%
5位	701- 665- 737- 6390/ 8493	8.3%	16.1%	24.8%
6位	648- 657- 652- 6495/ 8452	7.7%	15.4%	23.2%
7位	526- 610- 641- 6521/ 8298	6.3%	13.7%	21.4%
8位	498- 537- 574- 6475/ 8084	6.2%	12.8%	19.9%
9位	412- 468- 481- 6479/ 7840	5.3%	11.2%	17.4%
10位	383- 388- 397- 6276/ 7444	5.1%	10.4%	15.7%
11位	307- 386- 381- 5900/ 6974	4.4%	9.9%	15.4%
12位	328- 283- 305- 5725/ 6641	4.9%	9.2%	13.8%
13位	237- 240- 251- 5200/ 5928	4.0%	8.0%	12.3%
14位	179- 172- 234- 4685/ 5270	3.4%	6.7%	11.1%
15位	131- 145- 159- 3831/ 4266	3.1%	6.5%	10.2%
16位	81- 87- 85- 2579/ 2832	2.9%	5.9%	8.9%
17位	19- 17- 14- 589/ 639	3.0%	5.6%	7.8%
18位	12- 9- 12- 374/ 407	2.9%	5.2%	8.1%
全体	8420- 8393- 8408- 91360/116581	7.2%	14.4%	21.6%

表23●上がり指数・指数値範囲別好走率（2019年1月5日～21年10月3日）

指数範囲	着別度数	勝　率	連対率	複勝率
325以上	315- 240- 232- 1479/ 2266	13.9%	24.5%	34.7%
320～324	391- 361- 315- 2104/ 3171	12.3%	23.7%	33.6%
315～319	671- 589- 551- 4201/ 6012	11.2%	21.0%	30.1%
310～314	909- 905- 861- 6650/ 9325	9.7%	19.5%	28.7%
305～309	161- 1080- 1086- 8914/ 12241	9.5%	18.3%	27.2%
300～304	159- 1182- 1133-10767/ 14241	8.1%	16.4%	24.4%
295～299	113- 1119- 1105-11070/ 14407	7.7%	15.5%	23.2%
290～294	882- 894- 970-10338/ 13084	6.7%	13.6%	21.0%
285～289	586- 712- 726- 8800/ 10824	5.4%	12.0%	18.7%
280～284	436- 444- 474- 7037/ 8391	5.2%	10.5%	16.1%
279以下	795- 865- 950-19986/ 22596	3.5%	7.3%	11.6%
指数値なし	205- 169- 190- 4980/ 5544	3.7%	6.7%	10.2%
全体	8420- 8393- 8408-91360/116581	7.2%	14.4%	21.6%

指数順位別の成績でいえば、勝率で2・5ポイント以上、連対率で5・0ポイント以上、複勝率で7・5ポイント以上、平均値より高い好走率をマークしている「指数1～3位」が狙いになりそうだ。

■指数順＝1～3位の合算成績

勝　率12・1%　連対率23・2%　複勝率33・5%

続いて指数値の範囲別成績を見ていくと、右記の条件をひとつでも満たすのは「310～314」のゾーンから上になる。優秀な上がり3Fタイムを示す指標として「指数値＝310以上」は見逃し厳禁だろう。

■指数値＝310以上の合算成績

勝　率11・0%　連対率21・1%　複勝率30・5%

さらに、この「上がり指数」を知らなければ、馬券で大きく損をすることもわかった。というのも、前述の通り、狙いとなりそうな「指数1～3位」の「レース好走率」がかなり高いからである。

指数1～3位の通常の好走率は前頁の表にある通りだが、「指数1～3位のレース好走率」あるいは「指数1～3位のレース複勝率」という書き方をしたら、「この3頭のうち、少なくとも1頭以上が馬券に絡む確率」を表している。

そのレース複勝率を調べてみたところ、なんと75・9%もあったのだ。

端的にいってしまえば、上がり指数の存在を知らずにその1～3位をすべて消してしまった瞬間に、複勝やワイド、3連複に3連単の的中率は最高でも24・1%にまで低下してしまう計算なのだ。実に4分の3以上のレースの的中を捨てたも同然であり、馬券勝負においてはさすがに分が悪いといわざるを得ない。ようやく誕生した「上がり指数」の有用性を示すには十分なデータといえよう。

第3章

特徴あり!上がり指数【クラス別】チェック

クラスごとの指数別成績【未勝利】

完成した「上がり指数」をもとに過去走を振り返ってみると、いろいろと興味深いことが見えてきた。

2章のラストで**「上がり指数＝310以上は優秀」**と記したが、クラスごとの指数別成績はどうなっているのだろうか。そこで実戦的な話に入る前に、本章では上がり指数をクラス別に算出、芝とダートに分けて好走ラインをチェックしていきたい。

ちなみに、上がり指数は「前走の上がり3Fタイム」を指数化したものなので、前走の上がりタイムや前走コースの基準タイムが判定不能な馬については指数を算出していない。そのため、地方からの転入馬や交流戦帰りの馬、海外から帰国初戦となる馬などについては**「指数値なし」**としている。また、新馬戦と障害戦は算出不可能である点にも留意していただければ幸いだ。なお、本章で扱うデータは、特に断りがないない限り、2019〜24年の丸6年間を対象としている。

まずは未勝利クラスの芝戦だが、芝は指数値が「295〜299」の範囲で全体平均を上回る好走率を見せ始め、「305〜309」で勝率10％を超える。勝ち星のボリュームゾーンもこのあたりで、1着馬の平均的な上がり指数は「300・7」を記録した。

一方、未勝利クラスのダート戦は指数値「290〜294」の段階で全体平均以上の好走率を記録しているように、そのひとつ上の「295〜299」のゾーンで勝率10％ラインを突破する。

勝ち馬の平均値は「292・6」と、芝とダートではラストが我慢比べとなるダートのほうが指数は出ない傾向にあり、かつ勝敗ラインも低くなる。脚力で劣る未勝利クラスは特に差が大きいので覚えておこう。

表24●【未勝利・芝】上がり指数の範囲別成績（2019～24年の6年間）

指数範囲	着別度数	勝率	連対率	複勝率
325以上	79- 35- 35- 131/ 280	28.2%	40.7%	53.2%
320～324	97- 71- 60- 322/ 550	17.6%	30.5%	41.5%
315～319	241- 165- 144- 764/ 1314	18.3%	30.9%	41.9%
310～314	317- 290- 256- 1526/ 2389	13.3%	25.4%	36.1%
305～309	420- 414- 382- 2886/ 4102	10.2%	20.3%	29.6%
300～304	467- 503- 456- 3965/ 5391	8.7%	18.0%	26.5%
295～299	450- 419- 474- 4646/ 5989	7.5%	14.5%	22.4%
290～294	295- 361- 378- 4501/ 5535	5.3%	11.9%	18.7%
285～289	205- 234- 258- 3597/ 4294	4.8%	10.2%	16.2%
280～284	127- 161- 177- 2955/ 3420	3.7%	8.4%	13.6%
1～279	178- 234- 266- 6729/ 7407	2.4%	5.6%	9.2%
なし	99- 75- 82- 2312/ 2568	3.9%	6.8%	10.0%
全体	2975- 2963- 2968-34336/43242	6.9%	13.7%	20.6%

➡勝ち馬の上がり指数平均値：300.7

表25●【未勝利・ダート】上がり指数の範囲別成績（2019～24年の6年間）

指数範囲	着別度数	勝率	連対率	複勝率
325以上	9- 9- 4- 20/ 42	21.4%	42.9%	52.4%
320～324	34- 25- 11- 66/ 136	25.0%	43.4%	51.5%
315～319	90- 68- 51- 224/ 433	20.8%	36.5%	48.3%
310～314	189- 150- 93- 565/ 997	19.0%	34.0%	43.3%
305～309	349- 270- 246- 1409/ 2274	15.3%	27.2%	38.0%
300～304	479- 465- 436- 2787/ 4167	11.5%	22.7%	33.1%
295～299	662- 630- 600- 4624/ 6516	10.2%	19.8%	29.0%
290～294	618- 617- 699- 5869/ 7803	7.9%	15.8%	24.8%
285～289	505- 585- 555- 6487/ 8132	6.2%	13.4%	20.2%
280～284	362- 380- 419- 5697/ 6858	5.3%	10.8%	16.9%
1～279	556- 648- 707-13751/15662	3.5%	7.7%	12.2%
なし	86- 89- 116- 3289/ 3580	2.4%	4.9%	8.1%
全体	3939- 3936- 3937-44788/56600	7.0%	13.9%	20.9%

➡勝ち馬の上がり指数平均値：292.6

クラスごとの指数別成績【1勝クラス】

未来のオープン馬、もっというならばGIを何勝もするような馬と、生涯で一度も勝ち星を挙げることなく引退する馬がぶつかるのが新馬・未勝利である。その点、1勝クラスの出走馬の多くは新馬戦なり未勝利戦なりで勝ち星を挙げた馬が大半で、勝敗ラインもグッと上がってくる。

芝戦は上がり指数「305〜309」で好走率が平均値を上回り、「310〜314」で勝率10%を突破。勝ち馬の平均値は「303・8」を示しており、上がり指数の起点となる「300」を超えてくる。

前章でも紹介した通り、上がり指数は各コースで好走に必要な、ごくごく平均的な上がり3Fタイムをマークした馬に「300」という値が出るように設計されたものだ。年間レース数の4割近くを未勝利戦が占めるため、「300」が未勝利突破に必要なラインであり、1勝クラス以上ではそれを上回る指数値が求められるのは当然といえば当然だろう。この点でも指数設計にミスがないことが確認できたと考えている。

同様に、ダートでも平均好走率を上回るのが「300〜304」のゾーンとなっており、勝ち馬の平均値も「300・5」と「300」を超えてくる。

指数値の範囲が最も上の「325以上」に該当する馬も、未勝利クラスでは芝とダートの双方を合わせても322頭にとどまったが、1勝クラスでは1044頭と3倍以上に膨れ上がっていることが確認いただけるだろう。集計期間である2019〜24年の6年間のクラス別レース数を見ると、未勝利の6717レースに対して1勝クラスは5557レース。未勝利のほうが1000レース以上多いことを考えても、未勝利と1勝クラスの間には非常に大きな隔たりがあることがうかがえる。

表26●【１勝クラス・芝】上がり指数の範囲別成績（2019～24年の6年間）

指数範囲	着別度数	勝　率	連対率	複勝率
325以上	109- 83- 74- 362/ 628	17.4%	30.6%	42.4%
320～324	129- 126- 99- 615/ 969	13.3%	26.3%	36.5%
315～319	234- 225- 239- 1482/ 2180	10.7%	21.1%	32.0%
310～314	371- 365- 341- 2489/ 3566	10.4%	20.6%	30.2%
305～309	427- 397- 428- 3340/ 4592	9.3%	17.9%	27.3%
300～304	380- 411- 400- 3775/ 4966	7.7%	15.9%	24.0%
295～299	325- 326- 308- 3355/ 4314	7.5%	15.1%	22.2%
290～294	205- 200- 212- 2664/ 3281	6.2%	12.3%	18.8%
285～289	124- 146- 173- 1884/ 2327	5.3%	11.6%	19.0%
280～284	73- 85- 90- 1259/ 1507	4.8%	10.5%	16.5%
1～279	103- 121- 114- 2341/ 2679	3.8%	8.4%	12.6%
なし	32- 27- 34- 1140/ 1233	2.6%	4.8%	7.5%
全体	2512- 2512- 2513-24712/32249	7.8%	15.6%	23.4%

➡勝ち馬の上がり指数平均値：303.8

表27●【１勝クラス・ダート】上がり指数の範囲別成績（2019～24年の6年間）

指数範囲	着別度数	勝　率	連対率	複勝率
325以上	74- 61- 50- 231/ 416	17.8%	32.5%	44.5%
320～324	133- 97- 94- 444/ 768	17.3%	29.9%	42.2%
315～319	202- 192- 182- 1126/ 1702	11.9%	23.1%	33.8%
310～314	340- 341- 315- 2267/ 3263	10.4%	20.9%	30.5%
305～309	467- 489- 464- 3683/ 5103	9.2%	18.7%	27.8%
300～304	561- 518- 511- 4821/ 6411	8.8%	16.8%	24.8%
295～299	425- 496- 471- 4803/ 6195	6.9%	14.9%	22.5%
290～294	349- 333- 366- 4229/ 5277	6.6%	12.9%	19.9%
285～289	197- 224- 252- 3106/ 3779	5.2%	11.1%	17.8%
280～284	137- 128- 141- 2141/ 2547	5.4%	10.4%	15.9%
1～279	198- 198- 213- 3834/ 4443	4.5%	8.9%	13.7%
なし	84- 86- 101- 2449/ 2720	3.1%	6.3%	10.0%
全体	3169- 3164- 3161-33138/42632	7.4%	14.9%	22.3%

➡勝ち馬の上がり指数平均値：300.5

クラスごとの指数別成績【2勝クラス】

新馬・未勝利や1勝クラスとの比較で、一流馬の出走が激減するのがこの2勝クラスである。というのも、2、3歳の限定戦には存在しない条件であり、デビュー時点で才能を発揮していた馬は2戦目にオープン特別なり重賞なりを選択することが大半だろう。そこで賞金を加算してしまえば、降級システムが消滅した現在のJRAでは2勝クラスへの出走が不可能だからだ。

それゆえ、上がり指数においても1勝クラスとの逆転現象が起こるかも……と危惧していたのだが、そんな心配は杞憂であった。

芝戦で平均好走率を上回るゾーンは「310~314」と高く、全体のボリュームゾーンも「300~314」と、下限も「300」に乗ってきた。勝ち馬の平均上がり指数も「307・7」を示すように、「305」でも足りないほどである。

同じように、ダートも「305~309」のゾーンで平均好走率を上回り、ボリュームゾーンも芝とまったく同じ「300~314」にまで上昇。この数字からもわかる通り、芝とダートでかなり拮抗しており、勝ち馬の平均指数も「306・3」と肉薄している。

冒頭で述べた通り、早い段階から才能を見せつけていた馬が出走しない条件だけに、このクラスに印象的な指数で出走してきた馬には「遅れてきた大物」が多く、芝戦では2021年8月15日の札幌12R藻岩山特別を制したソーヴァリアントが「354」という驚愕の指数で出走。怪我が多く期待ほどの出世は叶わなかったが、のちに1番人気でGⅢのチャレンジCを連勝するなど、指数値に違わぬ能力を発揮した。

表28●【2勝クラス・芝】上がり指数の範囲別成績（2019～24年の6年間）

指数範囲	着別度数	勝　率	連対率	複勝率
325以上	108- 80- 70- 453/ 711	15.2%	26.4%	36.3%
320～324	128- 107- 106- 586/ 927	13.8%	25.4%	36.8%
315～319	204- 205- 187- 1158/ 1754	11.6%	23.3%	34.0%
310～314	245- 244- 219- 1814/ 2522	9.7%	19.4%	28.1%
305～309	232- 267- 246- 2146/ 2891	8.0%	17.3%	25.8%
300～304	181- 173- 219- 1951/ 2524	7.2%	14.0%	22.7%
295～299	136- 125- 142- 1549/ 1952	7.0%	13.4%	20.6%
290～294	82- 100- 90- 1064/ 1336	6.1%	13.6%	20.4%
285～289	48- 54- 59- 715/ 876	5.5%	11.6%	18.4%
280～284	30- 23- 29- 474/ 556	5.4%	9.5%	14.7%
1～279	35- 40- 46- 845/ 966	3.6%	7.8%	12.5%
なし	7- 10- 19- 186/ 222	3.2%	7.7%	16.2%
全体	1436- 1428- 1433-12941/17238	8.3%	16.6%	24.9%

➡勝ち馬の上がり指数平均値：307.7

表29●【2勝クラス・ダート】上がり指数の範囲別成績（2019～24年の6年間）

指数範囲	着別度数	勝　率	連対率	複勝率
325以上	96- 73- 71- 474/ 714	13.4%	23.7%	33.6%
320～324	115- 91- 93- 735/ 1034	11.1%	19.9%	28.9%
315～319	163- 158- 157- 1401/ 1879	8.7%	17.1%	25.4%
310～314	208- 234- 233- 1978/ 2653	7.8%	16.7%	25.4%
305～309	228- 219- 229- 2315/ 2991	7.6%	14.9%	22.6%
300～304	182- 185- 178- 2339/ 2884	6.3%	12.7%	18.9%
295～299	130- 135- 147- 1916/ 2328	5.6%	11.4%	17.7%
290～294	86- 86- 79- 1389/ 1640	5.2%	10.5%	15.3%
285～289	66- 57- 65- 935/ 1123	5.9%	11.0%	16.7%
280～284	39- 45- 33- 641/ 758	5.1%	11.1%	15.4%
1～279	49- 66- 59- 1242/ 1416	3.5%	8.1%	12.3%
なし	14- 23- 26- 531/ 594	2.4%	6.2%	10.6%
全体	1376- 1372- 1372-15898/20018	6.9%	13.7%	20.6%

➡勝ち馬の上がり指数平均値：306.3

クラスごとの指数別成績【３勝クラス】

ここを勝利すれば最上級のオープンクラスに仲間入りということもあり、年間施行数はグッと減るものの、求められる上がり指数はより上昇する３勝クラス。上でも活躍できるかどうかという点も、どのくらいの指数で出走、突破したかで見えてくる。

芝戦では平均好走率を超えるのが「３１５～３１９」のゾーンであり、２勝クラスよりさらにワンランク上の指数値が求められる。勝ち馬の平均上がり指数を見ても「３０９・３」と、前章で「優秀」とした「３１０」のラインに手が届くところまできた。

一方、ダート戦で平均好走率を超えるゾーンも「３１０～３１４」と「優秀ライン」を突破。勝ち馬の平均上がり指数に至っては「３０９・９」と、芝戦をも凌ぐ指数が求められる。

これは２勝クラスでも触れた通り、芝の上級馬は早い段階で賞金を稼ぐため、このクラスを経験せずにオープン入りするケースが多いからだろう。全日本的なダート競馬の体系整備により、２０２４年からダート三冠路線がスタートするなど、ダート競馬を盛り上げる機運はある。だがその実、ＪＲＡの番組体系はほとんど変化しておらず、地方に丸投げしているのが現状だ。

２、３歳戦のダートの番組は足りておらず、またデビュー当初は芝を試し、クラシックを諦めた馬からダートに転じるのは今も昔も変わらない。結果、ダートの３勝クラスには高指数の持ち主が出走してくるのだ。

記憶に新しいところでは、22年４月24日の東京10R鎌倉Ｓに出走してきたレモンポップの上がり指数が「３２５」と高く、結果は６馬身差の圧勝劇。その後の活躍はご存知の通りである。

表30●【3勝クラス・芝】上がり指数の範囲別成績（2019〜24年の6年間）

指数範囲	着別度数	勝 率	連対率	複勝率
325以上	65- 47- 57- 359/ 528	12.3%	21.2%	32.0%
320〜324	81- 67- 68- 490/ 706	11.5%	21.0%	30.6%
315〜319	122- 102- 95- 878/1197	10.2%	18.7%	26.6%
310〜314	105- 111- 127-1155/1498	7.0%	14.4%	22.9%
305〜309	95- 93- 100-1156/1444	6.6%	13.0%	19.9%
300〜304	69- 100- 82- 995/1246	5.5%	13.6%	20.1%
295〜299	64- 63- 55- 720/ 902	7.1%	14.1%	20.2%
290〜294	34- 36- 31- 493/ 594	5.7%	11.8%	17.0%
285〜289	16- 27- 16- 318/ 377	4.2%	11.4%	15.6%
280〜284	7- 10- 15- 204/ 236	3.0%	7.2%	13.6%
1〜279	20- 13- 29- 309/ 371	5.4%	8.9%	16.7%
なし	1- 6- 6- 91/ 104	1.0%	6.7%	12.5%
全体	679- 675- 681-7168/9203	7.4%	14.7%	22.1%

➡勝ち馬の上がり指数平均値：309.3

表31●【3勝クラス・ダート】上がり指数の範囲別成績（2019〜24年の6年間）

指数範囲	着別度数	勝 率	連対率	複勝率
325以上	69- 55- 55- 391/ 570	12.1%	21.8%	31.4%
320〜324	63- 60- 55- 491/ 669	9.4%	18.4%	26.6%
315〜319	73- 80- 69- 825/1047	7.0%	14.6%	21.2%
310〜314	104- 95- 93- 935/1227	8.5%	16.2%	23.8%
305〜309	84- 90- 88-1024/1286	6.5%	13.5%	20.4%
300〜304	59- 80- 74- 868/1081	5.5%	12.9%	19.7%
295〜299	42- 33- 49- 698/ 822	5.1%	9.1%	15.1%
290〜294	28- 22- 22- 399/ 471	5.9%	10.6%	15.3%
285〜289	11- 17- 22- 320/ 370	3.0%	7.6%	13.5%
280〜284	7- 9- 8- 205/ 229	3.1%	7.0%	10.5%
1〜279	17- 18- 23- 403/ 461	3.7%	7.6%	12.6%
なし	7- 2- 4- 115/ 128	5.5%	7.0%	10.2%
全体	564- 561- 562-6674/8361	6.7%	13.5%	20.2%

➡勝ち馬の上がり指数平均値：309.9

クラスごとの指数別成績【OP特別】

オープン（OP）クラスはレース数が激減することもあり、オープン特別と重賞を合算するかどうか迷ったが、両者の間に明確なレベル差が存在するのは間違いない。ここではリステッド競走と非リステッド競走を合わせてオープン特別として話を進めたい。

さて、いきなり首をかしげる傾向に疑問を持った方も少なくないだろう。芝戦の勝ち馬の平均上がり指数が「306・5」となっており、2勝クラス、3勝クラスより低く出てしまっているのだ。だが、これも上級馬の出走があるかどうか、というだけの話である。

というのも、そもそもオープン特別の3分の1以上が2、3歳限定戦であり、実は最終的に1勝クラスすら突破できない馬の出走も少なくないからだ。加えて、重賞で勝ち負けになるような馬は、あえてオープン特別を選択せず、強気に重賞にチャレンジするもの。こうした理由からオープン特別の芝戦は指数の低い馬でも好走可能であり、ボーダーラインも低めに出ているのが実情である。

これに対して、ダートのオープン特別は2、3歳戦の割合が10％強しかなく、出走馬の大半が古馬になる。さらに、高齢まで活躍できるダート路線は賞金を持つ馬が多く、勢いのある馬でも出走へのハードルは高い。このあたりは2024年のチャンピオンズCと25年の東海Sでヤマニンウルスが除外対象となったのが好例で、必然的にオープン特別もレースレベルが高くなりがちだ。

こうした理由から、オープン特別のダート戦は勝ち馬の平均上がり指数が「312・7」と、これまでで最上のものとなっている。

表32●【OP特別・芝】上がり指数の範囲別成績（2019〜24年の6年間）

指数範囲	着別度数	勝率	連対率	複勝率
325以上	28- 19- 25- 161/ 233	12.0%	20.2%	30.9%
320〜324	42- 33- 35- 278/ 388	10.8%	19.3%	28.4%
315〜319	73- 45- 57- 473/ 648	11.3%	18.2%	27.0%
310〜314	65- 78- 61- 616/ 820	7.9%	17.4%	24.9%
305〜309	62- 78- 80- 604/ 824	7.5%	17.0%	26.7%
300〜304	46- 61- 60- 628/ 795	5.8%	13.5%	21.0%
295〜299	45- 59- 41- 474/ 619	7.3%	16.8%	23.4%
290〜294	42- 26- 29- 376/ 473	8.9%	14.4%	20.5%
285〜289	19- 23- 29- 249/ 320	5.9%	13.1%	22.2%
280〜284	7- 8- 10- 159/ 184	3.8%	8.2%	13.6%
1〜279	18- 17- 19- 314/ 368	4.9%	9.5%	14.7%
なし	8- 8- 10- 196/ 222	3.6%	7.2%	11.7%
全体	455- 455- 456-4528/5894	7.7%	15.4%	23.2%

➡勝ち馬の上がり指数平均値：306.5

表33●【OP特別・ダート】上がり指数の範囲別成績（2019〜24年の6年間）

指数範囲	着別度数	勝率	連対率	複勝率
325以上	61- 51- 47- 340/ 499	12.2%	22.4%	31.9%
320〜324	41- 41- 45- 369/ 496	8.3%	16.5%	25.6%
315〜319	49- 43- 37- 475/ 604	8.1%	15.2%	21.4%
310〜314	49- 53- 47- 559/ 708	6.9%	14.4%	21.0%
305〜309	30- 28- 48- 521/ 627	4.8%	9.3%	16.9%
300〜304	23- 28- 23- 417/ 491	4.7%	10.4%	15.1%
295〜299	21- 26- 25- 287/ 359	5.8%	13.1%	20.1%
290〜294	10- 14- 9- 223/ 256	3.9%	9.4%	12.9%
285〜289	12- 10- 12- 155/ 189	6.3%	11.6%	18.0%
280〜284	3- 7- 11- 90/ 111	2.7%	9.0%	18.9%
1〜279	6- 3- 7- 189/ 205	2.9%	4.4%	7.8%
なし	23- 24- 18- 192/ 257	8.9%	18.3%	25.3%
全体	328- 328- 329-3817/4802	6.8%	13.7%	20.5%

➡勝ち馬の上がり指数平均値：312.7

クラスごとの指数別成績【重賞】

重賞クラスともなると、指数の高い馬も低い馬も何かしらの〝武器〟を持っており、上がりの脚だけに頼らない馬も少なくない。そのため、他のクラスと比較すると、上がり指数別の好走率にビビットな差が見られない点には注意したい。

その中でも指数が高いほど好走率が高くなる――という大前提はほぼ守られており、芝戦で勝率10%のラインを突破するのは最上位の「325以上」のみ。勝ち馬の平均上がり指数は「310・6」と、芝戦では初めて「310」を超えてきた。

ご注目いただきたいのは指数値「なし」の勝率の高さだ。

これは該当馬の多くが海外帰りであり、海外遠征をするようなハイレベルな馬たちは、そのダメージをも乗り越えて好走するためである。ないものねだりになってしまうが、このゾーンに上がり指数を付与することができたなら、好走のボーダーラインがさらに引き上げられるのは間違いないだろう。

かたやダート戦はというと、こちらはレース数が激減してしまう点がネック。なにせJRAのダート重賞は年間で15鞍しか行なわれておらず、正確な傾向がつかみにくい面があるからだ。

それでも「320~324」「325以上」というゾーンに該当する馬の総数が非常に多く、ボリュームゾーンは「315以上」と出走馬の多くが高指数を携えている。結果、平均上がり指数も、これまで見てきたどの区分よりも高い「317・2」となっている。また、こちらも交流重賞や海外遠征からの臨戦馬の指数値が「なし」であるため、必然的に好走率が高い点は押さえておきたい。

表34●【重賞・芝】上がり指数の範囲別成績（2019〜24年の6年間）

指数範囲	着別度数	勝 率	連対率	複勝率
325以上	82- 66- 73- 573/ 794	10.3%	18.6%	27.8%
320〜324	73- 65- 71- 654/ 863	8.5%	16.0%	24.2%
315〜319	102- 113- 91- 964/ 1270	8.0%	16.9%	24.1%
310〜314	117- 99- 119-1209/ 1544	7.6%	14.0%	21.7%
305〜309	105- 108- 98-1202/ 1513	6.9%	14.1%	20.6%
300〜304	71- 79- 83-1025/ 1258	5.6%	11.9%	18.5%
295〜299	47- 47- 44- 754/ 892	5.3%	10.5%	15.5%
290〜294	23- 31- 44- 545/ 643	3.6%	8.4%	15.2%
285〜289	18- 22- 16- 343/ 399	4.5%	10.0%	14.0%
280〜284	7- 10- 10- 214/ 241	2.9%	7.1%	11.2%
1〜279	14- 25- 23- 352/ 414	3.4%	9.4%	15.0%
なし	27- 19- 11- 251/ 308	8.8%	14.9%	18.5%
全体	686- 684- 683-8086/10139	6.8%	13.5%	20.2%

➡勝ち馬の上がり指数平均値：310.6

表35●【重賞・ダート】上がり指数の範囲別成績（2019〜24年の6年間）

指数範囲	着別度数	勝 率	連対率	複勝率
325以上	18- 17- 16- 146/ 197	9.1%	17.8%	25.9%
320〜324	16- 14- 13- 130/ 173	9.2%	17.3%	24.9%
315〜319	8- 8- 9- 151/ 176	4.5%	9.1%	14.2%
310〜314	7- 7- 12- 126/ 152	4.6%	9.2%	17.1%
305〜309	3- 5- 7- 113/ 128	2.3%	6.3%	11.7%
300〜304	5- 4- 8- 73/ 90	5.6%	10.0%	18.9%
295〜299	5- 4- 3- 57/ 69	7.2%	13.0%	17.4%
290〜294	0- 0- 4- 37/ 41	0.0%	0.0%	9.8%
285〜289	2- 2- 0- 29/ 33	6.1%	12.1%	12.1%
280〜284	0- 0- 1- 21/ 22	0.0%	0.0%	4.5%
1〜279	1- 0- 2- 32/ 35	2.9%	2.9%	8.6%
なし	25- 29- 16- 202/ 272	9.2%	19.9%	25.7%
全体	90- 90- 91-1117/1388	6.5%	13.0%	19.5%

➡勝ち馬の上がり指数平均値：317.2

早期の高指数で未来のGⅠ馬を捕捉する

クラス別に上がり指数のボーダーラインを見てきたが、将来的に重賞クラスで活躍する馬やGⅠを勝つような馬は、かなり早い段階でその片鱗を見せることが少なくない。

先ほど、3勝クラスの項でヤマニンウルスについて触れたが、同馬は2022年8月20日の小倉6R（2歳新馬）で後続に4秒3という記録的な大差をつけて圧勝し、競馬ファンの度肝を抜いた。もはや指数云々のレベルではなく、誰がどう見ても強い馬であることは明白だったが、この際に舞台となった小倉ダート1700mでマークした上がり指数が「343」というもの。超重賞級であることをデビュー戦で示した通り、5戦目のプロキオンSを無敗で制している。

奇しくも、この「343」という、まったく同じ上がり指数を2歳の新馬戦で叩き出した馬がもう1頭いる。翌23年に牝馬三冠を達成するリバティアイランドだ。

22年7月30日の新潟5R（2歳新馬、芝1600m）で同馬が勝ち上がった際の上がりタイムは31秒4。2着馬のクルゼイロドスルも32秒4という驚きの末脚を見せたのだが、それより1秒も速い上がりをマークして見せたのである。いくら時計の出る夏の新潟、それも外回りコースとはいえ、新馬戦でこの指数は破格も破格。もちろん、見た目のインパクトで誰もがタダモノではないと感じただろうが、上がり指数的にもズバ抜けた存在であることが、デビュー戦でわかった好例だろう。

2着に敗れたクルゼイロドスルとて、この新馬戦での上がり指数は「327」と非常に高い。その後のジュニアC制覇や関越S勝ちは必然のものといえよう。

他にも、24年の有馬記念を目前に無念のリタイアとなったドウデュースも、デビュー戦となった21年9月5日の小倉5R（2歳新馬）において上がり指数「326」を記録している。年末の朝日杯FS勝ちや翌春のダービー制覇、そして5歳時の活躍も、この時点ですでに予兆があったということだ。

この一戦はライバルたちも高い上がり数値を叩き出しており、2、3着のガイアフォースとフェーングロッテンの値も「323」を記録。前者はセントライト記念勝ちにフェブラリーS2着、後者はラジオNIKKEI賞制覇を皮切りに重賞戦線を賑わせるなど、レースレベルの高さも測れた一戦だった。

デビュー戦で上がり指数「325以上」を叩き出し、GI馬へと上り詰めた馬は少なくない。

19年6月2日の東京5R（2歳新馬、芝1600m）で勝ち上がったサリオスは上がり指数「325」で、同年暮れの朝日杯FSに勝利。また、同世代のカフェファラオも19年12月14日の中山6R（2歳新馬、ダート1800m）を制した際の上がり指数が「325」で、こちらは21年と22年のフェブラリーSを連覇している。

また、スターズオンアース（新馬戦で上がり指数「328」）やブレイディヴェーグ（新馬戦で上がり指数「340」）、24年にGI馬となったベラジオオペラ（新馬戦で上がり指数「326」）にアーバンシック（新馬戦で上がり指数「327」）なども、デビュー戦で重賞級の上がりを見せた馬たちである。

GI馬に対して使うフレーズではないが、地味なところでは21年のエリザベス女王杯を制したアカイイトも4着に敗れた新馬戦で「330」という高い指数をマーク。2戦目の未勝利戦で7頭立ての最後方から必然の勝利を収めたが、このときの2着馬が後にドバイターフやサウジCを制し、22年の天皇賞（秋）をあわやの逃げで大いに盛り上げたパンサラッサである。覚醒前とはいえ、未来の強豪同士の対決で上がり指数の高い馬に軍配が上がった格好だ。

キャリアハイを記録したら出世の合図

デビュー戦から高指数を叩き出したのちのGⅠ馬たちの事例を紹介してきたが、成長曲線は馬によって違うもの。それは早期育成が確立された現代であっても不変である。

例えば、２０２２年に突如として覚醒し、ムーア騎手の神騎乗にも導かれてジャパンCを制した**ヴェラアズール**という馬は、その後に開発した上がり指数にとっては、外せない1頭だ。

同馬はデビューから16戦続けてダート戦を使われ、1勝クラスを制した際に「３２７」という高い指数を叩き出して能力の一端は示していた。しかし次走では「２９３」と安定せず、２勝クラスで燻《くすぶ》っていたのだ。ところが、７着に敗れた22年1月9日の濃尾特別でキャリアハイとなる上がり指数「３２８」をマークすると、次走から芝戦に転じて快進撃が始まる。

淡路特別１着（上がり指数＝３３４）⬇サンシャインS３着（３３０）⬇緑風S３着（３２３）⬇ジューンS１着（３２２）と「３２０」以上の指数を連発しながら好走を繰り返し、ついにはオープン入りを果たす。するとその次走、重賞初挑戦となった京都大賞典で見事に勝利を収めるのだが、このときにマークした上がり指数が驚きの「３５１」であった。

指数の算出を開始した19年以降の話にはなるが、歴代でも最高クラスの上がり性能を身に着けたヴェラアズール。GⅠ初挑戦ながら3番人気に推されたのは多くの競馬ファンがその実力を買っていた証拠でもあり、その後に開発した上がり指数をもってすれば、しこたま勝負できたことだろう。デビュー戦から上がり指数の変遷を追える今となっては、こうした馬は決して見逃すことがない。

このヴェラアズールと真逆で、芝からダートに転じて大ブレイクした馬が**ウシュバテソーロ**である。同馬もまた、上がり指数にとっては思い出深い1頭であり、指数に確信を与えてくれた存在だ。

デビューから22戦続けて芝のレースを使われ続け、3勝クラスで頭打ちとなったのだが、2歳夏の新潟芝1800mのデビュー戦でマークした上がり指数が「313」。勝ち上がりには7戦を要したが、未勝利勝ち直後に出走したダービートライアル・プリンシパルSで上がり指数「323」をマークして4着に食い込むなど、陣営が芝にこだわったのも当然だろう。

こうして迎えた自身の23戦目。芝➡ダート替わりとなった22年4月30日の東京9R横浜Sで、ウシュバテソーロは最後方追走から直線一気のゴボウ抜きで、なおかつ4馬身もの差をつける圧勝劇を見せる。時計の出る重馬場とはいえ、勝ち時計の2分8秒1の速さもさることながら、上がり3Fは衝撃の34秒0を記録した。これを上がり指数に換算すると「356」であり、先のヴェラアズールと同じように350を上回る超々高指数を叩き出したのだ。

その後、3着に敗れたラジオ日本賞でも上がり指数「333」、勝利したブラジルCも「339」と、330超を連発。勢いそのままにカノープスSも制すと、重賞初挑戦となった年末の東京大賞典も圧巻の末脚で差し切り、初重賞でGⅠ勝利という快挙を成し遂げている。その後のドバイワールドC制覇や、米国勢との大接戦は皆さんもご存知の通りだ。

ダート➡芝替わりのヴェラアズールと、ダート➡芝替わりのウシュバテソーロ。トラックは違えど、まったく同じような境遇から一気にGⅠ馬まで上り詰めた両馬は、上がり指数を語るうえで不可欠な存在である。年齢を重ねて突如としてキャリアハイの指数をマークした馬は、追いかける価値がある。

同じように「キャリアハイ」という観点で気になっている現役馬が**モンブランミノル**（牡4）に**サクラトップリアル**（牡4）、**ミッキークレスト**（牡4）の4歳牡馬3頭だ（註：年齢は25年現在）。

モンブランミノルはデビュー2戦でダートを走り、そこから芝の5戦を挟み、24年9月16日の中京7R（3歳上1勝クラス）からダートに回帰。すると、いきなり上がり指数「328」を記録し、次戦の2勝クラスも「329」で勝利する。続く3勝クラスも「329」で突破し、25年2月10日の京都11RアルデバランSでオープン初挑戦。惜しくも2着に敗れてしまったが、ここでも「330」と昇級戦でも末脚の威力は衰えなかった。もう一段階、上の指数が出るようなら重賞でも出番があるはずだ。

サクラトップリアルはさらにキャリアが浅く、まだ7戦しか消化していない。だが、25年2月1日の東京9R白嶺Sに上がり指数「325」というキャリアハイで出走。惜しくも2着に敗れたが、ここでも上がり3F34秒7と芝並みの末脚を披露した。これが上がり指数「339」とさらにキャリアハイを伸ばし、続く金蹄Sも上がり最速で勝利を収めている。同世代にはフォーエバーヤングという世界最強クラスのダート馬がいるものの、同馬と同じリアルスティール産駒であり、今後は重賞戦線に顔をのぞかせるはずだ。

ミッキークレストもキャリア7戦でオープン入りを果たし、25年の飛躍が期待される1頭。こちらはすでにレパードSで3着に入るなど全国区だが、そのレパードSから2勝クラス（平場）、天白川特別でマークした「上がり指数」が「316」➡「328」➡「331」で、いずれもキャリアハイを更新と伸び盛りだ。続く3勝クラスの伊丹Sは「326」と指数を落としてしまったが、早めに前を捕まえにいき、同じ4歳で1倍台に支持されたジンセイとのマッチレースを制したように、内容も相手関係も上々。まだまだ天井という印象はまったくないだけに、前出2頭との重賞での対決を心待ちにしたい。

第4章

高配当ハンティング！
上がり指数活用編

上がり指数の活用法

前章までに理屈を述べてきたが、一番の問題は馬券が獲れるかどうか、である。まだまだ上がり指数について訝《いぶか》しがっている向きもあるだろうから、的中馬券という成果で疑問の声に答えを出していきたい。

……と、その前に1点確認だ。指数を用いた馬券の買い方、券種の選び方は人それぞれで、利用する方が自身のスタイルに合わせて柔軟に変えていい。いや、そうあるべきである。

本書の裏カバーに掲載された2023年の年間成績をご覧いただきたい。この年は107日間の開催があり、総レース数は3456Rであった。これに対し、馬券購入日数は106日とほぼ皆勤賞で、総購入レース数は1323レースと全体の4割に迫るほどである。仕事柄、こんなのは偉くも何ともないのだが、これだけの参加率の高さになると、1RからガンガンＲ買いまくる。上がり指数のシミュレーション結果が良好だったこともあり、指数のポテンシャルに収束してほしいと、狙える馬はクラスを問わずに買いまくったのだ。

当然、朝一から1レースに1万円以上を突っ込むこともある。家人に知られると卒倒されそうなので黙っていたが、上がり指数の開発以後、年間の総購入金額は年収をはるかに上回るようになった。ギャンブルをやらない知人に話したところ、依存症だからやめたほうがいい、と諭《さと》されたほどだ。

金銭感覚は人によって違うわけで、同じ競馬ファンとて、ライトなファンとヘビーなファンでは購入金額には開きがあるのは当然だ。編集部としては、年間1000レース以上を購入するためにも、狙った馬が馬券に絡んだ場合には、絶対に丸坊主を避けなければならないと考えている。それゆえ、かなりの多点買いを行なうし、券種も多岐に渡ることが多い。

ただ、上がり指数を駆使して実践を重ねた結果、基本的には馬単、さらには3連単の併用という方法に落ち着いた。狙った馬が連対した場合には馬単の1、2着付けで仕留め、いい脚で差して来るも3着まで……というケースを3連単の3着付けで拾う、という考え方である。

ただ、これもベターだと考えているだけでベストだとは思っていない。もっともっと効率的な買い方ができるはずだし、もちろん、馬連もワイドも3連複も併用している。上がり指数という新しい武器を生かすも殺すも買い方次第。もし、より良い買い方にたどり着いた方は、編集部にご一報いただければ幸いである。

というわけで、本章では現時点で編集部が実践している6パターンの上がり指数活用法について、的中例とともにご紹介していきたい。

■編集部推奨・上がり指数の活用法6パターン

①上がり指数1位を狙う
②上がり指数上位馬をセットで狙う
③上がり指数上位馬から「何か」に流す
④「何か」から上がり指数上位馬に流す
⑤圧倒的人気馬の2、3着付けを狙う
⑥特異な傾向に従って狙う

繰り返しになるが、買い方は無数にあるし、あくまでも編集部が狙いやすいと考えているケース、とお考えいただければ幸いである。なお、③と④の「何か」と、⑥の「特異な傾向」については該当ページで後述していくので、そちらでご確認いただきたい。

活用法①上がり指数1位を狙うI：21年10月17日・新潟11R➡払戻19万5200円

少々古い例で恐縮だが、上がり指数を開発した編集部にとって、どうしても忘れられない日から入りたく、2021年10月17日の新潟11R信越Sを選ばせていただいた。1章でも触れた通り、上がり指数は21年の10月上旬に完成を見た。この日は弊誌が運営するオンラインサロン「天才！の競馬サロン」の開設を2週間後に控えており、上がり指数を本格的に実戦投入した日なのだ。「自信が確信に変わった日」でもある。

芝1400m戦に18頭が出走、しかも同日の京都ではGI秋華賞が行なわれており、正真正銘の裏開催。オマケに外差しが決まる重馬場で、1番人気の評価を得た③スマイルカナの単勝オッズ6・0倍という数字からもファンの苦悩がうかがえる。いかにも荒れそうなニオイがプンプン漂っているが、上がり指数を見ていこう。

■出走各馬の前走コース＆上がり3Fと上がり指数

①ブランノワール　前走：新潟芝1600m　上がり3F：34秒0➡上がり指数：304（13位）
②ルッジェーロ　前走：新潟芝1400m　上がり3F：34秒0➡上がり指数：319（3位）
③スマイルカナ　前走：中山芝1600m　上がり3F：35秒8➡上がり指数：294（17位）
④ロンドンテソーロ　前走：中山ダ1200m　上がり3F：36秒9➡上がり指数：307（11位）
⑤アクアミラビリス　前走：東京芝1400m　上がり3F：33秒0➡上がり指数：319（3位）
⑥ザイツィンガー　前走：新潟芝1400m　上がり3F：34秒1➡上がり指数：315（5位）
⑦ヨハン　前走：函館ダ1700m　上がり3F：37秒8➡上がり指数：310（8位）
⑧ホープフルサイン　前走：福島芝1200m　上がり3F：34秒5➡上がり指数：311（7位）

⑨イベリス　前走：東京芝1600m　上がり3F：38秒5➡上がり指数：251（18位）
⑩ダディーズビビッド前走：新潟芝1400m　上がり3F：34秒7➡上がり指数：309（9位）
⑪キルロード　前走：福島芝1200m　上がり3F：34秒7➡上がり指数：308（10位）
⑫インターミッション　前走：福島芝1200m　上がり3F：34秒9➡上がり指数：304（13位）
⑬カリオストロ　前走：新潟芝1400m　上がり3F：35秒3➡上がり指数：300（15位）
⑭デュープロセス　前走：新潟芝1400m　上がり3F：33秒8➡上がり指数：321（2位）
⑮ビオグラフィー　前走：小倉芝1200m　上がり3F：34秒8➡上がり指数：305（12位）
⑯キタイ　前走：中京芝1200m　上がり3F：34秒7➡上がり指数：296（16位）
⑰アイラブテーラー　前走：福島芝1200m　上がり3F：34秒2➡上がり指数：315（5位）
◎⑱ドナウデルタ　前走：阪神芝1600m　上がり3F：33秒0➡上がり指数：322（1位）

外差しの利く馬場で速い上がりを使える馬を狙うということで、候補は7枠の⑭デュープロセス（指数2位、13番人気）と8枠の⑱ドナウデルタ（指数1位、4番人気）に絞られる。ただ、指数順別の好走率でご覧いただいた通り、最も好走率が高いのは指数1位であり、前走のGⅡ阪神牝馬Sでも3着に入っている実績から、編集部は⑱ドナウデルタを本命に抜擢。同馬は「馬券術ランニング・スコア」の推奨馬でもあった。この馬を3連複の1列目に置き、2列目も「V★DISTANCE」（いずれも秀和システム刊）の推奨馬である⑩ダディーズビビッド（7番人気）などに決定。3列目は人気薄の激走に期待して総流しとした。

結果、⑱ドナウデルタが上がり2位の脚で勝利を収め、⑩ダディーズビビッドが3着。2着にインターミッション（17番人気）が激走し、実戦投入の初日にいきなり3連複17万馬券がヒットしたのだ。

コース	発走時間
芝1400m	15:20

18頭	▲ ▲	4枠	8番	4人	6.3	53	464	-8		7 週	2021.4.10	阪神	阪神牝馬G2	芝1600	晴	良	8	1324	33.1	0.4	団野大成	54	6 7	デゼル	12頭	△ ☆	3枠	3番	6人	14.5	472	+2	7 週
14頭		5枠	7番	6人	9.9	56	512	-8		10 週	2021.4.18	中山	京葉S(L)	ダ1200	晴	重	8	1102	35.9	1.0	吉田隼人	56	B 6 6	ダンシングプリンス	15頭		8枠	15番	4人	12.0	520	-2	11 週
18頭		8枠	17番	12人	103.9	55	432	+6		6 週	2021.4.3	中山	ダービーHG3	芝1600	晴	良	14	1342	36.8	1.6	柴田大知	55	2 3 3	テルツェット	16頭		1枠	1番	1人	3.0	426	-10	15 週
15頭		4枠	7番	9人	15.7	55	514	-2		22 週	2021.3.21	中山	千葉SH	ダ1200	雨	重	7	1118	37.2	0.8	大野拓弥	55	7 9	アポロビビ	16頭		2枠	3番	6人	12.1	516	±0	14 週
13頭	○ ◎	3枠	3番	2人	5.5	54	428	-4	ップ)	4 週	2021.5.1	阪神	ストーH・3勝	芝1600	雨	稍	2	1331	33.5	0.0	岩田望来	54	5 5	グランデマーレ	18頭	☆ ☆	3枠	5番	8人	18.2	432	+12	8 週
16頭		2枠	4番	3人	6.9	56	424	-6		8 週	2021.4.25	阪神	マイラーG2	芝1600	晴	良	6	1317	34.5	0.3	北村友一	56	5 5	ケイデンスコール	16頭		7枠	14番	12人	71.1	430	±0	8 週
10頭		8枠	10番	7人	14.8	56	448	+10	レ	13 週	2021.3.27	中京	名鉄杯	ダ1400	晴	良	14	1257	39.6	2.4	泉谷楓真	57	9 9	ペプチドバンブー	16頭		7枠	13番	15人	52.8	438	±0	2 週
16頭		5枠	10番	7人	17.9	54	498	+6		4 週	2021.5.30	中京	安土城H(L)	芝1400	晴	良	6	1196	33.5	0.4	江田照男	54	B 13 13	クリノガウディー	18頭		6枠	12番	10人	33.9	492	-14	15 週
12頭	△	6枠	7番	4人	6.5	54	482	-2		7 週	2021.2.20	阪神	京都牝馬G3	芝1400	晴	良	1	1200	34.3	-0.3	酒井学	54	1 1	(ギルデッドミラー)	16頭	▲ ▲	2枠	4番	3人	5.5	484	+6	8 週
18頭	○ ☆	3枠	6番	2人	3.5	57	492	+2		3 週	2021.5.9	中京	欅S(L)	芝1400	晴	良	1	1199	34.1	-0.7	竹之下智	56	4 4	(ヴィジュネル)	13頭		5枠	6番	7人	10.6	490	+4	6 週
16頭		6枠	11番	10人	26.4	54	502	+2	ス)	32 週	2020.11.14	福島	みちのく・3勝	芝1200	晴	良	1	1092	35.0	-0.2	菊沢一樹	57	B 2 1	(センショウユウト)	16頭		5枠	10番	9人	22.4	500	-4	9 週
16頭		4枠	8番	12人	41.4	53	414	+2		15 週	2021.3.13	中山	中山牝馬HG3	芝1800	雨	不	16	1578	42.1	3.0	石川裕紀	53	7 7 10 13	ランブリングアレー	16頭		6枠	12番	14人	63.3	412	-2	9 週
18頭		2枠	3番	8人	22.0	52	460	-2		5 週	2021.4.24	新潟	福島牝馬G3	芝1800	晴	良	15	1481	35.2	1.2	亀田温心	54	3 3	ディアンドル	16頭		8枠	15番	15人	142.1	462	-4	9 週
16頭	▲	3枠	6番	5人	15.0	57	484	+4		3 週	2020.12.27	阪神	ギャラクH	ダ1400	晴	良	4	1241	35.7	0.6	古川吉洋	57	15 14	デザートストーム	16頭		4枠	7番	12人	63.8	480	±0	2 週
17頭		5枠	9番	13人	67.5	54	474	-10		6 週	2021.4.4	阪神	淀屋橋H・3勝	芝1200	雨	稍	1	1101	35.4	-0.1	藤岡康太	52	B 5 5	(サウンドカナロア)	16頭		8枠	15番	4人	10.4	484	-4	2 週
18頭		8枠	18番	17人	177.4	55	516	±0		13 週	2021.5.30	東京	むらさH・3勝	芝1800	曇	良	17	1465	36.8	2.2	木幡巧也	52	1 1 1	ジュンライトボルト	18頭		3枠	6番	13人	53.0	516	+2	3 週
16頭	▲	7枠	14番	7人	22.4	54	440	-8		2 週	2021.2.20	阪神	京都牝馬G3	芝1400	晴	良	4	1204	33.6	0.4	岩田康誠	55	15 14	イベリス	16頭		4枠	7番	4人	8.3	448	-6	6 週
18頭		1枠	1番	12人	53.0	54	446	-2	ル	4 週	2020.12.19	中山	ターコイHG3	芝1600	曇	良	10	1353	35.7	0.7	ルメール	55	11 13 14	スマイルカナ	16頭		4枠	7番	4人	7.9	448	+4	11 週

1着⑱ドナウデルタ

（4番人気）

2着⑫インターミッション

（17 番人気）

3着⑩ダディーズビビッド

（7番人気）

単⑱ 830 円

複⑱ 310 円　⑫ 1840 円　⑩ 380 円

馬連⑫－⑱ 49830 円

馬単⑱→⑫ 69720 円

3連複⑩⑫⑱ 178600 円

3連単⑱→⑫→⑩ 1099690 円

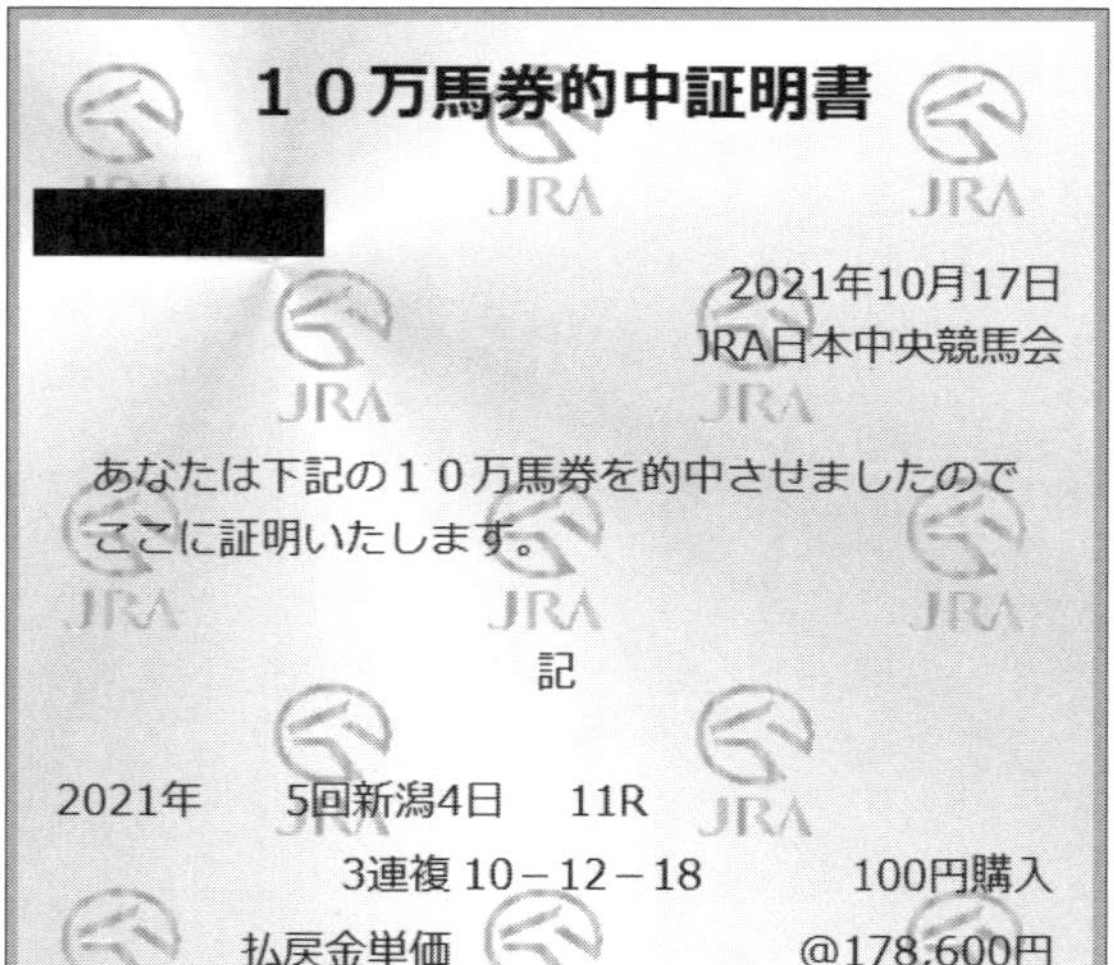
１０万馬券的中証明書

[redacted]

2021年10月17日
JRA日本中央競馬会

あなたは下記の１０万馬券を的中させましたので
ここに証明いたします。

記

2021年　5回新潟4日　11R
3連複 10－12－18　100円購入
払戻金単価　@178,600円
払戻金合計　178,600円

３連複１７万馬券的中!

2021年10月17日　3歳以上・オープン(L)(ハンデ)(国際)(特指)

新潟11R　信越S

枠	馬番	馬名	性齢	厩舎	馬主 / 生産	父 / 母 / 母父	騎手	斤量	レース間隔	賞金	毛色 / 生年月日 / 休明	好走S	激走S	V★D	ウマ楽	好走S / 激走S / 脚質 / 人気	前走	前々走
1枠	1	ブランノワール	牝5	栗東 須貝尚介	シルクレーシング / ノーザンファーム	ロードカナロア / プチノワール / Singspiel	富田暁 替	53	9週	2400 7515	鹿毛 2月15日 休明2戦目	○	○			13.1 9.5 縦 12 短 13人	2021.8.15 新潟 関屋記念G3 芝1600 晴 良 12着 18頭 5枠 10番 13人 70.7 1334 34.0 0.7 丸山元気 54 462 -2 11 13 ロータスランド 11週	2021.5.30 中京 安土城H(L) 芝1400 晴 良 4着 1195 33.4 0.3 西村淳也 13 13 クリノガウディー
1枠	2 (B)	ルッジェーロ	セ6	美浦 鹿戸雄一	村木隆 / 社台ファーム	キンシャサノキセキ / シルヴァーカップ / Almutawakel	武藤雅 替	55	7週	2400 11224	黒鹿 3月31日 休明3戦目			★		8.1 6.8 縦 2 同 8人	2021.8.29 新潟 朱鷺S(L) 芝1400 晴 良 2着 18頭 8枠 18番 8人 18.5 1211 34.0 0.1 三浦皇成 56 510 -2 B 10 9 カイザーミノル 9週	2021.6.26 札幌 TVh賞 芝1200 晴 良 2着 1078 33.4 0.0 横山武史 B 11 10 ロードアクア
2枠	3	スマイルカナ	牝4	美浦 高橋祥泰	ビッグレッドファーム / 末田牧場	ディープインパクト / エーシンクールディ / Distorted Humor	丹内祐次 替	55	5週	6650 16500	芦毛 3月22日 休明2戦目					10.9 7.0 同 10 短 10人	2021.9.12 中山 オータムHG3 芝1600 曇 良 10着 16頭 8枠 16番 10人 21.5 1328 35.8 0.8 柴田大知 55 438 +6 2 2 2 カテドラル 17週	2021.5.16 東京 ヴィクトG1 芝1600 曇 良 15着 1326 34.9 1.6 柴田大知 2 2 グランアレグリ
2枠	4	ロンドンテソーロ	牡5	美浦 栗田徹	了徳寺健二ホールディングス / Roundhill Stud & J. S. Investments	Exceed And Excel / Allegrezza / Sir Percy	小沢大仁 替	55	3週	2400 5900	栗毛 2月28日 休明3戦目				◆	8.6 6.9 同 6 縦 4人	2021.9.25 中山 ながつき ダ1200 曇 良 6着 16頭 5枠 10番 4人 8.7 1103 36.9 0.1 大野拓弥 56 518 +4 4 6 ロイヤルパールス 5週	2021.8.22 新潟 NST賞H ダ1200 晴 稍 8着 1105 36.4 0.5 亀田温心 7 5 ノンライセンス
3枠	5	アクアミラビリス	牝5	栗東 吉村圭司	社台レースホース / 社台ファーム	ヴィクトワールピサ / アクアリング / Anabaa	泉谷楓真 替	53	16週	2500 9250	鹿毛 4月4日 休明1戦目		△			12.3 8.9 同 2 同 2人	2021.6.27 東京 パラダH(L) 芝1400 曇 良 2着 16頭 ○○ 2枠 3番 2人 4.4 1214 33.0 0.1 M.デム 53 432 +4 3 3 キルロード 4週	2021.5.29 中京 志摩SH・3勝 芝1400 晴 良 1着 1194 33.9 -0.2 岩田望来 6 6 (リレーションシ
3枠	6	ザイツィンガー	牡5	栗東 牧田和弥	永田和彦 / 森永牧場	ドリームジャーニー / ザッハトルテ / クロフネ	菱田裕二 替	54	7週	2400 6350	芦毛 3月25日 休明2戦目	▲	◎	★		12.9 9.7 短 5 同 9人	2021.8.29 新潟 朱鷺S(L) 芝1400 晴 良 5着 18頭 ○○ 5枠 10番 9人 19.2 1214 34.1 0.4 石橋脩 56 428 +4 13 14 カイザーミノル 10週	2021.6.19 阪神 米子S(L) 芝1600 小雨 重 11着 1362 36.4 1.2 和田竜二 7 7 ロータスランド
4枠	7	ヨハン	牡5	栗東 高橋康之	サイプレスホールディングス / 下河辺牧場	ヨハネスブルグ / マストバイアイテム / アフリート	藤井勘一 替	53	14週	2400 5450	鹿毛 3月14日 休明1戦目					12.2 7.6 同 7 短 14人	2021.7.10 函館 マリーンH ダ1700 小雨 稍 7着 14頭 3枠 3番 14人 152.5 1440 37.8 0.3 古川吉洋 53 436 -12 9 9 8 9 スワーヴアラミス 2週	2021.6.27 札幌 大沼S(L) ダ1700 晴 良 8着 1471 39.3 1.6 亀田温心 5 5 5 7 ダンツキャッス
4枠	8 (B)	ホープフルサイン	牡5	美浦 本間忍	アドバンス・サッポロ / 日進牧場	モンテロッソ / ステラーホープ / グラスワンダー	柴田善臣	54	13週	2400 6572	黒鹿 3月8日 休明1戦目					9.2 6.6 短 5 縦 5人	2021.7.18 福島 福島テレ 芝1200 晴 良 5着 16頭 8枠 16番 5人 8.4 1086 34.5 0.3 柴田善臣 56 502 +4 B 7 6 キルロード 3週	2021.6.27 東京 パラダH(L) 芝1400 曇 良 3着 1215 32.8 0.2 柴田善臣 B 6 5 キルロード
5枠	9	イベリス	牝5	栗東 角田晃一	前田幸治 / 土居牧場	ロードカナロア / セレブラール / ボストンハーバー	酒井学	55	22週	4600 12265	鹿毛 3月21日 休明1戦目	◎	▲			13.4 9.0 同 18 短 16人	2021.5.16 東京 ヴィクトG1 芝1600 曇 良 18着 18頭 2枠 4番 16人 207.2 1365 38.5 5.5 酒井学 55 482 ±0 3 4 グランアレグリア 5週	2021.4.10 阪神 阪神牝馬G2 芝1600 晴 良 6着 1323 33.5 0.3 酒井学 1 1 デゼル
5枠	10	ダディーズビビッド	牡3	栗東 千田輝彦	田島大史 / 上水牧場	キズナ / ケイティーズギフト / フレンチデピュティ	竹之下智	53	7週	2100 4980	鹿毛 3月26日 休明2戦目			★		10.5 7.7 縦 3 同 4人	2021.8.29 新潟 朱鷺S(L) 芝1400 晴 良 3着 18頭 ▲▲ 6枠 12番 4人 8.2 1213 34.7 0.3 竹之下智 53 500 +8 5 5 カイザーミノル 13週	2021.5.29 中京 葵S・重 芝1200 晴 良 16着 1094 35.4 1.3 武豊 6 7 レイハリア
6枠	11 (B)	キルロード	セ6	美浦 田村康仁	エンジェルレーシング / 天羽禮治	ロードカナロア / キルシュワッサー / サクラバクシンオー	内田博幸	57	13週	5000 11040	鹿毛 3月3日 休明1戦目					7.2 5.5 短 1 縦 1人	2021.7.18 福島 福島テレ 芝1200 晴 良 1着 16頭 2枠 3番 1人 4.1 1083 34.7 -0.3 内田博幸 57 504 +2 B 2 2 (ヴェスターヴァルト) 3週	2021.6.27 東京 パラダH(L) 芝1400 曇 良 1着 1213 33.2 -0.1 内田博幸 B 1 1 (アクアミラビ
6枠	12	インターミッション	牝4	美浦 手塚貴久	下河辺牧場 / 下河辺牧場	ディープインパクト / レイカーラ / キングカメハメハ	嶋田純次 替	52	13週	2500 4770	黒鹿 1月19日 休明1戦目				◆	9.5 7.2 短 12 縦 11人	2021.7.18 福島 福島テレ 芝1200 晴 良 12着 16頭 △ 3枠 6番 11人 31.2 1091 34.9 0.8 石川裕紀 54 410 -4 B 10 9 キルロード 3週	2021.6.27 東京 パラダH(L) 芝1400 曇 良 12着 1222 33.2 0.9 石川裕紀 10 10 キルロード
7枠	13 (B)	カリオストロ	牝4	栗東 加用正	Him Rock Racingホールディングス / タバタファーム	エイシンフラッシュ / アルピナブルー / フジキセキ	亀田温心 替	52	7週	2100 5760	鹿毛 4月27日 休明2戦目					10.5 7.6 同 6 同 13人	2021.8.29 新潟 朱鷺S(L) 芝1400 晴 良 6着 18頭 4枠 8番 13人 63.2 1215 35.3 0.5 内田博幸 54 452 -8 B 2 2 カイザーミノル 13週	2021.5.30 中京 安土城H(L) 芝1400 晴 良 15着 1204 35.8 1.2 亀田温心 1 1 クリノガウディー
7枠	14	デュープロセス	牡5	栗東 安田隆行	ゴドルフィン / Godolphin	Daiwa Major / Rose Law / New Approach	横山和生 替	57	7週	4850 7600	栗毛 4月2日 休明2戦目			★	◆	8.5 6.1 縦 8 同 17人	2021.8.29 新潟 朱鷺S(L) 芝1400 晴 良 8着 18頭 3枠 5番 17人 86.0 1215 33.8 0.5 柴田善臣 58 476 -8 18 14 カイザーミノル 32週	2021.1.16 中山 カーバンH 芝1200 晴 良 9着 1097 33.8 0.5 横山武史 15 15 レジェーロ
7枠	15 (B)	ビオグラフィー	牝4	栗東 藤岡健一	シルクレーシング / ノーザンファーム	ロードカナロア / チアズメッセージ / サンデーサイレンス	荻野極 替	53	15週	2400 5170	鹿毛 4月9日 休明1戦目					8.7 6.8 短 11 縦 4人	2021.7.4 小倉 CBC賞HG3 芝1200 曇 良 11着 13頭 5枠 6番 4人 7.7 1072 34.8 1.2 藤岡康太 53 484 +10 B 2 3 ファストフォース 7週	2021.5.15 東京 京王杯スG2 芝1400 晴 良 5着 1201 34.6 0.3 三浦皇成 B 1 1 ラウダシオン
8枠	16	キタイ	牝5	美浦 杉浦宏昭	西村憲人 / 谷川牧場	ダンカーク / コウヨウルビー / バブルガムフェロー	秋山稔樹 替	52	3週	2400 6695	鹿毛 2月17日 休明3戦目	△				12.5 8.5 短 1 縦 10人	2021.9.25 中京 長篠S・3勝 芝1200 曇 良 1着 16頭 ○△ 2枠 4番 10人 23.4 1081 34.7 0.0 池添謙一 55 516 ±0 1 1 (ハッシュゴーゴー) 4週	2021.8.28 新潟 長岡S・3勝 芝1600 曇 良 11着 1349 35.9 1.0 野中悠太 2 2 クリノプレミアム
8枠	17	アイラブテーラー	牝5	栗東 河内洋	中西浩一 / 富菜牧場	トーセンラー / タケショウレジーナ / ダンスインザダーク	川又賢治 替	54	13週	4600 9920	黒鹿 5月20日 休明1戦目				◆	7.9 5.9 同 7 縦 4人	2021.7.18 福島 福島テレ 芝1200 晴 良 7着 16頭 4枠 8番 4人 7.3 1088 34.2 0.5 田辺裕信 56 462 +22 14 12 キルロード 19週	2021.3.6 中山 オーシャG3 芝1200 晴 稍 11着 1090 33.6 0.6 横山武史 16 13 コントラチェック
8枠	18	ドナウデルタ	牝5	栗東 高野友和	サンデーレーシング / ノーザンファーム	ロードカナロア / ドナウブルー / ディープインパクト	鮫島克駿 替	54	27週	3800 10090	鹿毛 2月9日 休明1戦目	☆	☆			12.8 8.9 短 3 短 8人	2021.4.10 阪神 阪神牝馬G2 芝1600 晴 良 3着 12頭 1枠 1番 8人 24.1 1321 33.0 0.1 和田竜二 54 450 +4 3 4 デゼル 12週	2021.1.16 中京 愛知杯HG3 芝2000 晴 良 13着 2002 36.7 1.5 岩田望来 12 12 12 11 マジックキャッス

レース	式別	馬／組番	購入金額	的中／返還	払戻単価	払戻／返還金額
11R	単勝	18	2,000円	18	830円	16,600円
11R	3連複 フォーメーション	馬1：18 馬2：02,06,10,14 馬3：01,02,03,04,05,06,07,08,09,10,11,12,13,14,15,16,17,18	各 100円 計5,800円	10－12－18	178,600円	178,600円

単勝も2000円的中！

活用法①上がり指数1位を狙うII：24年6月16日・函館7R➡払戻17万2940円

続いては24年6月16日の函館7R（3歳上1勝クラス・牝馬限定戦、ダ1700m）を取り上げる。

先ほどは左回りの短距離戦だったが、今度は一転して右回りのダート中距離戦である。上がり指数は競馬場もトラックも距離も問わないし、クラスも関係ない。あくまでも前走でマークした上がり3Fタイムと馬体重だけを用いて、運動方程式によってシステマティックに算出されるものだ。

各馬が前走のラスト600mで、どの程度の末脚を繰り出していたかを客観的に表しているため、数値が大きければ大きいほど絶対的な価値があるし、横との比較で相対的な価値も一目瞭然だ。

■出走各馬の前走コース＆上がり3Fと上がり指数

①アイスリンディ　前走：京都ダ1400m　上がり3F：40秒6➡上がり指数：266（13位）
②セラドナイト　前走：阪神ダ1200m　上がり3F：40秒1➡上がり指数：264（14位）
③レーヴドレフォン　前走：小倉ダ1700m　上がり3F：38秒7➡上がり指数：300（4位）
④ビップレーヌ　前走：東京芝1800m　上がり3F：35秒2➡上がり指数：293（5位）
◎⑤ランスノーブル　前走：中山ダ1800m　上がり3F：37秒1➡上がり指数：325（1位）
⑥サンマルリアン　前走：新潟ダ1800m　上がり3F：40秒0➡上がり指数：288（7位）
⑦タマモネモフィラ　前走：阪神ダ1800m　上がり3F：40秒2➡上がり指数：278（9位）
⑧モデルハント　前走：中山ダ1800m　上がり3F：41秒3➡上がり指数：277（10位）
⑨リキサンハート　前走：中山ダ1800m　上がり3F：38秒9➡上がり指数：303（3位）

⑩イーストウィッチ　前走：中山芝1800m　上がり3F：37秒8⬇上がり指数：275（11位）
⑪ウェイトゥゴー　前走：京都ダ1800m　上がり3F：39秒4⬇上がり指数：286（8位）
⑫ミッキーマカロン　前走：福島ダ1700m　上がり3F：38秒8⬇上がり指数：304（2位）
⑬イモータルフェイム　前走：福島ダ1700m　上がり3F：41秒4⬇上がり指数：273（12位）
⑭チャプリ　前走：中京ダ1800m　上がり3F：39秒3⬇上がり指数：292（6位）

ここは1番人気に推された⑤ランスノーブルが上がり指数も1位。その数値は「325」と高く、次点の⑫ミッキーマカロン（9番人気）が「304」だけに、「21」もの差が開いていた。

⑤ランスノーブルの上がりの脚力が抜けているのはわかったが、前半のポジショニングの悪さもあって、典型的な〝詰《つ》め甘《あま》〟な成績に終始している。未勝利を勝ち上がった後はこのレースまでに8戦を消化、2着1回・3着2回を含め掲示板が6回という具合だ。そこで本章の冒頭でも触れたように、1、2着のパターンを想定した馬単のオモテ・ウラと、3着に取りこぼす可能性を考慮して3着付けの3連単を購入することにした。

ならば相手には、逆に前に行けそうなタイプを狙いたい。前々走で逃げを打ち、前走は4角2番手の⑪ウェイトゥゴー（7番人気）、2，3走前の小倉ダート1700mで4角4番手以内の競馬から好走している⑫ミッキーマカロン、長期休養明けの前走以外は1勝クラスですべて2、3着、かつ先行できる⑬イモータルフェイム（3番人気）の3頭をチョイス。馬単は⑤⇕⑪⑫⑬の6点、3連単は⑪⑫⑬⬇全⬇⑤の36点買いである。

レースは⑫ミッキーマカロンが4角先頭の競馬から、指数上位馬らしく上がり3位の末脚で勝利を収め、2着に⑪ウェイトゥゴーが入る。肝心の⑤ランスノーブルは上がり1位タイをマークするも、後方3番手からの競馬で差し損ね、目論見通りに3着止まり。結果、3連単17万馬券がヒットした。

牝）［指定］

コース	発走時間
ダート1700m	13:15

2024.4.7	福島	未勝利	ダ1150	晴	良	1096	37.5	-0.3	3 3	（ファビュラスロード）	1	16頭		1枠	2番	2人	3.3	亀田温心	55	440	-2	18 週
2023.12.3	阪神	未勝利・牝*	ダ1400	晴	良	1280	40.2	1.4	7 6	ソーニャシュニク	5	15頭		3枠	4番	3人	5.1	田口貫太	53△	442	+14	9 週
2024.3.9	中山	1勝クラス・牝	ダ1200	晴	重	1118	38.0	0.6	4 5	ピカリエ	11	16頭	○ ○	8枠	15番	6人	10.3	北村宏司	56	452	+12	18 週
2023.11.4	東京	1勝クラス・牝	ダ1600	晴	良	1387	38.3	1.4	1 1	ビターゼノビア	9	11頭		1枠	1番	7人	30.2	北村宏司	55	440	+2	15 週
2023.12.23	阪神	未勝利・牝*	ダ1800	晴	良	1564	41.0	1.2	6 4 6 4	ベイシャコバ	5	14頭		1枠	1番	5人	7.1	坂井瑠星	55	468	-6	6 週
2023.11.11	福島	未勝利*	ダ1700	曇	稍	1483	38.5	0.3	3 3 2 2	タケノシンセイ	5	15頭		8枠	15番	1人	1.9	古川奈穂	51★	474	-6	2 週
2024.3.24	中山	未勝利・牝	ダ1800	曇	良	1557	39.2	-0.5	5 6 4 4	（コパノエビータ）	1	16頭		6枠	12番	2人	3.2	横山武史	55	462	-10	8 週
2024.1.27	東京	未勝利	ダ2100	晴	良	2166	40.7	1.5	2 2 4 4	ホウオウベルクソン	4	15頭		2枠	2番	2人	6.3	横山武史	55	472	+6	3 週
2024.3.23	中山	1勝クラス・牝	ダ1800	小雨	良	1555	37.7	0.4	9 8 10 7	イージーオンミー	2	16頭	▲	6枠	11番	4人	11.4	田辺裕信	56	464	+12	9 週
2024.1.21	中山	1勝クラス・牝	ダ1800	小雨	不	1539	39.5	1.0	3 4 4 3	アヴィオンドール	7	14頭		8枠	13番	1人	4.4	田辺裕信	55	452	-4	2 週
2024.2.4	佐賀	如月特	ダ1750	曇	不	1569	----	1.4	1 1 1 2	サトミノアサヒ	5	10頭		1枠	1番	2人		山田義貴	54	456	+6	2 週
2024.1.21	佐賀	SAG	ダ1400	曇	不	1288	----	-1.1	1 1 1 1	（モリデンスター）	1	11頭		6枠	6番	1人		山田義貴	53	450	-8	2 週
2024.1.27	京都	1勝クラス・牝	ダ1800	晴	良	1559	39.5	1.7	6 6 6 5	ハイランドリンクス	3	9頭	▲ ○	4枠	4番	4人	17.7	田口貫太	54☆	468	+2	3 週
2024.1.8	京都	1勝クラス・牝	ダ1800	晴	良	1560	40.6	2.1	4 6 8 8	ノッテルーナ	12	15頭	☆ ▲	5枠	8番	5人	14.7	田口貫太	53△	466	+8	20 週
2024.1.27	東京	1勝クラス*	ダ1600	晴	良	1401	41.0	2.1	2 2	ソニックスター	10	14頭		7枠	11番	11人	131.2	武藤雅	55	440	-2	8 週
2023.12.3	中山	未勝利*	ダ1800	晴	良	1550	40.1	-0.2	1 1 1 1	（アスプリージャ）	1	16頭		4枠	8番	5人	10.2	武藤雅	55	442	±0	12 週
2023.11.12	福島	1勝クラス・牝	ダ1700	曇	良	1482	37.8	0.6	12 12 2 3	オースミリン	6	13頭	▲	8枠	13番	12人	90.2	松岡正海	56	500	-4	4 週
2023.10.14	新潟	1勝クラス・牝	ダ1800	晴	良	1551	39.7	1.3	10 10 9 6	グレノークス	8	13頭	☆	8枠	13番	11人	32.3	菊沢一樹	56	504	-4	13 週
2024.1.28	京都	1勝クラス・牝*	ダ1400	晴	良	1283	40.9	3.2	3 6	モアザンワンス	12	13頭		2枠	2番	13人	100.2	津村明秀	55	448	+6	11 週
2023.11.11		未勝利・	ダ1600			1395			1													
2024.3.10	中京	未勝利・牝	ダ1800	晴	良	2002	44.3	3.5	1 1 1 1	エスシーヤマト	8	13頭		1枠	1番	1人	3.8	藤岡康太	55	460	-8	3 週
2024.2.18		未勝利	ダ1700			1482			14 15 14													
2024.3.3	小倉	1勝クラス・牝	ダ1700	曇	稍	1472	39.9	0.9	3 3 3 3	ライジングラバス	4	11頭		6枠	6番	4人	6.9	藤岡康太	56	434	+2	3 週
2024.2.10		1勝クラス	ダ1700			1474			5 5 3													
2023.7.22	札幌	1勝クラス・牝	ダ1700	晴	良	1471	38.0	0.6	5 5 3 2	マテンロウアイ	3	13頭	△ ☆	4枠	5番	1人	2.9	丹内祐次	56	484	+22	34 週
2022.11.27		1勝ク	ダ1600			1368			4													
2024.2.24	小倉	1勝クラス・牝	ダ1700	晴	重	1451	37.5	0.2	5 6 7 5	エールミネルヴァ	3	14頭	△ ▲	3枠	3番	2人	6.0	斎藤新	56	462	+2	3 週
2024.2.4		1勝クラス	ダ1700			1458			8 9 10													

1着⑫ミッキーマカロン
（9番人気）
2着⑪ウェイトゥゴー
（7番人気）
3着⑤ランスノーブル
（1番人気）

単⑫ 2920 円
複⑫ 610 円
⑪ 480 円
⑤ 150 円
馬連⑪ー⑫ 13740 円
馬単⑫→⑪ 30640 円
3連複⑤⑪⑫ 16960 円
3連単⑫→⑪→⑤ 172940 円

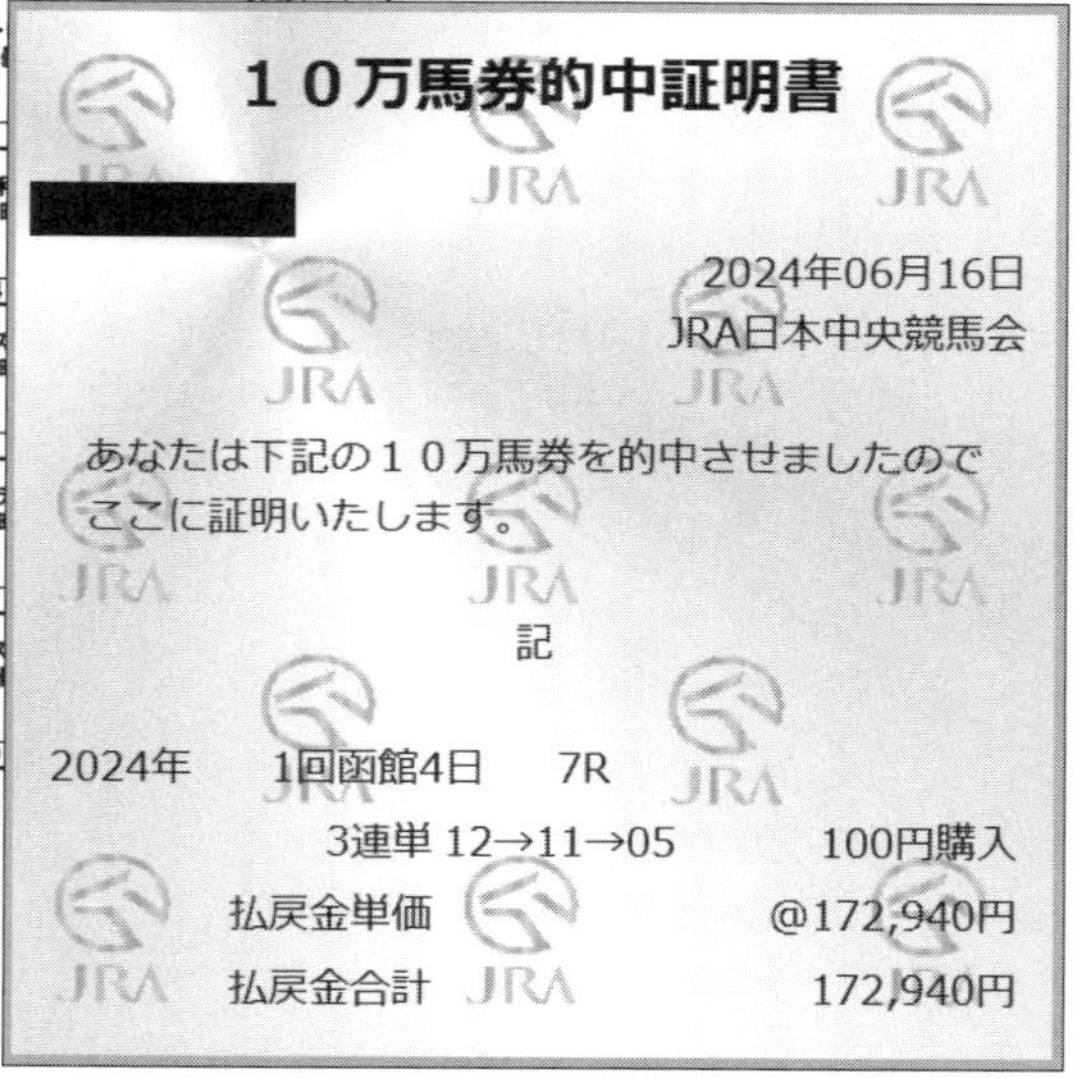
１０万馬券的中証明書

[redacted]

2024年06月16日
JRA日本中央競馬会

あなたは下記の１０万馬券を的中させましたので
ここに証明いたします。

記

2024年　1回函館4日　7R
3連単 12→11→05　100円購入
払戻金単価　@172,940円
払戻金合計　172,940円

3連単17万馬券的中!

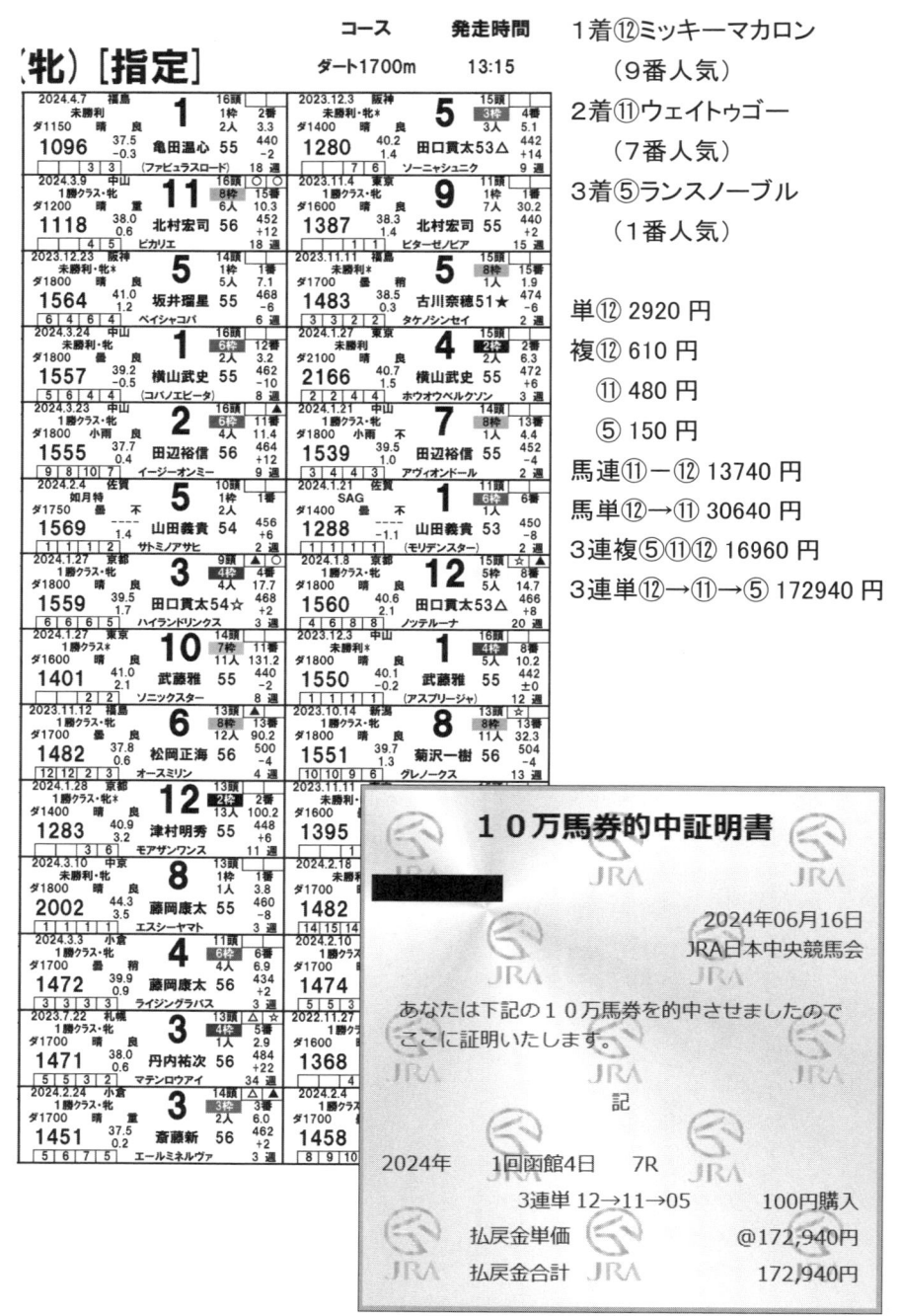

2024年6月16日　3歳以上・1勝クラス/500万下(定量)(牝)[指定]

函館7R　3歳以上・1勝クラス/500万下(定量)(

枠	馬番	馬名	性齢	所属・調教師	馬主	生産者	父	母	母父	騎手	替	斤量	レース間隔			毛色	日付	休明	好走S	激走S	V★D	ウマ来	前走日付・場	クラス	距離・天候・馬場	着順	頭数	印	枠	番	人気	オッズ	タイム	上がり・着差	騎手・斤量	馬体重	通過順	勝ち馬	間隔
1枠	1	アイスリンディ	牝3	栗東 高柳大輔	村上憲政	岡田牧場	カリフォルニアクローム	アイスメアー	サウスヴィグラス	亀田温心	替	53	7週	400	881	栗毛	2月10日	休明3戦目	10.4	6.6	★ 延 10 延	8人	2024.4.28 京都	1勝クラス*	ダ1400 晴 良	10	12頭		2枠	2番	8人	131.8	1273	40.6 3.8	松若風馬 55	442 +2	5 5	テイエムリステット	3週
2枠	2	セラドナイト	牝4	美浦 木村哲也	シルクレーシング	ノーザンファーム	Mendelssohn	セラドン	Gold Halo	小林美駒	替	52★	10週	400	700	青鹿	4月3日	休明1戦目	10.3	7.7	同 16 延	11人	2024.4.6 阪神	1勝クラス	ダ1200 晴 稍	16	16頭	△	5枠	9番	11人	89.6	1154	40.1 3.8	津村明秀 56	446 -6	3 4	カミーロ	4週
3枠	3	レーヴドレフォン	牝3	栗東 矢作芳人	シルクレーシング	ノーザンファーム	ドレフォン	レーヴドリーブ	オルフェーヴル	古川奈穂	替	50★	22週	400	880	栗毛	1月19日	休明1戦目	12.2	8.7	短 1 同	1人	2024.1.14 小倉	未勝利・牝	ダ1700 晴 良	1	12頭		8枠	12番	1人	2.9	1483	38.7 -0.3	鮫島克駿 55	456 -12	7 7 6 4	(オテンバムスメ)	3週
3枠	4	ビップレーヌ	牝3	美浦 高柳瑞樹	鈴木邦英	中村雅明	リアルインパクト	ヒシタイトル	キングカメハメハ	横山武史	替	53	7週	400	966	栗毛	4月28日	休明0戦目	☆ 12.3	8.9	同 11 短	13人	2024.4.28 東京	スイート(L)	芝1800 晴 良	11	13頭		7枠	11番	13人	163.9	1472	35.2 1.6	北村宏司 55	464 +2	11 12 12	コガネノソラ	5週
4枠	5	ランスノーブル	牝4	美浦 上原博之	佐々木基	新井昭二	ハービンジャー	ロイヤルライン	クロフネ	大野拓弥	替	56	9週	400	2319	芦毛	4月14日	休明16戦目	12.2	▲ 9.3	同 2 短	4人	2024.4.14 中山	1勝クラス	ダ1800 晴 良	2	15頭	△	7枠	12番	4人	8.7	1547	37.1 0.0	田辺裕信 56	460 -4	8 6 5 4	ラップスター	3週
4枠	6	サンマルリアン	牝4	美浦 土田稔	相馬勇	高橋啓	キズナ	デイドリーム	アドマイヤムーン	古川吉洋	替	56	7週	160	676	鹿毛	5月8日	休明2戦目	0.9	1.2	延 7 短	5人	2024.4.28 新潟	1勝クラス・牝	ダ1800 晴 良	7	10頭		2枠	2番	5人	20.1	1557	40.0 1.2	小林勝太53▲	444 -12	7 7 7 7	ナウズザタイム	12週
5枠	7	タマモネモフィラ	牝4	栗東 大橋勇樹	タマモ	岡田牧場	パイロ	タマモエルドラド	ゴールドアリュール	高杉吏麒	替	53▲	16週	400	940	鹿毛	3月7日	休明1戦目	◎ 13.8	8.8	★ 同 8 短	6人	2024.2.24 阪神	1勝クラス・牝	ダ1800 晴 稍	8	11頭	☆ △	8枠	10番	6人	19.5	1557	40.2 3.0	田口貫太54☆	468 ±0	4 5 5 6	ブレッジ	4週
5枠	8	モデルハント	牝3	美浦 武藤善則	明栄商事	静内フジカワ牧場	トランセンド	トップモデル	ロックオブジブラルタル	角田大河	替	52☆	14週	400	660	栗毛	5月1日	休明1戦目	△ 12.3	☆ 9.0	延 7 短	14人	2024.3.10 中山	1勝クラス*	ダ1800 晴 稍	7	16頭		7枠	14番	14人	173.4	1562	41.3 2.1	武藤雅 55	438 -2	2 3 2 1	サトノエピック	6週
6枠	9	リキサンハート	牝6	美浦 奥平雅士	高橋眞紀子	本桐牧場	ダイワメジャー	リキサンピュアティ	トニービン	黛弘人	替	56	23週	400	2057	黒鹿	2月8日	休明1戦目	11.1	8.2	延 8 短	◆ 12人	2024.1.6 中山	1勝クラス・牝	ダ1800 晴 良	8	16頭		6枠	12番	12人	67.8	1564	38.9 0.6	菊沢一樹 56	512 +12	14 13 13 13	セイカティターニア	8週
6枠	10	イーストウィッチ	牝3	美浦 蛯名正義	吉田勝己	ノーザンファーム	ハーツクライ	イースト	Frankel	小林勝太	替	50▲	10週	400	550	栗毛	1月10日	休明1戦目	12.3	8.7	延 7 短	7人	2024.4.6 中山	1勝クラス・牝*	芝1800 曇 稍	7	8頭		6枠	6番	7人	76.2	1500	37.8 1.7	石川裕紀 55	444 -4	1 1 1 1	コガネノソラ	10週
7枠	11	ウェイトゥゴー	牝3	栗東 須貝尚介	安原浩司	フジワラファーム	サンダースノー	チラリ	チチカステナンゴ	横山和生	替	53	2週	400	605	鹿毛	3月19日	休明2戦目	▲ 13.4	○ 9.7	同 1 短	4人	2024.6.2 京都	未勝利・牝	ダ1800 曇 稍	1	16頭		8枠	16番	4人	6.4	1544	39.4 -0.2	酒井学 55	464 +4	9 8 4 2	(アンリーベイビー)	12週
7枠	12	ミッキーマカロン	牝4	栗東 大久保龍志	野田みづき	ノーザンファーム	キタサンブラック	シュガーショック	Candy Ride	菱田裕二	替	56	8週	400	1188	黒鹿	4月5日	休明4戦目	12.1	△ 8.9	同 10 同	5人	2024.4.21 福島	1勝クラス・牝	ダ1700 晴 良	10	12頭	○ ◎	7枠	9番	5人	13.6	1487	38.8 2.1	亀田温心 56	430 -4	6 7 9 9	オールマキシマム	7週
8枠	13	イモータルフェイム	牝5	美浦 鹿戸雄一	G1レーシング	追分ファーム	ロードカナロア	フォーエバーモア	ネオユニヴァース	丹内祐次	替	56	10週	400	1990	鹿毛	4月3日	休明1戦目	11.6	8.0	同 9 同	2人	2024.4.7 福島	1勝クラス・牝	ダ1700 晴 良	9	15頭		5枠	9番	2人	3.8	1480	41.4 1.9	荻野極 56	498 +14	3 3 3 4	エバーハピネス	37週
8枠	14	チャプリ	牝5	美浦 高木登	ウエスト.フォレスト.ステイブル	梅田牧場	ヘニーヒューズ	ホワイトフーガ	クロフネ	藤岡佑介	替	56	13週	400	1307	栗毛	4月19日	休明1戦目	○ 13.4	◎ 10.2	延 8 短	4人	2024.3.17 中京	1勝クラス	ダ1800 曇 良	8	10頭	☆ ◎	6枠	6番	4人	7.9	1553	39.3 1.9	斎藤新 56	458 -4	5 5 7 7	メジャークオリティ	3週

活用法①上がり指数1位を狙うⅢ：24年4月14日・中山11R➡払戻3万8990円

配当や払戻金的には大したレースではないのだが、舞台設定を問わずに使える指数ということで、最高峰のＧＩレースも的中例として紹介しておきたい。24年4月14日に行なわれた皐月賞（芝２０００ｍ）である。

月刊誌のほうをお読みの方であればご存知のことだと思うが、24年の牡馬クラシック戦線において、編集部は一貫してジャスティンミラノに高い評価を与えてきた。というのも、東京芝２０００ｍの新馬戦で見せた上がりの性能が段違いだったからである。このデビュー戦の上がり指数が「３２４」であり、よりペースの上がった共同通信杯でも「３３２」とバツグンのキレを見せていた同馬。迷わず本命に抜擢した。

■出走各馬の前走コース＆上がり3Fと上がり指数

①サンライズジパング　前走：京都芝２０００ｍ　上がり３Ｆ：36秒１➡上がり指数：３０７（17位）
②メイショウタバル　前走：阪神芝１８００ｍ　上がり３Ｆ：34秒４➡上がり指数：３２２（7位）
③エコロヴァルツ　前走：東京芝１８００ｍ　上がり３Ｆ：33秒１➡上がり指数：３２３（5位）
④シリウスコルト　前走：中山芝２０００ｍ　上がり３Ｆ：35秒５➡上がり指数：３０４（18位）
⑤ミスタージーティー　前走：阪神芝２０００ｍ　上がり３Ｆ：34秒２➡上がり指数：３２０（9位）
⑥アレグロブリランテ　前走：中山芝１８００ｍ　上がり３Ｆ：34秒３➡上がり指数：３１２（15位）
⑦ルカランフィースト　前走：中山芝１８００ｍ　上がり３Ｆ：33秒９➡上がり指数：３１７（11位）
⑧ジャンタルマンタル　前走：東京芝１８００ｍ　上がり３Ｆ：32秒６➡上がり指数：３３１（2位）
⑨アーバンシック　前走：中山芝２０００ｍ　上がり３Ｆ：33秒９➡上がり指数：３２９（3位）

⑩レガレイラ　前走：中山芝2000m　上がり3F：35秒0⬇上がり指数：311（16位）
⑪ホウオウプロサンゲ　前走：阪神芝2000m　上がり3F：34秒7⬇上がり指数：313（13位）
⑫コスモキュランダ　前走：中山芝2000m　上がり3F：34秒9⬇上がり指数：313（13位）
◎⑬ジャスティンミラノ　前走：東京芝1800m　上がり3F：32秒6⬇上がり指数：332（1位）
⑭シンエンペラー　前走：中山芝2000m　上がり3F：34秒8⬇上がり指数：314（12位）
⑮サンライズアース　前走：阪神芝2200m　上がり3F：35秒0⬇上がり指数：320（9位）
⑯ダノンデサイル　前走：中山芝2000m　上がり3F：34秒1⬇上がり指数：326（4位）
⑰ビザンチンドリーム　前走：京都芝1800m　上がり3F：33秒7⬇上がり指数：321（8位）
⑱ウォーターリヒト　前走：中山芝1800m　上がり3F：33秒5⬇上がり指数：323（5位）

2走前から速いペースで押し切る戦法を確立した①メイショウタバルの逃げが濃厚で、2歳マイル王に輝いた⑧ジャンタルマンタルも川田騎手とのコンビで前に行く馬。どう考えてもスローペースはあり得ない。それでも同じ中山芝2000mで行なわれた同日8Rの2勝クラス戦（野島崎特別）が1分58秒2という高速決着だっただけに、勝負どころではある程度のポジションが必要だ。

そこで②メイショウタバル（4番人気）、⑤ミスタージーティー（9番人気）、⑧ジャンタルマンタル（3番人気）、⑫コスモキュランダ（7番人気）、⑭シンエンペラー（5番人気）、⑯ダノンデサイル（出走取消）を相手に馬単マルチを購入。1着⑬ジャスティンミラノ⬇2着⑫コスモキュランダで決着した馬単55・7倍を狙って仕留めることができた。蛇足だが、自ら動けない点で馬場の合わない⑨アーバンシックと⑩レガレイラを切り捨てた点も勝因として挙げておく。

コース	発走時間
芝2000m	15:40

2023.12.28 中山 18頭 ホープフG1 3 3枠 5番 芝2000 晴 良 13人 128.7 2006 35.9 0.4 菅原明良 56 512 -2 3 4 5 5 レガレイラ 5 週	2023.11.25 東京 16頭 カトレア 15 4枠 7番 ダ1600 晴 良 4人 8.8 1390 38.0 1.5 マーカン 57 514 -8 11 9 アマンテビアンコ 3 週
2024.2.17 京都 9頭 つばき賞・1勝 1 5枠 5番 芝1800 晴 良 3人 6.1 1469 34.0 0.0 浜中俊 57 500 -2 3 1 (キープカルム) 4 週	2024.1.20 京都 8頭 若駒S(L) 外 4枠 4番 芝2000 曇 重 --人 ----- ---- ---- 浜中俊 57 490 -12 サンライズジパング 4 週
2023.12.17 阪神 17頭 フューチG1 2 1枠 1番 芝1600 晴 良 4人 10.0 1339 34.1 0.1 武豊 56 492 +14 15 17 ジャンタルマンタル 18 週	2023.8.13 札幌 8頭 コスモス 1 1枠 1番 芝1800 曇 良 1人 2.2 1488 35.6 -1.0 武豊 55 478 -4 2 2 1 1 (コスモディナー) 5 週
2023.12.28 中山 18頭 ホープフG1 6 5枠 10番 芝2000 晴 良 9人 29.7 2008 35.8 0.6 三浦皇成 56 480 +14 9 10 10 8 レガレイラ 13 週	2023.9.30 中山 9頭 芙蓉S 1 5枠 5番 芝2000 晴 良 4人 8.1 2030 35.6 -0.3 三浦皇成 55 466 +8 5 4 4 2 (キャントウェイト) 5 週
2024.2.11 東京 10頭 共同通信G3 7 4枠 4番 芝1800 曇 良 2人 4.8 1489 33.0 0.9 坂井瑠星 57 476 +2 5 6 7 ジャスティンミラノ 6 週	2023.12.28 中山 18頭 ホープフG1 5 8枠 18番 芝2000 晴 良 7人 15.1 2007 35.4 0.5 坂井瑠星 56 474 +2 12 13 13 12 レガレイラ 8 週
2024.1.21 中山 11頭 若竹賞・1勝* 2 2枠 2番 芝1800 小雨 不 9人 44.5 1523 37.7 0.2 キングス 57 470 +22 2 2 3 2 ルカランフィースト 12 週	2023.10.28 京都 7頭 萩S(L) 6 3枠 3番 芝1800 晴 良 4人 15.8 1489 35.2 1.0 岩田望来 56 448 +2 2 2 ルシフェル 14 週
2024.1.21 中山 11頭 若竹賞・1勝* 1 4枠 4番 芝1800 小雨 不 4人 14.7 1521 36.9 -0.2 横山武史 57 460 -4 9 9 9 11 (アレグロブリランテ) 8 週	2023.11.25 京都 14頭 京都2歳G3 13 2枠 2番 芝2000 晴 良 7人 13.6 2013 36.2 1.5 松山弘平 56 464 +2 8 9 14 14 シンエンペラー 6 週
2023.12.17 阪神 17頭 フューチG1 1 2枠 3番 芝1600 晴 良 1人 2.7 1338 34.8 -0.1 川田将雅 56 490 ±0 7 4 (エコロヴァルツ) 5 週	2023.11.11 京都 11頭 デイリーG2 1 2枠 2番 芝1600 曇 稍 1人 3.9 1345 34.7 -0.3 鮫島克駿 56 490 -6 3 3 (エンヤラヴフェイス) 5 週
2023.11.5 東京 9頭 百日草特・1勝 1 4枠 4番 芝2000 晴 良 3人 4.1 1594 33.2 -0.1 横山武史 56 512 ±0 9 7 7 (マーゴットソラーレ) 12 週	2023.8.13 札幌 10頭 新馬 1 6枠 6番 芝1800 曇 良 1人 2.3 1531 34.2 0.0 横山武史 55 512 ±0 4 5 4 4 (ヴィクトリアドール) 初 週
2023.10.21 東京 6頭 アイビー(L) 3 3枠 3番 芝1800 晴 良 1人 1.5 1484 32.7 0.2 ルメール 55 456 +4 3 3 3 ダノンエアズロック 15 週	2023.7.9 函館 9頭 新馬 1 6枠 6番 芝1800 晴 良 1人 1.4 1498 34.3 -0.2 ルメール 55 452 ±0 5 6 6 5 (セットアップ) 初 週
2024.2.24 阪神 10頭 すみれS(L) 7 4枠 4番 芝2200 晴 良 4人 7.2 2131 35.4 1.1 ムルザバ 57 490 +10 5 5 6 7 サンライズアース 13 週	2023.11.25 京都 14頭 京都2歳G3 9 6枠 9番 芝2000 晴 良 4人 7.8 2005 36.2 0.7 坂井瑠星 56 480 -4 2 3 4 4 シンエンペラー 5 週
2024.1.8 中山 11頭 1勝クラス* 2 4枠 4番 芝2000 晴 良 5人 6.8 1599 34.9 0.1 丹内祐次 57 498 -4 10 10 10 9 ファビュラススター 6 週	2023.11.25 京都 14頭 京都2歳G3 8 7枠 11番 芝2000 晴 良 14人 194.3 2004 35.9 0.6 角田大河 56 502 +8 13 12 7 10 シンエンペラー 4 週
2023.11.18 東京 14頭 新馬 1 7枠 11番 芝2000 晴 良 2人 3.5 2020 33.4 -0.3 マーカン 56 500 ±0 2 2 2 (ヘデントール) 初 週	
2023.12.28 中山 18頭 ホープフG1 2 3枠 6番 芝2000 晴 良 2人 3.1 2003 35.7 0.1 ムルザバ 56 482 +2 3 4 3 2 レガレイラ 5 週	2023.11.25 京都 14頭 京都2歳G3 1 4枠 5番 芝2000 晴 良 1人 3.7 1598 35.3 -0.1 モレイラ 56 480 +6 11 12 9 7 (プレリュードシチー) 3 週
2023.12.28 中山 18頭 ホープフG1 消 8枠 17番 芝2000 晴 良 --人 ----- ---- ---- M. デム 56 --- ±0 レガレイラ 10 週	2023.10.22 京都 8頭 新馬 1 8枠 8番 芝2000 晴 良 7人 50.3 2014 35.2 -0.1 M. デム 56 538 ±0 1 1 1 1 (ヴィスマール) 初 週
2023.11.25 京都 14頭 京都2歳G3 4 3枠 4番 芝2000 晴 良 11人 43.0 1599 35.2 0.1 横山典弘 56 502 -6 11 10 9 10 シンエンペラー 4 週	2023.10.28 京都 10頭 未勝利* 1 6枠 6番 芝1800 晴 良 5人 11.3 1479 35.0 -0.2 横山典弘 56 508 +4 2 2 (シルヴァリームーン) 3 週
2023.12.2 阪神 12頭 新馬 1 5枠 5番 芝2000 晴 良 2人 4.4 2014 33.9 -0.5 ムルザバ 56 458 ±0 10 9 8 8 (エイシンボナパルト) 初 週	
2024.2.4 京都 12頭 きさらぎG3 2 3枠 3番 芝1800 晴 良 10人 28.4 1468 33.8 0.0 幸英明 57 458 ±0 9 9 ビザンチンドリーム 4 週	2024.1.8 京都 18頭 シンザンG3 3 7枠 14番 芝1600 晴 良 17人 207.6 1347 35.2 0.2 幸英明 57 458 -4 17 16 ノーブルロジャー 3 週

1着⑬ジャスティンミラノ
（2番人気）
2着⑫コスモキュランダ
（7番人気）
3着⑧ジャンタルマンタル
（3番人気）

単⑬ 480 円
複⑬ 220 円
⑫ 390 円
⑧ 220 円
馬連⑫ー⑬ 3550 円
馬単⑬→⑫ 5570 円
3連複⑧⑫⑬ 5940 円
3連単⑬→⑫→⑧ 29240 円

購入金額	8,600円
払戻金額	39,290円

投票内容

(1)	中山（日）11R 馬単	02→13	800円
(2)	中山（日）11R 馬単	05→13	200円
(3)	中山（日）11R 馬単	08→13	1,200円
(4)	中山（日）11R 馬単	13→02	900円
(5)	中山（日）11R 馬単	13→05	300円
(6)	中山（日）11R 馬単	13→08	1,400円
(7)	中山（日）11R 馬単	13→14	1,400円
(8)	中山（日）11R 馬単	14→13	900円
(9)	中山（日）11R 馬単	12→13	500円
(10) 的中	中山（日）11R 馬単	13→12	700円
(11) 返還	中山（日）11R 馬単	13→16	200円

馬単5570円を700円的中！

2024年4月14日　3歳・オープン・G1（馬齢）（牡・牝）（国際）（指定）

中山11R　皐月賞

1枠	1	サンライズジパング	牡3	栗東	音無秀孝	ライフハウス	追分ファーム	父 キズナ	母 サイマー	母父 Zoffany	菅原明良	替	57	レース間隔 12週	2090	4460	鹿毛	3月16日	休明1戦目	好走S	激走S	V★D	ウマ楽	同	1	同	1人	2024.1.20	京都	若駒S(L)	芝2000	曇	重	1	8頭	6枠	6番	1人	2.2	2028	36.1	-0.3	武豊	57	516	+4	5 5 6 7	(ミカエルパシャ)	3 週
1枠	2	メイショウタバル	牡3	栗東	石橋守	松本好雄	三嶋牧場	父 ゴールドシップ	母 メイショウツバクロ	母父 フレンチデピュティ	浜中俊	替	57	レース間隔 3週	2950	5885	鹿毛	4月20日	休明0戦目	好走S	激走S	V★D	ウマ楽	同	1	延	5人	2024.3.23	阪神	毎日杯G3	芝1800	曇	重	1	10頭	4枠	4番	5人	9.4	1460	34.4	-1.0	坂井瑠星	57	500	±0	1 1	(ノーブルロジャー)	5 週
2枠	3	エコロヴァルツ	牡3	栗東	牧浦充徳	原村正紀	下河辺牧場	父 ブラックタイド	母 プティプランセス	母父 キングカメハメハ	武豊		57	レース間隔 9週	2400	5530	黒鹿	2月14日	休明3戦目	好走S	激走S	V★D	ウマ楽	延	5	延	3人	2024.2.11	東京	共同通信G3	芝1800	曇	良	5	10頭	6枠	6番	3人	5.3	1487	33.1	0.7	武豊	57	496	+4	2 3 4	ジャスティンミラノ	8 週
2枠	4	シリウスコルト	牡3	美浦	宗像義忠	飯田正剛	千代田牧場	父 マクフィ	母 オールドフレイム	母父 ゼンノロブロイ	三浦皇成		57	レース間隔 6週	1000	4030	鹿毛	3月22日	休明3戦目	好走S	激走S	V★D	ウマ楽	同	3	同	9人	2024.3.3	中山	弥生賞G2	芝2000	晴	良	3	11頭	7枠	8番	9人	76.6	2002	35.5	0.4	三浦皇成	57	482	+2	1 1 1 1	コスモキュランダ	9 週
3枠	5 B	ミスタージーティー	牡3	栗東	矢作芳人	田畑利彦	ノーザンファーム	父 ドゥラメンテ	母 リッスン	母父 Sadler's Wells	藤岡佑介		57	レース間隔 4週	1600	3420	鹿毛	3月25日	休明0戦目	好走S	激走S	V★D	ウマ楽	延	1	同	1人	2024.3.16	阪神	若葉S(L)	芝2000	晴	良	1	10頭	3枠	3番	1人	2.8	1597	34.2	-0.1	藤岡佑介	57	472	-4	4 3 4 4	(ホウオウプロサンゲ)	5 週
3枠	6	アレグロブリランテ	牡3	美浦	上原佑紀	サンデーレーシング	ノーザンファーム	父 ディープブリランテ	母 センティナリー	母父 フレンチデピュティ	横山和生		57	レース間隔 4週	1500	3350	栗毛	3月22日	休明3戦目	好走S	激走S	V★D	ウマ楽	同	2	延	9人	2024.3.17	中山	スプリンG2	芝1800	晴	良	2	10頭	7枠	7番	9人	25.3	1500	34.3	0.6	横山和生	57	470	±0	1 1 1 1	シックスペンス	8 週
4枠	7	ルカランフィースト	牡3	美浦	鹿戸雄一	社台レースホース	社台ファーム	父 イスラボニータ	母 ゴージャスランチ	母父 マンハッタンカフェ	松山弘平	替	57	レース間隔 4週	900	3190	青鹿	4月25日	休明0戦目	好走S	激走S	V★D	ウマ楽	同	3	延	4人	2024.3.17	中山	スプリンG2	芝1800	晴	良	3	10頭	2枠	2番	4人	7.3	1501	33.9	0.7	横山武史	57	462	+2	4 4 4 4	シックスペンス	8 週
4枠	8	ジャンタルマンタル	牡3	栗東	高野友和	社台レースホース	社台ファーム	父 Palace Malice	母 インディアマントゥアナ	母父 Wilburn	川田将雅		57	レース間隔 9週	6600	13120	黒鹿	3月21日	休明0戦目	好走S	激走S	V★D	ウマ楽	延	2	延	1人	2024.2.11	東京	共同通信G3	芝1800	曇	良	2	10頭	8枠	9番	1人	2.5	1482	32.6	0.2	川田将雅	57	492	+2	3 5 4	ジャスティンミラノ	8 週
5枠	9	アーバンシック	牡3	美浦	武井亮	シルクレーシング	ノーザンファーム	父 スワーヴリチャード	母 エッジースタイル	母父 ハービンジャー	横山武史		57	レース間隔 13週	1700	3390	栗毛	3月16日	休明1戦目	好走S	激走S	V★D	ウマ楽	同	2	同	2人	2024.1.14	中山	京成杯G3	芝2000	晴	良	2	15頭	4枠	6番	2人	3.0	2006	33.9	0.1	横山武史	57	516	+4	12 11 8 10	ダノンデサイル	10 週
5枠	10	レガレイラ	牝3	美浦	木村哲也	サンデーレーシング	ノーザンファーム	父 スワーヴリチャード	母 ロカ	母父 ハービンジャー	北村宏司	替	55	レース間隔 15週	3900	8150	鹿毛	4月12日	休明1戦目	好走S	激走S	V★D	ウマ楽	延	1	同	1人	2023.12.28	中山	ホープフG1	芝2000	晴	良	1	18頭	7枠	13番	1人	3.1	2002	35.0	-0.1	ルメール	55	454	-2	14 14 11 10	(シンエンペラー)	10 週
6枠	11	ホウオウプロサンゲ	牡3	栗東	矢作芳人	小笹芳央	ノーザンファーム	父 キズナ	母 セルキス	母父 Monsun	菱田裕二		57	レース間隔 4週	400	2140	青鹿	3月 6日	休明3戦目	好走S	激走S	V★D	ウマ楽	短	2	同	6人	2024.3.16	阪神	若葉S(L)	芝2000	晴	良	2	10頭	6枠	6番	6人	22.2	1598	34.7	0.1	菱田裕二	57	484	-6	1 1 1 1	ミスタージーティー	3 週
6枠	12	コスモキュランダ	牡3	美浦	加藤士津	ビッグレッドファーム	ビッグレッドファーム	父 アルアイン	母 サザンスピード	母父 Southern Image	モレイラ	替	57	レース間隔 6週	3100	6563	黒鹿	2月23日	休明7戦目	好走S	激走S	V★D	ウマ楽	同	1	同	8人	2024.3.3	中山	弥生賞G2	芝2000	晴	良	1	11頭	6枠	7番	6人	34.9	1598	34.9	-0.2	M. デム	57	504	+6	9 7 2 2	(シンエンペラー)	8 週
7枠	13	ジャスティンミラノ	牡3	栗東	友道康夫	三木正浩	ノーザンファーム	父 キズナ	母 マーゴットディド	母父 Exceed And Excel	戸崎圭太		57	レース間隔 9週	2450	4820	鹿毛	4月 9日	休明2戦目	好走S	激走S	V★D	ウマ楽	短	1	延	4人	2024.2.11	東京	共同通信G3	芝1800	曇	良	1	10頭	7枠	8番	4人	6.6	1480	32.6	-0.2	戸崎圭太	57	502	+2	5 2 2	(ジャンタルマンタル)	12 週
7枠	14	シンエンペラー	牡3	栗東	矢作芳人	藤田晋	Ecurie Des Monceaux	父 Siyouni	母 Starlet's Sister	母父 Galileo	坂井瑠星	替	57	レース間隔 6週	4500	9020	栗毛	4月30日	休明0戦目	好走S	激走S	V★D	ウマ楽	同	2	同	3人	2024.3.3	中山	弥生賞G2	芝2000	晴	良	2	11頭	5枠	5番	3人	3.5	2000	34.8	0.2	川田将雅	57	480	-2	4 3 5 5	コスモキュランダ	9 週
7枠	15	サンライズアース	牡3	栗東	石坂公一	ライフハウス	ノーザンファーム	父 レイデオロ	母 シャンドランジュ	母父 マンハッタンカフェ	M. デム		57	レース間隔 7週	1600	2720	栗毛	2月 6日	休明0戦目	好走S	激走S	V★D	ウマ楽	延	1	短	7人	2024.2.24	阪神	すみれS(L)	芝2200	晴	良	1	10頭	8枠	9番	7人	14.2	2120	35.0	-0.3	M. デム	57	542	+4	9 9 1 1	(ジューンテイク)	8 週
8枠	16	ダノンデサイル	牡3	栗東	安田翔伍	ダノックス	社台ファーム	父 エピファネイア	母 トップデサイル	母父 Congrats	横山典弘		57	レース間隔 13週	2450	5260	栗毛	4月 6日	休明1戦目	好走S	激走S	V★D	ウマ楽	同	1	同	5人	2024.1.14	中山	京成杯G3	芝2000	晴	良	1	15頭	8枠	14番	5人	11.5	2005	34.1	-0.1	横山典弘	57	506	+4	4 5 5 5	(アーバンシック)	7 週
8枠	17	ビザンチンドリーム	牡3	栗東	坂口智康	吉田和美	ノーザンファーム	父 エピファネイア	母 ジャポニカーラ	母父 ジャングルポケット	ムルザバ	替	57	レース間隔 10週	2450	4820	栗毛	1月28日	休明1戦目	好走S	激走S	V★D	ウマ楽	短	1	延	1人	2024.2.4	京都	きさらぎG3	芝1800	晴	良	1	12頭	8枠	12番	1人	2.3	1468	33.7	0.0	ピーヒュ	57	450	-8	11 9	(ウォーターリヒト)	9 週
8枠	18	ウォーターリヒト	牡3	栗東	河内洋	山岡正人	伏木田牧場	父 ドレフォン	母 ウォーターピオニー	母父 ヴィクトワールピサ	幸英明		57	レース間隔 4週	1200	3502	栗毛	3月24日	休明0戦目	好走S	激走S	V★D	ウマ楽	同	9	延	2人	2024.3.17	中山	スプリンG2	芝1800	晴	良	9	10頭	3枠	3番	2人	5.8	1503	33.5	0.9	幸英明	57	462	+4	9 8 8 8	シックスペンス	6 週

活用法②指数上位をセットで狙うⅠ：23年12月3日・阪神10R⬇払戻16万8730円

活用法の二番手も非常にシンプルで、指数上位馬の台頭をセットで狙う、というものだ。上がり指数の上位馬は、前走で差す競馬をしているケースが多い。前々から速い上がりを繰り出す馬もいるが、それはかなりの上級馬。道中は脚を溜めることに専念し、末を伸ばす馬が速い上がりを使いやすいのはいうまでもない。

ゆえに、指数上位馬をセットで狙うためには、差し⬇差し決着を誘発させるギミックが何かほしいところ。一番わかりやすいのが、超ハイペースが見込めそうなレースか、明確に外差しの馬場が現れたケースだろう。

23年12月3日の阪神10R元町S（芝1800m）は前者、明確にペースが速くなりそうなメンバー構成だった。半年ぶりの実戦ながら1番人気に推された④ケイアイセナは、その前走が前半59秒1、3走前が前半58秒9と淀みのない流れで逃げる馬。しかも、ここは大外の⑰マテンロウアレスも逃げて成績を残してきた馬で、逃げられなかった3走前に大敗を喫していることから、枠順のロスを承知で大外から出していくはずだ。

■出走各馬の前走コース＆上がり3Fと上がり指数

①ラスマドレス	前走：京都芝2000m	上がり3F：33秒4⬇上がり指数：330（3位）
②ジュリアバローズ	前走：京都芝2000m	上がり3F：35秒0⬇上がり指数：313（7位）
③ニホンピロキーフ	前走：京都芝1600m	上がり3F：33秒6⬇上がり指数：327（4位）
④ケイアイセナ	前走：阪神芝1800m	上がり3F：34秒2⬇上がり指数：309（9位）
⑤ラリュエル	前走：東京芝1800m	上がり3F：34秒0⬇上がり指数：308（10位）
⑥ヒヅルジョウ	前走：新潟芝2000m	上がり3F：36秒8⬇上がり指数：303（13位）

⑦ダノンドリーマー　前走：東京ダ2100m　上がり3F：37秒9➡上がり指数：297（14位）
⑧ディオスバリエンテ　前走：東京芝1600m　上がり3F：33秒5➡上がり指数：316（6位）
⑨トゥルーヴィル　前走：京都芝1800m　上がり3F：35秒4➡上がり指数：305（11位）
⑩ヘッズオアテールズ　前走：京都芝2000m　上がり3F：35秒3➡上がり指数：310（8位）
⑪モンテディオ　前走：京都芝3000m　上がり3F：37秒1➡上がり指数：291（16位）
⑫コスモサガルマータ　前走：京都芝1800m　上がり3F：35秒5➡上がり指数：304（12位）
⑬ルース　前走：東京芝1800m　上がり3F：35秒5➡上がり指数：288（17位）
◎⑭コレペティトール　前走：東京芝1600m　上がり3F：32秒5➡上がり指数：331（1位）
⑮タガノディアーナ　前走：京都芝1600m　上がり3F：33秒3➡上がり指数：324（5位）
◎⑯アイスグリーン　前走：京都芝1800m　上がり3F：33秒1➡上がり指数：331（1位）
⑰マテンロウアレス　前走：京都芝2000m　上がり3F：36秒4➡上がり指数：295（15位）

編集部が目をつけたのは、いうまでもなく上がり指数1位＝「331」の2頭、⑭コレペティトール（9番人気）と⑯アイスグリーン（6番人気）だ。勝つのはこの2頭のどちらかと踏み、2頭のワンツー決着に備えて馬単のオモテ・ウラに6万円のリターンになるよう配分。さらに1、3着のパターンに備えて3連単の1、3着付け流しを敢行、2着欄は総流しとした。

このレースは右記の馬券を握っているつもりで、ぜひとも皆さんにVTRをご覧いただきたい。完全に想い描いた通りの展開から4角最後方の⑭コレペティトールが上がり最速で内を突いて勝利。⑯アイスグリーンが外から計ったように3着に滑り込み、3連単16万馬券が狙い澄ましたように的中したのである。

コース	発走時間
芝1800m	14:40

2023.9.18 阪神 1勝クラス 11頭 △ 芝2000 晴 良 **1** 8枠 10番 4人 9.7 2000 33.8 -0.4 北村友一 56 458 ±0 7 8 8 3 (サトノクローク) 3 週	2023.8.27 小倉 1勝クラス・牝 12頭 芝2000 晴 良 **5** 1枠 1番 6人 18.5 1597 35.7 0.5 斎藤新 56 458 +6 6 8 7 7 フォーチュンコード 13 週
2023.9.30 阪神 西宮S・3勝 16頭 芝2000 晴 良 **5** 6枠 12番 2人 5.3 1587 34.4 0.4 M. デム 56 454 +18 12 12 11 8 リカンカブール 9 週	2023.7.30 新潟 佐渡S・3勝 18頭 芝1800 晴 良 **7** 6枠 12番 4人 7.8 1457 33.8 0.7 西村淳也 56 436 ±0 6 6 トゥデイイズザデイ 18 週
2023.8.19 小倉 1勝クラス 16頭 芝1800 晴 良 **1** 6枠 11番 3人 6.1 1469 34.9 -0.3 田口貫太52▲ 466 -8 6 9 8 6 (ビヨンドザヴァレー) 2 週	2023.8.6 新潟 1勝クラス 18頭 芝1600 晴 良 **2** 4枠 7番 4人 6.3 1329 33.9 0.2 田口貫太52▲ 474 +14 3 3 アイオブザストーム 16 週
2023.4.30 新潟 1勝クラス 12頭 芝1800 曇 重 **1** 7枠 10番 1人 2.4 1506 35.2 -0.3 秋山真一 58 482 +8 1 1 (グラヴィテ) 39 週	2022.7.31 新潟 出雲崎特・1勝 17頭 芝1800 晴 良 **2** 1枠 2番 3人 9.3 1443 33.8 0.2 富田暁 54 474 +2 1 1 ジュンブロッサム 10 週
2023.6.17 阪神 京橋特別・2勝 8頭 ▲ ○ 芝2000 晴 良 **1** 8枠 8番 1人 1.7 1592 36.9 -0.1 坂井瑠星 56 428 +2 1 1 1 1 (デルマグレムリン) 39 週	2022.9.18 中京 ローズSG2 14頭 芝2000 曇 良 **4** 4枠 5番 4人 8.4 1588 34.7 0.3 坂井瑠星 54 426 -4 2 2 2 2 アートハウス 9 週
2023.6.18 阪神 マーメイHG3 13頭 △ 芝2000 曇 良 **11** 3枠 3番 6人 11.8 2017 39.7 3.2 松若風馬 50 486 -6 2 2 1 2 ビッグリボン 4 週	2023.5.20 京都 シドニー・3勝 11頭 ▲ 芝2000 晴 稍 **7** 7枠 9番 2人 4.6 1598 35.8 0.9 国分恭介 56 492 +16 1 1 1 1 ローゼライト 14 週
2023.8.20 小倉 薩摩S・3勝 16頭 ◎ ○ ダ1700 晴 良 **10** 5枠 10番 12人 50.5 1450 37.3 1.8 菅原明良 58 484 ±0 16 16 16 16 フルヴォート 17 週	2023.4.23 京都 センテH・3勝 14頭 △ ▲ 芝1800 晴 良 **12** 6枠 9番 12人 76.7 1463 34.5 0.9 岩田望来 54 484 ±0 11 11 エンベザー 3 週
2023.10.15 東京 鷹巣山H・2勝 14頭 芝1600 曇 重 **3** 3枠 4番 2人 4.7 1333 34.3 0.1 藤岡佑介 57 476 +4 7 8 ニシノライコウ 18 週	2023.6.10 東京 芦ノ湖特・2勝 10頭 芝1600 曇 良 **2** 8枠 9番 2人 3.3 1342 32.6 0.1 レーン 58 472 -2 9 9 ミカッテヨンデイイ 20 週
2023.9.30 阪神 西宮S・3勝 16頭 芝2000 晴 良 **10** 7枠 13番 14人 100.6 1593 35.2 1.0 藤岡康太 58 468 +2 8 8 10 8 リカンカブール 64 週	2022.7.10 小倉 フィリH・2勝 芝1800 晴 良 1465 33.9 -0.2 北村 7 7 6 6 (アトミ
2023.4.9 阪神 競馬法H・3勝 16頭 芝2000 晴 良 **9** 7枠 14番 5人 8.3 1595 34.7 0.6 川田将雅 55 492 -8 9 10 9 9 セイウンハーデス 7 週	2023.2.19 東京 アメジH・3勝 芝2000 晴 良 1585 34.5 0.8 三浦 7 7 7 スパイタ
2023.4.22 京都 栞S・3勝 16頭 ◎ ダ1900 晴 良 **13** 8枠 15番 3人 4.6 2018 40.6 1.7 武豊 58 480 -8 7 7 4 4 ヴィジョンオブラヴ 4 週	2023.3.26 阪神 御堂筋S・3勝 芝2400 雨 重 **1** 2305 36.6 0.9 藤岡 3 3 3 3 ゼッフィ
2023.9.18 中山 セントラG2 15頭 ▲ 芝2200 晴 良 **15** 7枠 12番 9人 74.4 2143 36.8 2.9 松岡正海 56 494 ±0 8 8 7 9 レーベンスティール 6 週	2023.8.5 新潟 月岡温泉・2勝 芝2000 晴 良 1599 32.7 -0.2 川田 6 6 (マイネ
2023.10.8 京都 トルマリ・3勝 15頭 ダ1800 小雨 良 **15** 3枠 5番 13人 145.4 1557 40.9 4.8 国分恭介 56 512 +26 3 3 4 8 サーマルソアリング 32 週	2023.2.25 中山 幕張S・3勝 芝1600 曇 良 **1** 1343 37.1 1.1 木幡 B 1 2 3 ジネスト
2023.9.17 阪神 仲秋S・3勝 15頭 ☆ 芝1600 晴 良 **5** 6枠 10番 8人 20.6 1323 34.0 0.4 横山武史 56 466 -2 11 9 セッション 7 週	2023.7.29 札幌 摩周湖特・2勝 芝1500 曇 良 1285 34.1 -0.1 ルメ 4 4 3 (バニシ
2023.5.7 東京 湘南S・3勝 13頭 △ △ 芝1600 雨 良 **9** 7枠 11番 9人 30.0 1345 34.6 0.9 横山和生 56 450 -8 12 12 カワキタレブリー 3 週	2023.4.16 阪神 立雲峡S・3勝 芝1600 晴 稍 1342 33.5 0.6 和田 8 8 アナゴサ
2023.7.2 福島 ラジオNIHG3 16頭 ◎ 芝1800 晴 良 **7** 7枠 13番 11人 26.9 1475 35.2 0.6 幸英明 56 474 ±0 7 7 8 8 エルトンバローズ 5 週	2023.5.28 京都 白百合S(L) 芝1800 晴 良 1460 34.0 0.0 幸 3 3 バルサムノート 10 週
2023.10.28 新潟 魚沼S・3勝 12頭 芝2000 雨 不 **3** 7枠 9番 10人 31.9 2036 35.9 0.0 太宰啓介 58 498 -2 B 1 1 ホウオウリアリティ 4 週	2023.9.30 阪神 西宮S・3勝 16頭 芝2000 晴 良 **14** 1枠 2番 11人 42.6 1597 34.9 1.4 太宰啓介 58 500 +2 B 15 15 14 14 リカンカブール 4 週

1着⑭コレペティトール
（9番人気）
2着②ジュリアバローズ
（4番人気）
3着⑯アイスグリーン
（6番人気）

単⑭ 2050 円
複⑭ 520 円
② 300 円
⑯ 350 円
馬連②－⑭ 9220 円
馬単⑭→② 26760 円
3連複②⑭⑯ 22610 円
3連単⑭→②→⑯ 168730 円

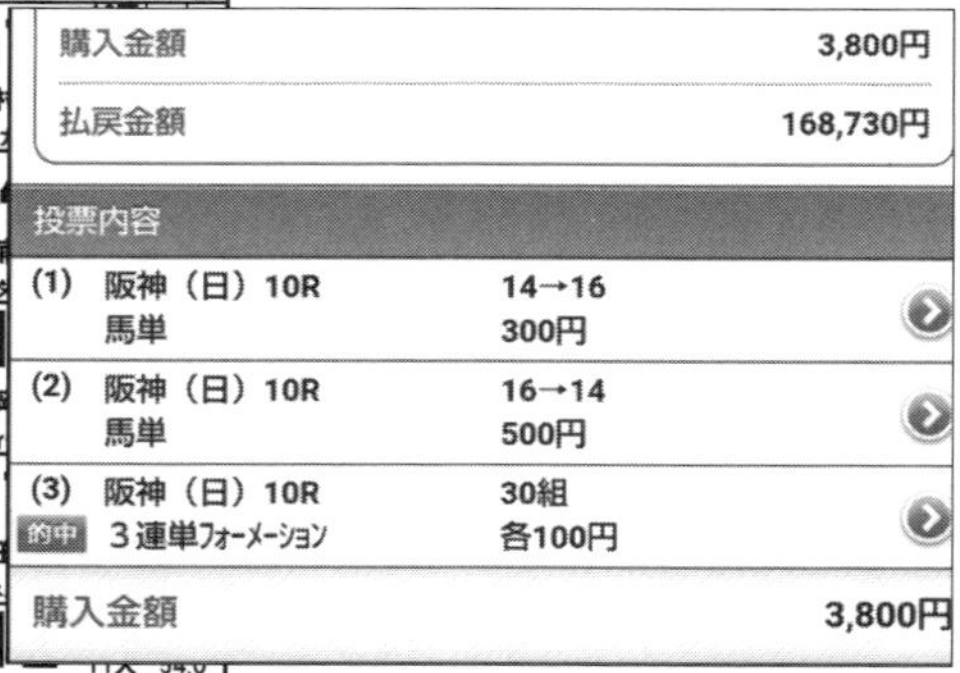

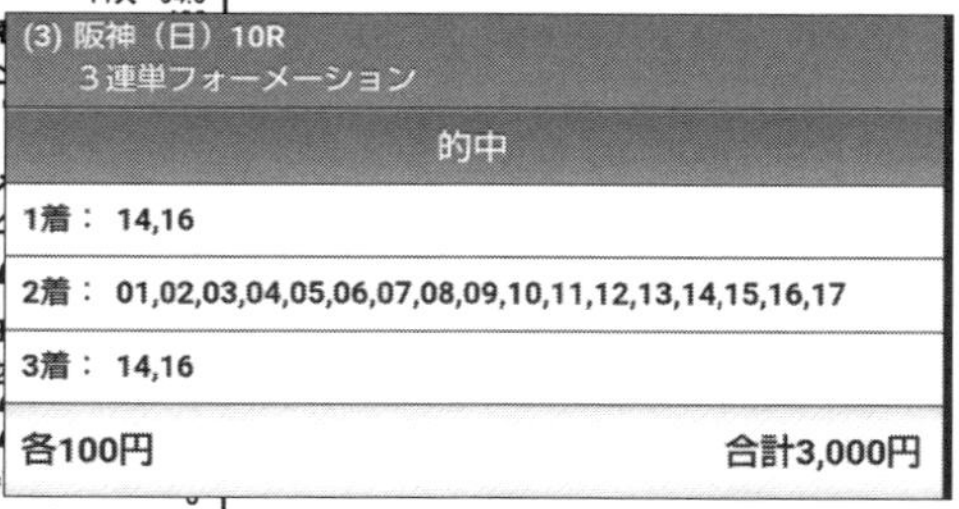

3馬単16万馬券
的中!

2023年12月3日　　3歳以上・3勝クラス/1600万下(ハンデ)(混)[指定]

阪神10R　元町S

									父	母	母父				レース間隔						好走S	激走S	V★D	ウマ楽																							
1枠	1	ラスマドレス	牝	4	栗東	安田隆行	キャロットファーム	ノーザンファーム	モーリス	アビラ	Rock of Gibraltar	北村友一		54	4週	1500	3780	黒鹿	3月11日	休明4戦目	14.0	8.0	同 1 短	2人	2023.11.4	京都	衣笠特別・2勝	芝2000	晴	良	1	10頭	7枠	8番	2人	3.7	1592	33.4	-0.4	北村友一	56	466	+8	7 7 8 8	(キミノナハマリア)	7 週	△
1枠	2	ジュリアバローズ	牝	5	栗東	上村洋行	猪熊広次	ノーザンファーム	ディープインパクト	シャムロッカー	O'Reilly	池添謙一		54	3週	1500	4225	黒鹿	2月 9日	休明4戦目	13.7	7.6	同 3 短	5人	2023.11.11	京都	修学院H・3勝	芝2000	曇	稍	3	16頭	7枠	14番	5人	9.5	1595	35.0	0.2	池添謙一	53	448	-6	9 10 8 10	ミッキーゴージャス	6 週	
2枠	3	ニホンピロキーフ	牡	3	栗東	大橋勇樹	小林英一	友田牧場	キタサンブラック	ニホンピロアンバー	スウェプトオーヴァーボード	田口貫太		55	2週	1500	3457	青鹿	5月14日	休明2戦目	12.8	8.6	短 1 延	6人	2023.11.18	京都	2勝クラス	芝1600	晴	稍	1	13頭	5枠	7番	6人	17.5	1348	33.6	0.0	田口貫太	55△	480	+14	3 3	(セーヌドゥレーヴ)	13 週	
2枠	4	ケイアイセナ	牡	4	栗東	平田修	亀田和弘	隆栄牧場	ディープインパクト	ケイアイガーベラ	Smarty Jones	秋山真一		56	26週	1500	3532	鹿毛	5月30日	休明1戦目	13.1	8.9	同 1 同	1人	2023.6.3	阪神	三木特別・2勝	芝1800	晴	良	1	8頭	8枠	8番	1人	2.1	1448	34.2	-0.8	秋山真一	58	474	-8	1 1	(カヨウネンカ)	5 週	
3枠	5	ラリュエル	牝	4	栗東	矢作芳人	社台レースホース	社台ファーム	ディープインパクト	カウアイレーン	キングカメハメハ	富田暁	替	55	3週	1500	5400	黒鹿	3月27日	休明2戦目	13.9	8.2	短 2 同	4人	2023.11.12	東京	ユートピ・3勝	芝1800	曇	良	2	14頭	8枠	14番	4人	9.0	1462	34.0	0.1	津村明秀	56	436	+8	2 3 3	ルージュリナージュ	21 週	▲ ☆
3枠	6	ヒヅルジョウ	牝	4	栗東	岡田稲男	河内孝夫	中地康弘	ハービンジャー	サンデージョウ	グラスワンダー	国分優作	替	53	5週	1500	3388	鹿毛	5月 1日	休明2戦目	14.5	7.7	同 7 短	8人	2023.10.28	新潟	魚沼S・3勝	芝2000	雨	不	7	12頭	8枠	12番	8人	23.2	2046	36.8	1.0	国分恭介	56	492	+6	2 2	ホウオウリアリティ	19 週	△
4枠	7	ダノンドリーマー	牡	5	栗東	藤原英昭	ダノックス	社台ファーム	ルーラーシップ	ダノンジャンヌ	ディープインパクト	岡田祥嗣	替	53	2週	1500	5726	鹿毛	2月14日	休明2戦目	13.2	○ 10.0	延 12 短	13人	2023.11.18	東京	晩秋SH・3勝	ダ2100	晴	重	12	16頭	2枠	4番	13人	226.6	2117	37.9	2.4	北村宏司	54	488	+4	15 14 13 13	オーサムリザルト	13 週	○ ○
4枠	8	ディオスバリエンテ	セ	5	美浦	堀宣行	キャロットファーム	ノーザンファーム	ロードカナロア	ディアデラノビア	サンデーサイレンス	団野大成	替	56	3週	1500	6120	鹿毛	3月11日	休明3戦目	13.3	7.9	同 1 延	1人	2023.11.11	東京	2勝クラス	芝1600	曇	良	1	8頭	6枠	6番	1人	1.6	1345	33.5	0.0	モレイラ	58	476	±0	3 3	(ココクレーター)	4 週	
5枠	9	トゥルーヴィル	牡	6	栗東	小林真也	キャロットファーム	ノーザンファーム	ディープインパクト	レディドーヴィル	Fasliyev	斎藤新	替	56	7週	1500	6596	鹿毛	3月 6日	休明3戦目	13.4	8.8	短 3 同	3人	2023.10.15	京都	大原S・3勝	芝1800	晴	稍	3	7頭	4枠	4番	3人	6.3	1471	35.4	0.1	ルメール	58	466	-2	4 4	ゴールドエクリプス	2 週	△
5枠	10	ヘッズオアテールズ	牝	5	栗東	須貝尚介	社台レースホース	社台コーポレーション白老ファーム	ドゥラメンテ	テスタオクローチェ	Orpen	西村淳也	替	54	28週	1500	5271	鹿毛	1月30日	休明1戦目	○ 15.0	7.8	同 6 短	◆ 3人	2023.5.20	京都	シドニー・3勝	芝2000	晴	稍	6	11頭	1枠	1番	3人	5.3	1596	35.3	0.7	浜中俊	56	482	-10	3 3 3 3	ローゼライト	6 週	☆
6枠	11 B	モンテディオ	牡	5	栗東	四位洋文	毛利元昭	社台ファーム	ジャスタウェイ	ディオニージア	Tejano Run	藤岡佑介	替	55	5週	1500	6647	鹿毛	3月 1日	休明2戦目	◎ 15.9	7.0	延 14 短	9人	2023.10.29	京都	古都SH・3勝	芝3000	晴	良	14	17頭	8枠	16番	9人	21.0	3053	37.1	1.6	横山典弘	55	486	+6	3 3 3 2	ワープスピード	27 週	▲
6枠	12	コスモサガルマータ	牡	3	栗東	梅田智之	ビッグレッドファーム	岡田スタッド	ヴィクトワールピサ	エーソングフォー	More Than Ready	高倉稜	替	55	7週	1500	3840	黒鹿	4月 7日	休明4戦目	☆ 14.7	▲ 9.8	短 2 同	2人	2023.10.15	京都	大原S・3勝	芝1800	晴	稍	2	7頭	1枠	1番	2人	5.0	1471	35.5	0.1	和田竜二	56	506	+12	4 4	ゴールドエクリプス	4 週	○ ☆
7枠	13	ルース	牝	5	栗東	茶木太樹	山田和夫	岡田牧場	ドゥラメンテ	ヤマカツマリリン	グラスワンダー	角田大河	替	53	3週	1500	6187	栗毛	4月 4日	休明3戦目	12.4	7.7	同 11 同	13人	2023.11.12	東京	ユートピ・3勝	芝1800	曇	良	11	14頭	6枠	9番	13人	140.3	1474	35.5	1.3	吉田豊	56	506	-6	2 2 2	ルージュリナージュ	5 週	
7枠	14	コレペティトール	牡	3	栗東	中竹和也	加藤誠	社台ファーム	ジャスタウェイ	ベガスナイト	Coronado's Quest	岩田康誠	替	55	2週	1500	4144	栗毛	2月15日	休明5戦目	13.4	☆ 9.5	同 4 延	6人	2023.11.19	東京	秋色S・3勝	芝1600	晴	良	4	9頭	8枠	8番	6人	18.8	1348	32.5	0.4	戸崎圭太	57	470	+4	6 6	モズゴールドバレル	9 週	○
8枠	15	タガノディアーナ	牝	5	栗東	長谷川浩	八木良司	新冠タガノファーム	リオンディーズ	アルーア	ディープインパクト	和田竜二		54	6週	1500	7788	青鹿	4月18日	休明2戦目	▲ 14.7	△ 9.4	同 7 延	◆ 13人	2023.10.22	京都	三年坂S・3勝	芝1600	晴	良	7	13頭	2枠	2番	13人	126.5	1345	33.3	0.8	和田竜二	56	472	+22	8 8	ソーダズリング	24 週	☆
8枠	16	アイスグリーン	牡	3	栗東	池添学	シルクレーシング	ノーザンファーム	モーリス	グリューネワルト	スペシャルウィーク	鮫島克駿		56	5週	1500	4320	青鹿	3月17日	休明2戦目	13.7	◎ 10.8	同 1 同	2人	2023.10.29	京都	堀川特別・2勝	芝1800	晴	良	1	9頭	7枠	7番	2人	4.7	1479	33.1	-0.2	鮫島克駿	56	480	+6	3 3	(ブッシュオン)	17 週	○
8枠	17 B	マテンロウアレス	セ	5	栗東	昆貢	寺田千代乃	タイヘイ牧場	ダイワメジャー	ベアフットレディ	Footstepsinthesand	太宰啓介		56	3週	1260	5564	鹿毛	2月 7日	休明5戦目	△ 14.5	7.7	同 7 短	12人	2023.11.11	京都	修学院H・3勝	芝2000	曇	稍	7	16頭	4枠	7番	12人	66.6	2001	36.4	0.8	太宰啓介	56	500	+2	B 1 1 1 1	ミッキーゴージャス	2 週	

活用法②指数上位をセットで狙うⅡ：23年12月24日・中山12R➡払戻8万7150円

競馬は、終わりよければすべて良し。午前中からボロ負けを喰らい、メインでさらに深い傷を負ったとしても、最終レースさえ当てればハッピーになれる。競馬ファンとはそういう生き物だ。ならば、最終までに勝利を確定し、さらに的中締めとなれば、天にも昇る気分ではなかろうか。実際にそんな幸運が訪れた23年12月24日の中山12Rフェアウェル S（ダ1200m）もまた、思い出深い的中である。

というのも、この直前に行なわれた有馬記念が上がり指数1位のドウデュースと同3位のスターズオンアースのワンツーで決着し、ウハウハの中での的中劇となったからだ。出走各馬の指数をご覧いただこう。

■出走各馬の前走コース＆上がり3Fと上がり指数

①スマートラプター	前走：中山ダ1200m	上がり3F：36秒9➡上がり指数：307	（10位）
②スウィートプロミス	前走：京都ダ1200m	上がり3F：37秒0➡上がり指数：297	（15位）
③タイセイブリリオ	前走：阪神ダ1200m	上がり3F：36秒6➡上がり指数：303	（12位）
④レヴール	前走：中山ダ1200m	上がり3F：36秒6➡上がり指数：311	（8位）
⑤ドリームビリーバー	前走：東京ダ1400m	上がり3F：36秒9➡上がり指数：302	（14位）
⑥ドラゴンゴクウ	前走：中京ダ1200m	上がり3F：35秒0➡上がり指数：332	（1位）
⑦ナックドロップス	前走：福島ダ1150m	上がり3F：36秒8➡上がり指数：309	（9位）
⑧ヴァンデリオン	前走：中山ダ1200m	上がり3F：36秒4➡上がり指数：314	（7位）
⑨ショウゲッコウ	前走：京都ダ1200m	上がり3F：36秒2➡上がり指数：307	（10位）

⑩ロードオブザチェコ　前走：中山ダ１２００ｍ　上がり３Ｆ：38秒２➡上がり指数：２９０（16位）
◎⑪グットディール　前走：福島ダ１１５０ｍ　上がり３Ｆ：35秒８➡上がり指数：３２３（２位）
⑫サザンエルフ　前走：中山ダ１２００ｍ　上がり３Ｆ：36秒２➡上がり指数：３１６（６位）
⑬ウラカワノキセキ　前走：福島ダ１１５０ｍ　上がり３Ｆ：36秒１➡上がり指数：３１８（４位）
⑭テイエムランウェイ　前走：京都ダ１４００ｍ　上がり３Ｆ：37秒３➡上がり指数：３０３（12位）
⑮ルクルト　前走：京都ダ１２００ｍ　上がり３Ｆ：35秒３➡上がり指数：３１８（４位）
◎⑯メズメライザー　前走：京都ダ１４００ｍ　上がり３Ｆ：36秒２➡上がり指数：３１９（３位）

上がり指数1位は「３３２」という高い数値を叩き出した⑥ドラゴンゴクウ（9番人気）。ただ、前走で2勝クラスを卒業したばかりであり、中京ダート１２００ｍを4角最後方の16番手から差し切るというド派手な勝ちっぷり。昇級すればペースも上がって前との物理的な距離が開いてしまうし、先団も止まりにくいもの。こうした馬の二番が利く例はあまりなく、関東馬でもあり、さすがに疑いの目を向けてしまう。

一方、指数2位の「３２３」をマークした⑪グットディール（11番人気）と同3位の「３１９」を携えて出走の⑯メズメライザー（4番人気）は、このクラスでも差のない競馬をしているし、関西馬の関東遠征という点でも狙いが立つ。しかも、このレースは⑦ナックドロップスや①スマートラプター、⑤ドリームビリーバーなど、前に行きたい馬が揃っているうえ、年末のオーラスも近づき各ジョッキーが勝ちにはやる頃合いでもある。スローはないと判断、どちらかが好走すると読み、2頭をそれぞれ軸に馬単のオモテ・ウラを購入した。

レースは⑦ナックドロップが先手を主張し、内で被されたくない①スマートラプターも譲らないおあつらえ向きの展開に。結果、軸馬の2頭がワンツーを果たし、馬単万馬券×５００円のダメ押しとなった。

コース	発走時間
ダート1200m	16:25

日付	場	レース	距離	天候	馬場	着順	頭数	印	印	枠	馬番	人気	オッズ	タイム	上がり	着差	騎手	斤量	馬体重	増減	B	通過	相手	間隔
2023.6.11	阪神	安芸SH・3勝	ダ1200	曇	重	6	16頭	◎	☆	8枠	16番	5人	6.0	1110	36.1	0.2	酒井学	55	526	+4		2-2	ファーンヒル	4週
2023.5.13	京都	2勝クラス	ダ1200	雨	良	1	15頭	☆	☆	7枠	12番	1人	2.3	1118	35.7	-0.1	武豊	58	522	+2		2-2	(ルアル)	3週
2023.9.23	阪神	大阪スポ・3勝	ダ1400	晴	稍	14	14頭			7枠	11番	13人	112.7	1263	39.3	2.6	富田暁	56	466	+4		6-7	サンライズフレイム	13週
2023.6.25	阪神	花のみち・3勝	ダ1400	曇	良	15	16頭			5枠	9番	10人	50.3	1265	39.4	2.6	鮫島克駿	56	462	-4		6-6	イフティファール	7週
2023.11.4	京都	貴船SH・3勝	ダ1200	曇	良	2	16頭			3枠	6番	15人	98.3	1112	35.5	0.4	田口貫太	55	482	+2		3-4	パラシュラーマ	2週
2023.10.21	新潟	北陸S・3勝	芝1200	小雨	重	15	18頭			8枠	16番	12人	34.0	1104	37.0	1.0	丸山元気	58	480	+8		2-2	オタルエバー	14週
2023.9.10	中山	2勝クラス	ダ1200	晴	良	2	16頭	◎	○	5枠	9番	4人	14.5	1109	36.5	0.2	西村淳也	56	470	-10		5-5	オメガシンフォニー	13週
2023.6.10	東京	青梅特別・2勝	ダ1600	曇	稍	14	15頭	◎		2枠	2番	10人	42.6	1368	38.0	1.4	M.デム	56	480	-8		1-2	ヴァーンフリート	3週
2023.10.14	東京	白秋S・3勝	芝1400	晴	良	10	12頭			6枠	7番	10人	39.5	1216	34.5	0.8	吉田豊	58	466	-6	B	1-1	ジューンオレンジ	4週
2023.9.16	中山	初風S・3勝	ダ1200	晴	良	8	10頭			6枠	6番	4人	8.0	1118	37.6	1.1	吉田豊	58	472	-2		2-2	アイスリアン	8週
2023.10.21	東京	2勝クラス	ダ1400	晴	良	10	14頭		▲	5枠	7番	12人	103.2	1261	35.2	1.1	原優介	57☆	476	-2		12-14	コパノパサディナ	2週
2023.10.8	東京	2勝クラス	ダ1400	小雨	良	12	16頭		△	3枠	5番	9人	53.3	1269	36.6	2.0	藤田菜七	56◇	478	+16		10-10	バグラダス	18週
2023.9.16	中山	初風S・3勝	ダ1200	晴	良	6	10頭	◎	▲	5枠	5番	7人	21.4	1116	37.4	0.9	木幡巧也	56	466	+10		1-1	アイスリアン	9週
2023.7.16	福島	会津SH・3勝	ダ1150	晴	良	10	16頭		☆	7枠	14番	8人	18.3	1083	37.5	0.6	木幡巧也	53	456	-8		3-3	バウオレ	11週
2023.9.16	中山	初風S・3勝	ダ1200	晴	良	3	10頭	△		2枠	2番	8人	28.9	1110	36.1	0.3	野中悠太	58	494	-4		9-8	アイスリアン	9週
2023.7.16	福島	会津SH・3勝	ダ1150	晴	良	7	16頭			3枠	6番	13人	51.2	1082	36.4	0.5	M.デム	55	490	-2		14-12	バウオレ	11週
2023.8.26	小倉	釜山S・3勝	ダ1000	晴	稍	9	13頭	△	◎	7枠	11番	9人	33.7	574	34.5	0.4	長岡禎仁	56	476	-4		10-10	アッティーヴォ	11週
2023.6.11	阪神	安芸SH・3勝	ダ1200	曇	重	11	16頭			7枠	13番	13人	104.8	1114	36.3	0.6	荻野極	52	480	+12		4-4	ファーンヒル	10週
2023.7.16	福島	会津SH・3勝	ダ1150	晴	良	15	16頭	△	▲	8枠	15番	11人	29.9	1089	37.9	1.2	丸田恭介	55	498	-2		6-7	バウオレ	11週
2023.4.30	京都	東大路S・3勝	ダ1200	曇	重	13	16頭	▲	◎	1枠	1番	5人	11.2	1142	39.1	2.1	柴山雄一	58	500	+6		4-8	マルモリスペシャル	
2023.10.22	京都	桂川SH・3勝	ダ1400	晴	良	7	14頭		△	8枠	14番	5人	11.4	1246	36.0	1.3	三浦皇成	56	492	±0		13-13	ベースセッティング	7週
2023.9.3	小倉	宮崎S・3勝	ダ1700	晴	良	10	15頭			2枠		4人		1460	38.7	1.2	坂井瑠星	58				4-4-4-3	リキサントライ	
2023.9.16	中山	初風S・3勝	ダ1200	晴	良	4	10頭	☆	☆	4枠	4番	2人	3.5	1111	36.5	0.4	戸崎圭太	56	474	±0		5-6	アイスリアン	9週
2023.7.16	福島	会津SH・3勝	ダ1150	晴	良	3	16頭			2枠		2人		1079	36.4	0.2	菅原明良	53				10-11	バウオレ	
2023.9.16	中山	初風S・3勝	ダ1200	晴	良	2	10頭			7枠	8番	1人	2.9	1108	36.4	0.1	田辺裕信	56	456	-12		3-4	アイスリアン	9週
2023.7.16	福島	会津SH・3勝	ダ1150	晴	良	2	16頭			4枠		6人		1077	37.1	0.0	田辺裕信	55				1-1	バウオレ	
2023.11.4	京都	貴船SH・3勝	ダ1200	曇	良	12	16頭	○		5枠	9番	11人	52.9	1124	35.4	1.6	岩田康誠	56	494	+10	B	16-16	パラシュラーマ	24週
2023.5.21	京都	高瀬川H・3勝	ダ1400	晴	良	16	16頭			1枠		4人		1280	40.1	3.3	岩田康誠	57			B	10-8	サトノテンペスト	
2023.10.1	中山	外房SH・3勝	ダ1200	曇	良	5	16頭	☆	☆	7枠	14番	5人	7.4	1108	36.0	0.2	田辺裕信	55	456	-2		12-12	マイステージ	6週
2023.8.19	新潟	上越S・3勝	ダ1200	晴	良	5	15頭			5枠		9人		1114	36.1	0.9	田辺裕信	58				11-10	アームズレイン	
2023.9.10	阪神	オークH・3勝	ダ1200	曇	良	7	12頭	△	◎	3枠	3番	4人	6.8	1128	37.3	1.0	岩田望来	56	520	+10		4-4	メイショウミツヤス	3週
2023.8.19	新潟	上越S・3勝	ダ1200	晴	良	3	15頭			6枠	10番	8人	28.6	1112	36.4	0.7	石橋脩	58	510	-4		5-5	アームズレイン	10週

1着⑯メズメライザー
（4番人気）
2着⑪グッドディール
（11番人気）
3着③タイセイブリリオ
（1番人気）

単⑯ 700 円
複⑯ 250 円
⑪ 780 円
③ 170 円
馬連⑪－⑯ 9990 円
馬単⑯→⑪ 17430 円
3連複③⑪⑯ 9200 円
3連単⑯→⑪→③ 80860 円

万馬券的中証明書

2023年12月24日
JRA日本中央競馬会

あなたは下記の万馬券を的中させましたので
ここに証明いたします。

記

2023年　5回中山8日　12R
馬単　16→11　500円購入
払戻金単価　@17,430円
払戻金合計　87,150円

馬単万馬券を500円的中!

2023年12月24日　3歳以上・3勝クラス/1600万下（定量）（混）［指定］

中山12R　2023フェアウェルS

枠	馬番	馬名	父	母	母父	騎手	性	齢	替	斤量	所属	調教師	馬主	生産者	レース間隔			毛色		休明	好走S	激走S	V★D	ウマ来	好走S	激走S	V★D			ウマ来
1枠	1	スマートラプター	キングカメハメハ	ショウナンアクト	フレンチデピュティ	松山弘平	牡	4	替	58	栗東	西園正都	大川徹	桑田牧場	2週	1500	5095	黒鹿	2月19日	休明2戦目		△			9.8	7.5	同	3	同	4人
1枠	2	スウィートプロミス	モーリス	アースサウンド	Yes It's True	池添謙一	牝	4	替	56	美浦	尾関知人	グリーンファーム	ハシモトフアーム	7週	1500	2766	黒鹿	2月 1日	休明3戦目	▲				11.1	6.9	短	15	同	13人
2枠	3	タイセイブリリオ	ディーブブリランテ	メリオール	キングカメハメハ	ルメール	牡	4		58	栗東	大橋勇樹	田中成奉	村田牧場	3週	1500	7071	鹿毛	3月11日	休明4戦目		☆			10.1	7.6	同	2	同	3人
2枠	4	レヴール	トランセンド	アルマミーア	ディープインパクト	三浦皇成	牝	4		56	美浦	小笠倫弘	前田幸治	ノースヒルズ	12週	1500	3574	鹿毛	5月 4日	休明1戦目					9.5	7.1	同	1	同	1人
3枠	5 B	ドリームビリーバー	ドレフォン	ヒーラ	ディープインパクト	モリス	牡	4	替	58	美浦	戸田博文	平井裕	白井牧場	6週	1190	4012	鹿毛	5月 5日	休明5戦目			★	◆	9.3	6.9	同	8	短	15人
3枠	6	ドラゴンゴクウ	トゥザグローリー	トーセンウーノ	シンボリクリスエス	野中悠太	牡	4	替	58	美浦	根本康広	福本次雄	福本次雄	2週	1470	3528	黒鹿	3月17日	休明4戦目	△				10.6	7.0	短	1	同	11人
4枠	7	ナックドロップス	ザファクター	ティアドロップス	サンデーサイレンス	木幡巧也	牝	4	替	56	美浦	杉浦宏昭	小松欣也	松本牧場	7週	1500	4211	鹿毛	4月 3日	休明4戦目					8.6	5.8	短	7	延	10人
4枠	8	ヴァンデリオン	First Samurai	Kitten's Peak	Kitten's Joy	ムルザバ	牡	6	替	58	美浦	根本康広	サザンホールディング	P. Headley Nancy Bell & NATO	12週	1500	5531	栗毛	3月11日	休明1戦目					8.3	6.2	同	6	同	4人
5枠	9	ショウゲッコウ	プリサイスエンド	スウィーブイン	Sky Mesa	中井裕二	牝	6	替	56	栗東	杉山佳明	ヒダカ・ブリーダーズ・ユニオン	ヒダカフアーム	7週	1500	6256	鹿毛	4月 5日	休明2戦目	☆				10.6	7.3	延	11	同	16人
5枠	10	ロードオブザチェコ	ストロングリターン	リアンローズ	スターリングローズ	柴山雄一	牡	5	替	58	美浦	石栗龍彦	谷脇智恵子	織田正敏	12週	1470	1701	栗毛	4月21日	休明1戦目					9.4	6.6	延	14	同	7人
6枠	11	グットディール	ビッグアーサー	マリアヴァレリア	サンデーサイレンス	ドイル	セ	4	替	58	栗東	須貝尚介	安原浩司	ノーザンファーム	7週	1500	5364	鹿毛	4月 4日	休明4戦目	○	▲			11.3	7.8	短	5	延	5人
6枠	12	サザンエルフ	パイロ	プレシャスエルフ	コロナドズクエスト	川田将雅	牝	4	替	56	美浦	中川公成	多田賢司	日西牧場	12週	1500	5130	栗毛	4月30日	休明1戦目					8.3	6.2	同	2	同	1人
7枠	13	ウラカワノキセキ	ヘニーヒューズ	クイーンキセキ	フジキセキ	戸崎圭太	牝	4	替	56	美浦	田島俊明	ライオンレースホース	浦河日成牧場	7週	1500	5260	鹿毛	4月12日	休明4戦目					8.6	5.8	短	11	延	1人
7枠	14 B	テイエムランウェイ	スズカコーズウェイ	タイムトゥラン	ブライアンズタイム	佐々木大	牡	4	替	58	栗東	飯田雄三	竹園正繼	PRIDE ROCK	5週	1500	3891	栗毛	4月 7日	休明3戦目	◎	○	★		11.3	7.8	延	6	短	10人
8枠	15	ルクルト	キングズベスト	アトランティード	Curlin	田辺裕信	牡	6	替	58	栗東	吉村圭司	市川義美ホールディングス	白井牧場	7週	1500	5482	鹿毛	2月22日	休明4戦目					9.7	7.3	同	8	同	8人
8枠	16	メズメライザー	ディスクリートキャット	チャーム	パイロ	岩田望来	セ	4		58	栗東	千田輝彦	ゴドルフィン	ダーレー・ジャパン・ファーム	5週	1500	5294	鹿毛	2月10日	休明2戦目		◎			10.5	8.0	延	4	短	7人

馬番	日付	場	レース	距離	天候	馬場	タイム	上がり	着差	騎手	斤量	着順	頭数	枠	馬番	人気	単勝	馬体重	増減			通過順		勝ち馬（2着馬）	間隔	印	印
1	2023.12.9	中山	アクアH・3勝	ダ1200	晴	良	1110	36.9	0.3	石橋脩	55	3	16頭	6枠	11番	4人	13.5	528	+2			2	2	オメガシンフォニー	26 週	☆	▲
2	2023.11.4	京都	貴船SH・3勝	ダ1200	曇	良	1130	37.0	2.2	団野大成	52	15	16頭	6枠	11番	13人	82.3	462	−4			7	9	バラシュラーマ	6 週		
3	2023.12.2	阪神	妙見山S・3勝	ダ1200	晴	良	1117	36.6	0.3	ルメール	58	2	16頭	4枠	8番	3人	8.4	486	+4			6	6	タイセイブレイズ	4 週		
4	2023.9.30	中山	2勝クラス	ダ1200	晴	良	1110	36.6	0.0	三浦皇成	56	1	16頭	6枠	12番	1人	2.4	470	±0			5	5	（ロジヴィクトリア）	3 週	◎	☆
5	2023.11.12	東京	銀嶺S・3勝	ダ1400	曇	良	1251	36.9	0.9	小牧太	58	8	15頭	5枠	8番	15人	95.7	466	±0	B		2	2	メタマックス	4 週		
6	2023.12.9	中京	豊川特別・2勝	ダ1200	晴	良	1115	35.0	−0.1	古川吉洋	58	1	16頭	4枠	8番	11人	97.1	476	±0			15	16	（ラックスアットゼア）	7 週		
7	2023.11.4	福島	フルーツ・3勝	ダ1150	曇	良	1084	36.8	1.0	小林勝太	56	7	13頭	5枠	6番	10人	37.7	468	+2			1	1	イスラアネーロ	7 週		
8	2023.10.1	中山	外房SH・3勝	ダ1200	曇	良	1109	36.4	0.3	野中悠太	56	6	16頭	5枠	9番	4人	7.3	488	−6			10	9	マイステージ	2 週		
9	2023.11.4	京都	貴船SH・3勝	ダ1200	曇	良	1124	36.2	1.6	川又賢治	52	11	16頭	4枠	7番	16人	134.6	486	+10			10	11	バラシュラーマ	10 週		
10	2023.10.1	中山	外房SH・3勝	ダ1200	曇	良	1116	38.2	1.0	丸田恭介	55	14	16頭	6枠	11番	7人	18.4	498	±0			1	1	マイステージ	11 週		
11	2023.11.4	福島	フルーツ・3勝	ダ1150	曇	良	1082	35.8	0.8	松田大作	58	5	13頭	4枠	4番	5人	12.5	486	−6			9	9	イスラアネーロ	2 週	○	○
12	2023.10.1	中山	外房SH・3勝	ダ1200	曇	良	1106	36.2	0.0	菅原明良	54	2	16頭	8枠	16番	1人	3.5	476	+2			9	9	マイステージ	2 週		
13	2023.11.4	福島	フルーツ・3勝	ダ1150	曇	良	1089	36.1	1.5	丸田恭介	56	11	13頭	4枠	5番	1人	2.2	454	−2			11	12	イスラアネーロ	7 週		
14	2023.11.19	京都	西陣S・3勝	ダ1400	晴	稍	1246	37.3	0.6	M. デム	58	6	14頭	8枠	14番	10人	39.2	490	−4	B		2	2	テーオーステルス	2 週	△	
15	2023.11.4	京都	貴船SH・3勝	ダ1200	曇	良	1120	35.3	1.2	斎藤新	55	8	16頭	1枠	1番	8人	27.5	454	−2			15	14	バラシュラーマ	5 週		
16	2023.11.19	京都	西陣S・3勝	ダ1400	晴	稍	1244	36.2	0.4	岩田望来	58	4	14頭	5枠	8番	7人	13.6	528	+8			8	7	テーオーステルス	10 週		▲

活用法②指数上位をセットで狙うⅢ：23年12月28日・中山12R➡払戻11万990円

いやに23年のレースが続くな……そう思った方は上がり指数1位に匹敵するほど鋭い、といわせていただこう。しかも「活用法②」に入ってから、同年12月のレースが3連発である。この年に年間回収率129％を達成したのも、当然のことであった。

前項で最終レースさえ当たれば競馬ファンはハッピーという話をしたが、これはその上位互換。中央競馬でその年のラストを飾るファイナルSの的中である。23年12月28日の中山12R（芝1600m）に集まった16頭の上がり指数を振り返ってみよう。

■出走各馬の前走コース＆上がり3Fと上がり指数

①ニシノスーベニア　前走：東京芝1600m　上がり3F：34秒9➡上がり指数：296（13位）
②ドゥラモンド　前走：東京芝1800m　上がり3F：33秒4➡上がり指数：319（4位）
③ブランデーロック　前走：中山芝1600m　上がり3F：34秒2➡上がり指数：315（7位）
④ビジュノワール　前走：東京芝1600m　上がり3F：34秒2➡上がり指数：306（11位）
⑤ホウオウラスカーズ　前走：新潟芝1800m　上がり3F：35秒4➡上がり指数：289（15位）
◎⑥ボルザコフスキー　前走：東京芝1600m　上がり3F：32秒6➡上がり指数：331（1位）
⑦ミカッテヨンデイイ　前走：中山芝1600m　上がり3F：38秒1➡上がり指数：269（16位）
⑧リサリサ　前走：東京芝1600m　上がり3F：33秒6➡上がり指数：314（8位）
⑨ピピオラ　前走：京都芝2000m　上がり3F：34秒7➡上がり指数：318（5位）

◎⑩クルゼイロドスル　前走：東京芝１８００m　上がり3F：33秒2⬇上がり指数：３２１（3位）
⑪サンカルパ　前走：東京ダ１４００m　上がり3F：36秒1⬇上がり指数：３０４（12位）
⑫エアミアーニ　前走：中京芝１６００m　上がり3F：34秒5⬇上がり指数：３０８（10位）
⑬トランキリテ　前走：東京芝１６００m　上がり3F：33秒4⬇上がり指数：３１７（6位）
⑭アバンチュリエ　前走：東京芝１４００m　上がり3F：33秒4⬇上がり指数：３１４（8位）
⑮ヤマニンデンファレ　前走：新潟芝２０００m　上がり3F：37秒7⬇上がり指数：２９１（14位）
⑯ミシシッピテソーロ　前走：東京芝１６００m　上がり3F：32秒5⬇上がり指数：３２９（2位）

⑥ボルザコフスキー（11番人気）は、前走の東京芝１６００mで上がり32秒7という速い時計をマークするものの6着に敗退。それでも、５０８キロという馬体重だった同馬が叩きだした上がり指数は「３３１」と極めて優秀なものだった。未勝利、１勝クラス、そして2勝クラスと、いずれも前崩れで逃げ馬が4着以下に沈んだレースで勝利しているような馬だけに、前残りの東京で休み明けを叩き、1年の最終週に中山戦というローテーションは好感しかない。

上がり指数2位の「３２９」をマークした⑯ミシシッピテソーロは、前走がボルザコフスキーと同じ東京の秋色Sで、ボルザコフスキーより速い上がりを駆使していた。にも関わらず、指数が2番手となったのは、馬体重が60キロ以上軽かったからである。ほぼ同じ上がりタイムなら馬体重の大きな馬のほうが惰性は利くし、馬脚の止まる急坂で馬格のある馬が強いのは、物理的に致し方ないのだ。

指数3位の⑩クルゼイロドスル（1番人気）は同舞台のジュニアCの勝ち馬で、条件が向かないわけがない。そこで⑥⑩を1、2着に置いた3連単を購入。⑥⬇⑩⬇①と入線し、10万馬券で23年を締めくくった。

コース	発走時間
芝1600m	16:25

2023.9.30 中山 3 16頭 秋風SH・3勝 1枠 2番 芝1600 晴 良 3人 5.7 1337 35.3 0.1 大野拓弥 55 526 +6 8 7 7 ルージュエクレール 23 週	2023.4.22 東京 5 18頭 晩春SH・3勝 2枠 4番 芝1400 晴 良 4人 9.4 1204 33.7 0.2 永野猛蔵 55 520 −16 13 11 カルリーノ 7 週
2023.9.30 中山 4 16頭 秋風SH・3勝 1枠 1番 芝1600 晴 良 10人 23.1 1339 35.6 0.3 石川裕紀 56 484 −10 8 7 7 ルージュエクレール 8 週	2023.8.5 新潟 9 14頭 新潟日H・3勝 4枠 5番 芝1400 晴 良 4人 8.0 1209 34.9 0.8 三浦皇成 56 494 +4 12 12 アルーリングウェイ 11 週
2023.11.25 東京 6 14頭 △ 2勝クラス 6枠 10番 芝1600 晴 良 7人 36.5 1331 33.4 0.7 柴田善臣 58 480 +4 14 14 レッドロワ 2 週	2023.11.11 東京 5 8頭 2勝クラス 8枠 8番 芝1600 曇 良 6人 34.3 1347 33.1 0.2 柴田善臣 58 476 −2 8 8 ディオスバリエンテ 2 週
2023.8.19 札幌 1 14頭 千歳特別・1勝 8枠 14番 芝1500 小雨 良 2人 3.8 1293 35.9 0.0 モレイラ 56 458 +10 1 1 1 (ケイアイクピラ) 9 週	2023.6.18 東京 4 16頭 1勝クラス 8枠 15番 芝1400 晴 良 2人 3.6 1209 33.9 0.3 ルメール 56 448 −4 9 6 スプレモフレイバー 4 週
2023.4.23 京都 3 14頭 ▲ センテH・3勝 7枠 12番 芝1800 晴 良 5人 8.4 1456 34.3 0.2 西村淳也 53 450 −2 6 5 エンベザー 3 週	2023.4.2 中山 5 13頭 美浦S・3勝 6枠 9番 芝2000 曇 良 7人 19.7 2007 34.0 1.0 大野拓弥 56 452 ±0 9 8 9 8 テーオーシリウス 7 週
2023.6.18 東京 13 16頭 ☆ ▲ 多摩川H・3勝 8枠 16番 芝1400 晴 良 4人 11.0 1210 34.6 1.3 松山弘平 57 512 +2 5 5 エターナルタイム 4 週	2023.5.21 東京 14 18頭 ◎ ◎ フリーウ・3勝 5枠 9番 芝1400 晴 良 1人 3.9 1213 34.0 0.5 レーン 58 510 +2 12 12 ペイシャフェスタ 5 週
2023.8.26 新潟 12 17頭 長岡S・3勝 8枠 15番 芝1600 晴 良 11人 24.7 1332 34.5 0.9 松岡正海 53 418 +4 5 5 オヌール 11 週	2023.6.10 東京 1 10頭 ○ ○ 芦ノ湖特・2勝 8枠 10番 芝1600 曇 良 6人 19.2 1341 33.4 −0.1 松岡正海 53 414 ±0 2 2 (ディオスバリエンテ) 6 週
2023.9.17 阪神 10 17頭 ローズSG2 7枠 13番 芝1800 晴 良 11人 76.4 1442 35.0 1.2 浜中俊 54 470 −2 2 2 マスクトディーヴァ 6 週	2023.8.5 新潟 3 14頭 新潟日H・3勝 3枠 4番 芝1400 晴 良 1人 3.3 1203 35.0 0.2 石川裕紀 52 472 +2 4 4 アルーリングウェイ 9 週
2023.8.26 小倉 1 10頭 西海賞・2勝 6枠 6番 芝2000 晴 良 2人 4.1 2010 35.9 0.0 藤岡康太 53 484 +10 3 3 3 3 (アトミックフレア) 11 週	2023.6.10 東京 1 12頭 ○ ○ 1勝クラス・牝 4枠 4番 芝1600 曇 良 2人 4.4 1332 4 4
2023.9.30 中山 7 16頭 秋風SH・3勝 8枠 15番 芝1600 晴 良 1人 4.7 1344 36.9 0.8 石橋脩 56 476 +2 2 2 1 ルージュエクレール 13 週	2023.7.1 中 白川郷H・3勝 芝1600 曇 1345 8 9 9
2023.6.18 阪神 9 13頭 ○ マーメイHG3 8枠 12番 芝2000 曇 良 7人 13.2 2011 38.8 2.6 菱田裕二 51 490 +2 6 6 7 4 ビッグリボン 14 週	2023.3.12 中 房総特別・2勝 芝1800 曇 1483 2 3 2 2
2023.11.4 京都 5 10頭 ▲ △ 2勝クラス 7枠 7番 芝1600 曇 良 3人 6.7 1341 33.9 0.9 幸英明 58 450 +4 8 6 セオ 4 週	2023.10.7 京 宝ケ池特・2勝 芝1600 晴 1342 10 10
2023.9.17 阪神 7 15頭 仲秋S・3勝 3枠 5番 芝1600 晴 良 4人 8.5 1326 33.9 0.7 モレイラ 58 472 +2 12 14 セッション 3 週	2023.8.26 新 長岡S・3勝 芝1600 晴 1326 3 3
2023.9.2 札幌 4 14頭 日高S・3勝 6枠 10番 芝1500 曇 稍 5人 9.3 1301 36.9 0.3 池添謙一 58 468 −2 11 6 6 セッタレダスト 15 週	2023.5.21 東 フリーウ・3勝 芝1400 晴 1212 8 9
2023.9.17 中山 9 15頭 ☆ レインH・3勝 1枠 1番 芝1800 晴 良 12人 36.4 1472 35.4 0.7 江田照男 53 492 +4 1 1 1 1 スパイラルノヴァ 26 週	2023.3.19 中 スピカS・3勝 芝1800 晴 1506 6 7 9 9
2023.10.15 京都 13 18頭 秋華賞G1 5枠 9番 芝2000 晴 稍 18人 290.2 2024 35.3 1.3 石川裕紀 55 438 ±0 2 2 2 2 リバティアイランド 5 週	2023.9.9 中 紫苑SG2 5 4枠 7番 芝2000 晴 稍 8人 25.2 1585 35.6 0.5 石川裕紀 54 438 +4 7 7 8 8 モリアーナ 6 週

1着⑥ボルザコフスキー
（11 番人気）
2着⑩クルゼイロドスル
（1番人気）
3着①ニシノスーベニア
（4番人気）

単⑥ 3850 円
複⑥ 580 円
⑩ 180 円
① 210 円
馬連⑥ー⑩ 5970 円
馬単⑥→⑩ 17840 円
3連複①⑥⑩ 9270 円
3連単⑥→⑩→① 110990 円

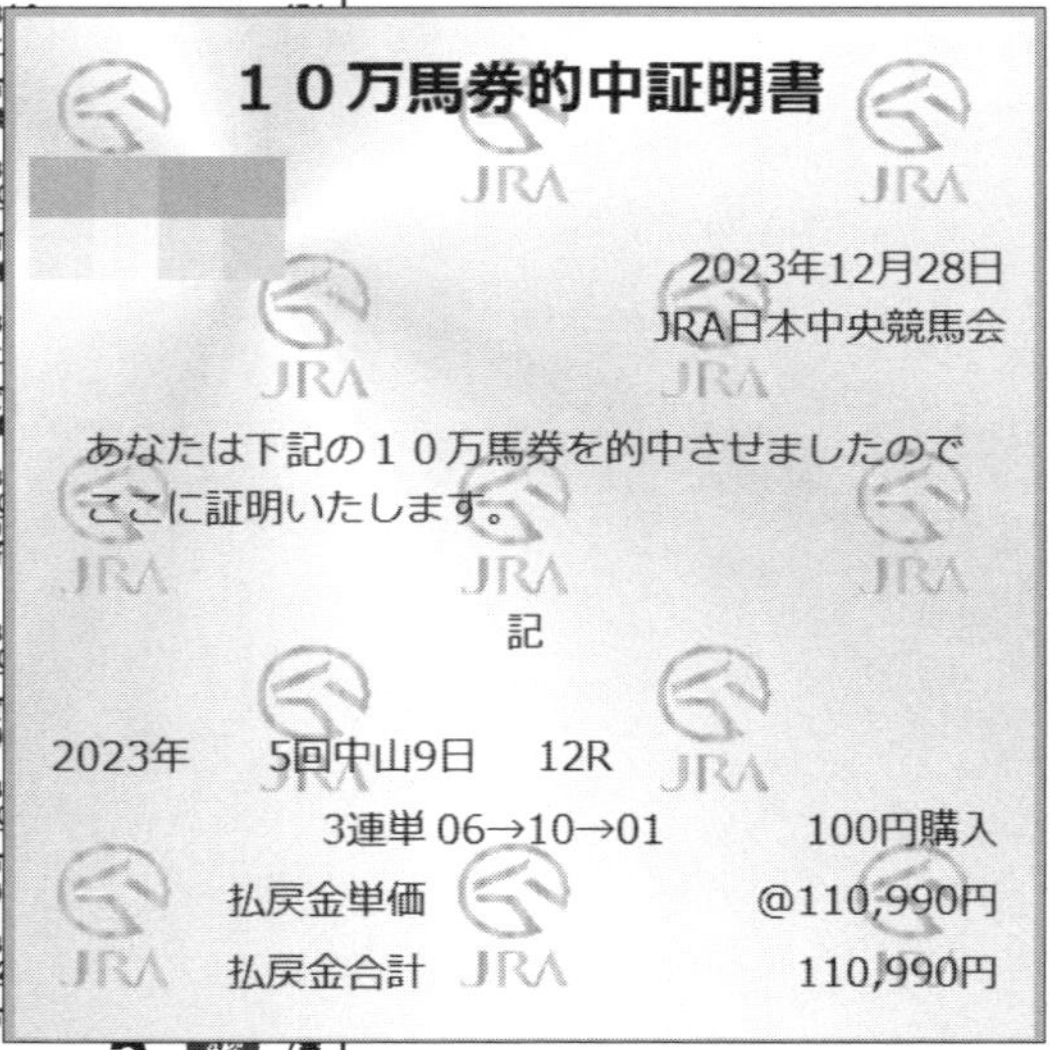
１０万馬券的中証明書

2023年12月28日
JRA日本中央競馬会

あなたは下記の１０万馬券を的中させましたので
ここに証明いたします。

記

2023年 5回中山9日 12R
3連単 06→10→01 100円購入
払戻金単価 @110,990円
払戻金合計 110,990円

3連単11万馬券的中！

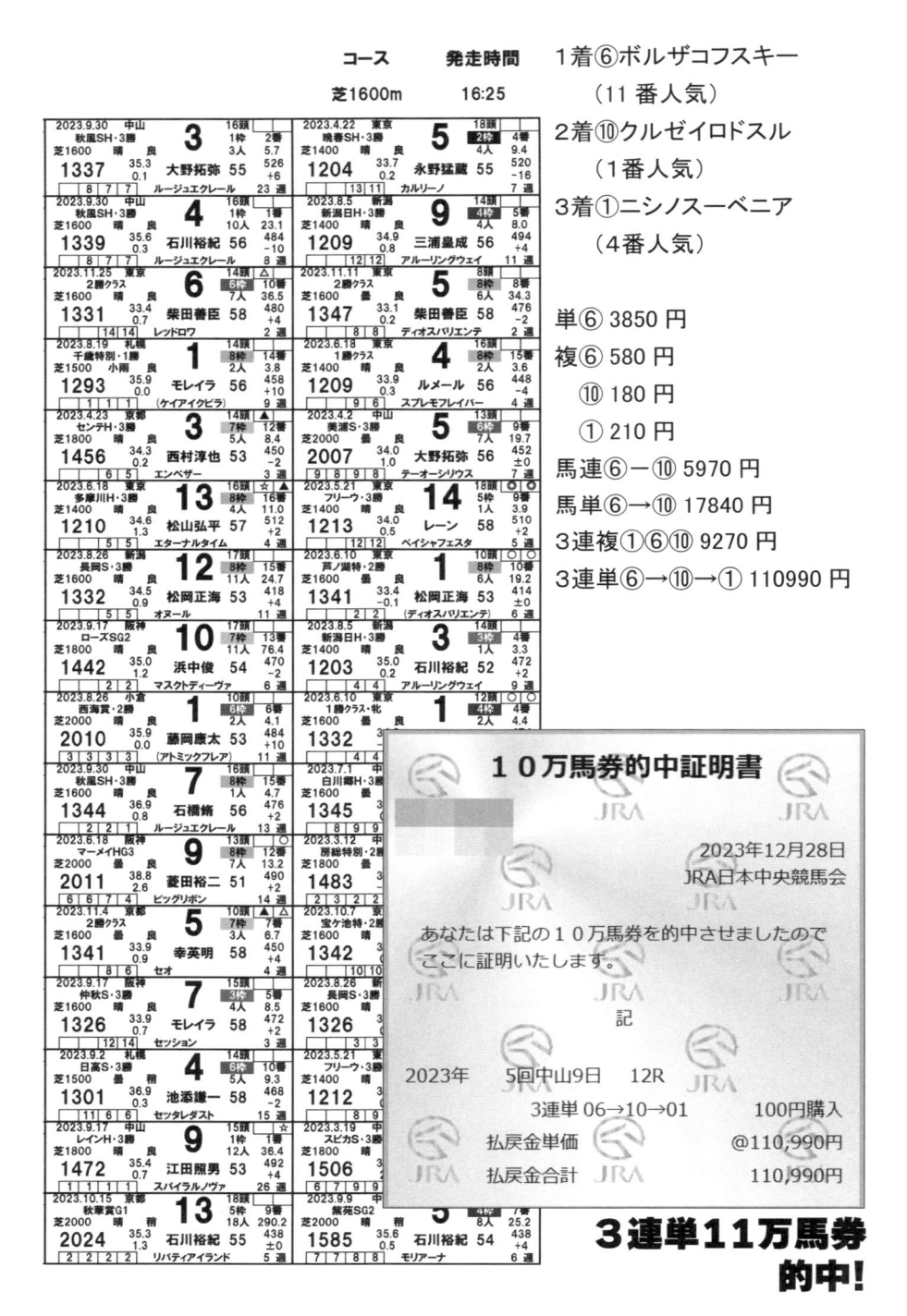

2023年12月28日　3歳以上・3勝クラス/1600万下（定量）（混）（特指）

中山12R　2023ファイナルS

							父	母	母父				レース間隔						好走S	激走S	V★D	ウマ来																								
1枠	1	ニシノスーベニア	牡4	美浦 上原博之	西山茂行	西山牧場	ハービンジャー	リップル	アグネスタキオン	ムルザバ	替	58	9週	1500	5009	黒鹿	3月18日	休明3戦目					10.9	7.2	同 6 同	5人	2023.10.28 東京	紅葉SH・3勝	芝1600 晴 良	6	10頭		7枠	7番	5人	12.3	1323	34.9	0.4	幸英明	56	532	+6	2 2	フィールシンパシー	4週
1枠	2	ドゥラモンド	牡5	美浦 手塚貴久	シルクレーシング	ノーザンファーム	ドゥラメンテ	シーズインクルーデッド	Include	マーカン	替	58	8週	1500	7440	黒鹿	2月1日	休明4戦目					10.6	7.0	延 8 短	6人	2023.11.4 東京	ノベンバ・3勝	芝1800 晴 良	8	10頭		7枠	7番	6人	20.8	1469	33.4	0.6	浜中俊	58	498	+14	5 5 5	クロミナンス	5週
2枠	3	ブランデーロック	牡4	美浦 小桧山悟	新井利宣	川上牧場	マクフィ	グローリールピナス	マーベラスサンデー	田中勝春	替	58	2週	1500	6217	栗毛	4月4日	休明9戦目					12.1	7.4	同 1 同	7人	2023.12.10 中山	2勝クラス	芝1600 晴 良	1	11頭	▲	5枠	5番	7人	23.4	1330	34.2	-0.2	柴田善臣	58	482	+2	11 10 8	(メタルスピード)	2週
2枠	4	ビジュノワール	牝4	美浦 中舘英二	吉田勝己	ノーザンファーム	キタサンブラック	クーデグレイス	ホワイトマズル	横山武史	替	56	8週	1500	5250	青鹿	4月12日	休明2戦目					11.6	8.1	延 1 同	2人	2023.10.29 東京	国立特別・2勝	芝1600 晴 良	1	8頭	▲	3枠	3番	2人	3.3	1337	34.2	-0.6	モレイラ	56	456	-2	1 1	(エッセレンチ)	10週
3枠	5	ホウオウラスカーズ	牝5	美浦 高木登	小笹芳央	岡田スタッド	ディープインパクト	ビーコンターン	Shamardal	大野拓弥	替	56	32週	1500	4385	黒鹿	5月18日	休明1戦目	▲	▲			13.6	9.1	同 6 短	8人	2023.5.14 新潟	弥彦S・3勝	芝1800 晴 良	6	13頭	▲ ☆	2枠	2番	8人	16.9	1463	35.4	0.4	佐々木大	56	452	+2	2 2	グランスラムアスク	3週
3枠	6	ボルザコフスキー	牡4	栗東 清水久詞	大塚悠治郎	ハクレイファーム	キズナ	ベラルーサ	Orpen	戸崎圭太	替	58	5週	1500	5358	黒鹿	2月10日	休明2戦目			★		10.9	7.4	延 6 同	8人	2023.11.19 東京	秋色S・3勝	芝1600 晴 良	6	9頭	△	1枠	1番	8人	55.8	1350	32.6	0.6	北村宏司	58	508	-4	8 7	モズゴールドバレル	22週
4枠	7	ミカッテヨンデイイ	牝3	美浦 堀内岳志	ニューマレコード	社台ファーム	イスラボニータ	ボルティモア	ステイゴールド	松岡正海		55	13週	1200	3760	黒鹿	5月14日	休明1戦目					11.8	7.8	同 15 同	11人	2023.9.30 中山	秋風SH・3勝	芝1600 晴 良	15	16頭	▲ △	5枠	9番	11人	28.8	1362	38.1	2.6	松岡正海	52	414	-4	4 4 6	ルージュエクレール	5週
4枠	8	リサリサ	牝3	美浦 田村康仁	山藤賢	村上勝治	イスラボニータ	サトノローズヒップ	タイキシャトル	石川裕紀		55	9週	1500	5130	鹿毛	3月9日	休明10戦目		△	★		12.6	8.2	短 2 同	4人	2023.10.28 東京	紅葉SH・3勝	芝1600 晴 良	2	10頭	△	4枠	4番	4人	8.8	1320	33.6	0.1	石川裕紀	53	476	+6	4 4	フィールシンパシー	6週
5枠	9	ピピオラ	牝3	栗東 武幸四郎	ストレートレーシング	ノーザンファーム	モーリス	スルージエアー	ダンスインザダーク	鮫島克駿	替	55	10週	1500	2900	黒鹿	2月9日	休明1戦目	△				13.6	8.2	同 14 短	12人	2023.10.15 京都	秋華賞G1	芝2000 晴 稍	14	18頭		8枠	16番	12人	118.3	2024	34.7	1.3	藤岡康太	55	472	-12	8 9 10 9	リバティアイランド	7週
5枠	10	クルゼイロドスル	牡3	栗東 高橋義忠	ゴドルフィン	ダーレー・ジャパン・ファーム	ファインニードル	スタリア	アルカセット	M.デム	替	57	8週	1600	4104	栗毛	5月8日	休明3戦目					12.1	7.6	延 2 短	4人	2023.11.4 東京	ノベンバ・3勝	芝1800 晴 良	2	10頭		3枠	3番	4人	5.9	1463	33.2	0.0	津村明秀	56	484	+8	3 3 3	クロミナンス	5週
6枠	11	サンカルパ	牝4	美浦 田中博康	シルクレーシング	ノーザンファーム	ドゥラメンテ	ハイドバウンド	Grand Slam	ルメール	替	56	10週	1500	4160	黒鹿	2月7日	休明1戦目					12.5	8.1	短 8 延	8人	2023.10.15 東京	テレビ静・3勝	ダ1400 曇 不	8	14頭	○ ○	5枠	8番	8人	12.6	1229	36.1	1.0	津村明秀	56	500	+10	4 4	レオノーレ	17週
6枠	12	エアミアーニ	セ5	栗東 笹田和秀	ラッキーフィールド	猿倉牧場	ロードカナロア	エアマスカット	ジャングルポケット	田辺裕信	替	58	4週	1500	5446	鹿毛	3月29日	休明4戦目	◎	☆			14.6	8.7	同 1 同	5人	2023.12.2 中京	中京日H・2勝	芝1600 晴 良	1	13頭	○ △	3枠	3番	5人	9.7	1338	34.5	-0.1	角田大和	56	448	-2	7 7 5	(シャドウフューリー)	4週
7枠	13	トランキリテ	牡4	栗東 松永幹夫	キャロットファーム	社台コーポレーション白老ファーム	ルーラーシップ	シャルール	ゼンノロブロイ	松山弘平	替	58	9週	1500	4482	鹿毛	3月29日	休明16戦目	☆	◎			13.6	9.4	同 4 同	7人	2023.10.28 東京	紅葉SH・3勝	芝1600 晴 良	4	10頭	○ ○	1枠	1番	7人	21.8	1321	33.4	0.2	三浦皇成	56	474	+2	6 6	フィールシンパシー	6週
7枠	14	アバンチュリエ	セ4	美浦 大竹正博	DMMドリームクラブ	ノーザンファーム	モーリス	バンデイア	ディープインパクト	モリス	替	58	7週	1500	4131	栗毛	1月20日	休明2戦目					10.4	7.8	短 9 延	7人	2023.11.11 東京	奥多摩H・3勝	芝1400 曇 良	9	15頭		6枠	10番	7人	27.5	1214	33.4	0.6	三浦皇成	56	466	-2	9 11	アサヒ	10週
8枠	15	ヤマニンデンファレ	牝5	美浦 辻哲英	土井肇	錦岡牧場	ローエングリン	ヤマニンアドーレ	ダイワメジャー	津村明秀	替	56	9週	1500	2904	芦毛	4月8日	休明3戦目		○			13.2	9.3	延 11 短	12人	2023.10.28 新潟	魚沼S・3勝	芝2000 雨 不	11	12頭	○	6枠	7番	12人	84.0	2061	37.7	2.5	勝浦正樹	56	494	+2	10 9	ホウオウリアリティ	6週
8枠	16	ミシシッピテソーロ	牝3	美浦 畠山吉宏	了德寺健二ホールディングス	リョーケンファーム	ダノンバラード	ハピネスフォーユー	A.P. Indy	菅原明良		55	5週	1600	5715	鹿毛	3月25日	休明12戦目	○				14.2	7.8	短 7 同	5人	2023.11.19 東京	秋色S・3勝	芝1600 晴 良	7	9頭	▲	8枠	9番	5人	10.5	1350	32.5	0.6	菅原明良	55	442	+4	8 7	モズゴールドバレル	5週

活用法③指数上位から「何か」に流すⅠ：24年8月25日・新潟11R➡払戻5万5720円

2歳戦は上がり指数の独壇場といっていい条件のひとつである。完成度の高さがモノをいうし、素材の違いがダイレクトに結果へと反映されるため、指数上位馬をひたすら買っていれば結果はついてくる。

特に指数値「310以上」かつ「指数順1位」に合致する馬は、勝率22・5％、複勝率49・9％と、その半数が馬券に絡み、単勝回収値はベタ買いで95円とプラス収支が限りなく近い存在で、これを買わない手はない（註：データは19～24年の丸6年間）。

さらにいえば、夏競馬のあいだはさらにその傾向が強く、該当馬は勝率31・6％、複勝率61・5％、単勝回収値131円と入れ食い状態である。頭数の少ない夏の2歳戦で複勝の配当が伸びないにも関わらず、複勝回収値でさえ95円とプラス目前なのだ。指数の完成後、初めて迎えた22年の夏競馬では、2週続けて2歳戦で10万円以上の高額配当を仕留めるなど、実にいい思いをした（註：5章で後述）。それらと比較すると配当で見劣りするが、24年の新潟2歳S（芝1600ｍ）も自信を持って勝負できたレースである。

■出走各馬の前走コース＆上がり3Fと上がり指数

①ジョリーレーヌ　前走：東京芝1600ｍ　上がり3F：33秒9➡上がり指数：315（5位）
②スリールミニョン　前走：小倉芝1200ｍ　上がり3F：35秒1➡上がり指数：301（10位）
③スターウェーブ　前走：東京芝1400ｍ　上がり3F：33秒4➡上がり指数：322（2位）
④シンフォーエバー　前走：新潟芝1600ｍ　上がり3F：33秒3➡上がり指数：315（5位）
⑤モジャーリオ　前走：函館芝1200ｍ　上がり3F：35秒5➡上がり指数：294（11位）

⑥コートアリシアン　前走：東京芝1600m　上がり3F：33秒3⬇上がり指数：317（3位）
⑦ケイテンアイジン　前走：小倉芝1200m　上がり3F：35秒3⬇上がり指数：305（9位）
⑧マジカルフェアリー　前走：小倉芝1800m　上がり3F：34秒6⬇上がり指数：316（4位）
◎⑨トータルクラリティ　前走：京都芝1600m　上がり3F：33秒9⬇上がり指数：333（1位）
⑩プロクレイア　前走：新潟芝1600m　上がり3F：33秒8⬇上がり指数：306（8位）
⑪キタノクニカラ　前走：福島芝1200m　上がり3F：34秒6⬇上がり指数：308（7位）

ご覧の通り、指数1位は⑨トータルクラリティ（6番人気）で、その数値は「333」と非常に高いものだった。京都芝1600mの新馬戦を上がり最速の33秒9で制してマークしたのだが、注目していただきたいのは、別のコースでこの馬より速い上がりを使っている馬が③スターウェーブ（33秒4）、④シンフォーエバー（33秒3）、⑥コートアリシアン（33秒3）、⑩プロクレイア（33秒8）と4頭もいる点だ。にも関わらず、⑨トータルクラリティは次点の③スターウェーブの「322」を「11」も上回っていたのだ。

こうした鉄板級の上がり指数上位馬を発見した場合、的中率を高める買い方が「上位人気馬に流す」という安易な手法である。実際、19～24年の丸6年間で、1～4番人気の複勝を全レースで買い続けた場合のレース的中率は96・8%。裏を返せば、5番人気以降の人気薄だけで決着するレースはたったの3・2%しかない。

⑨トータルクラリティの相手も1～4番人気の4頭＝⑥④③①で決まりだ。

レースは⑨トータルクラリティが直線で危なげなく先頭に立つも、鞍上が手綱を握り損ねる大失態。その間に⑥コートアリシアンが抜け出すも、再び追い出すと上がり指数の違いを発揮。ゴール前で差し返し、なおかつ差を広げてゴールに飛び込んだ。これもぜひVTRを見返していただきたい一戦である。

コース	発走時間
芝1600m	15:45

着順	頭数	枠	番	人気	単勝	騎手	斤量	馬体重	増減	馬名	間隔	前走
1	13頭	5枠	7番	1人	2.5	石川裕紀	55	422	±0	(ナクライト)	初週	
1	7頭	3枠	3番	1人	2.3	永島まな	53◇	432	±0	(ルジャーダ)	初週	
1	9頭	3枠	3番	2人	2.2	三浦皇成	55	472	±0	(カルデライト)	初週	
1	11頭	6枠	7番	3人	5.2	戸崎圭太	55	494	±0	(カネラフィーナ)	初週	
1	9頭	6枠	6番	1人	2.8	横山武史	55	448	-6	(ニシノクードクール)	2週	2024.6.9 函館 新馬 芝1200 小雨 良 1104 34.5 0.7 11 9 ／ 6着 14頭 6枠 10番 1人 3.8 斎藤新 55 454 ±0 エメラヴィ 初週
1	8頭	8枠	8番	2人	3.5	菅原明良	55	438	±0	(ベルリネッタ)	初週	
1	18頭	4枠	8番	2人	6.1	永島まな	55	476	-6	(エイヨーアメジスト)	3週	2024.6.30 小倉 新馬・九 芝1200 曇 稍 1118 36.9 -0.2 3 3 ／ 1着 13頭 8枠 12番 1人 2.7 482
1	7頭	3枠	3番	4人	5.6	和田竜二	55	432	±0	(ラヴァブル)	初週	
1	10頭	8枠	10番	2人	3.8	北村友一	55	454	±0	(ラトラース)	初週	
1	12頭	8枠	11番	2人	6.0	坂井瑠星	55	456	±0	(ダンケルド)	初週	
1	8頭	3枠	3番	5人	9.4	杉原誠人	55	400	±0	(ルチアーナ)	初週	

購入金額 9,900円

払戻金額 55,720円

投票内容

(1) 新潟（日）11R 馬単 01→09 800円

(2) 新潟（日）11R 馬単 03→09 1,200円

(3) 新潟（日）11R 馬単 04→09 1,600円

(4) 新潟（日）11R 馬単 06→09 2,400円

(5) 新潟（日）11R 馬単 09→01 700円

(6) 新潟（日）11R 馬単 09→03 800円

(7) 新潟（日）11R 馬単 09→04 1,000円

(8) 的中 新潟（日）11R 馬単 09→06 1,400円

馬単3980円を1400円的中!

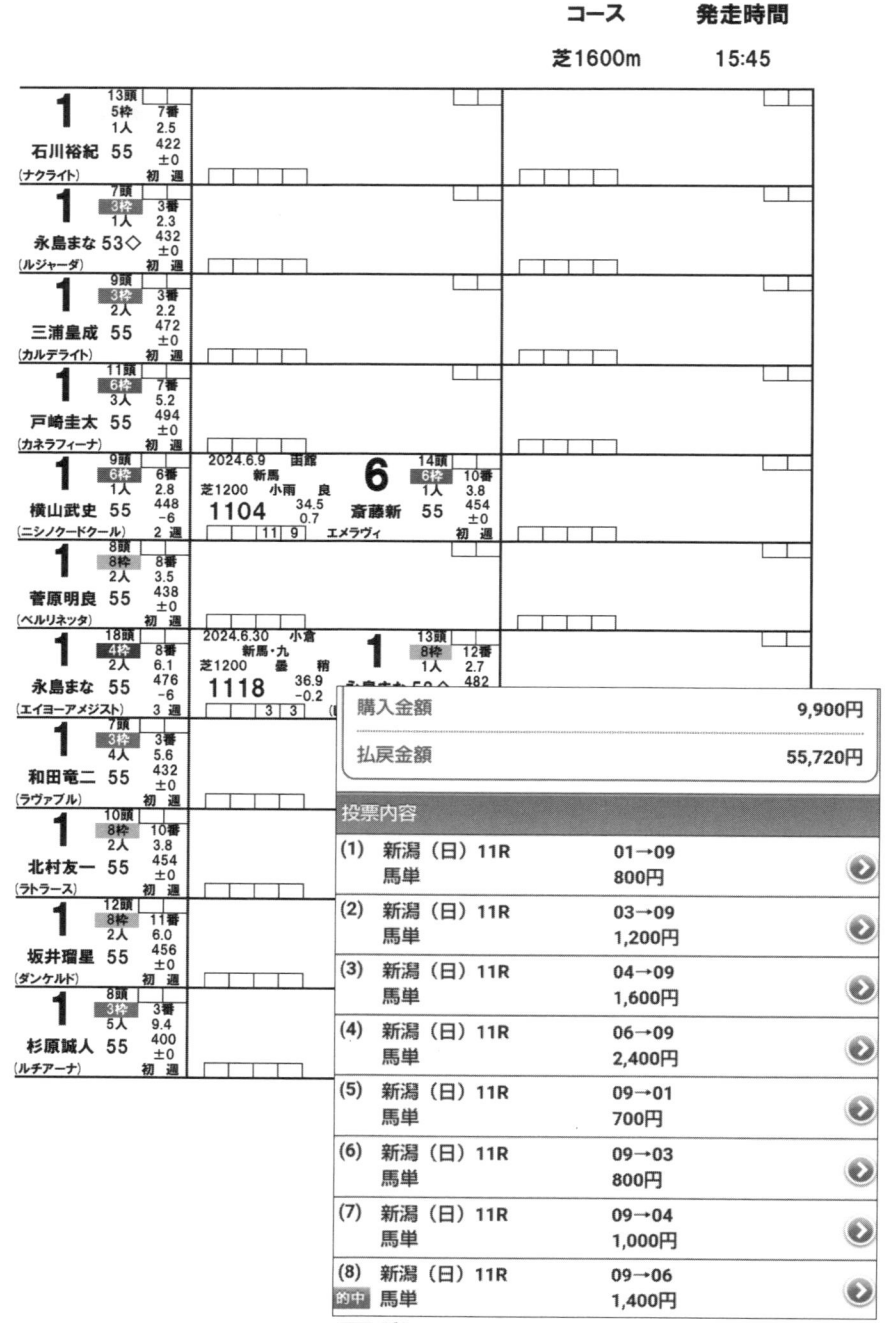

2024年8月25日　　2歳・オープン・G3（馬齢）（国際）（特指）

新潟11R　新潟2歳S

1枠	1	ジョリーレーヌ	牝2	美浦	大竹正博	キャロットファーム	ノーザンファーム	父 モーリス	母 レッドレグナント	母父 ロードカナロア	石川裕紀		55	レース間隔 9週	400	720	栗毛	1月31日	休明0戦目	好走S	激走S	V★D	--	1	同	ウマ来	1人	2024.6.23	東京	新馬	芝1600	曇	稍	1399	33.9	-0.1		7	6
2枠	2	スリールミニョン	牝2	栗東	髙橋康之	福盛訓之	笹川大晃牧場	父 ミスターメロディ	母 ルミノハレブタイ	母父 クロフネ	永島まな		55	レース間隔 7週	400	720	鹿毛	2月16日	休明0戦目	好走S	激走S	V★D	--	1	延	ウマ来	1人	2024.7.7	小倉	新馬・牝	芝1200	晴	良	1102	35.1	0.0		2	2
3枠	3	スターウェーブ	牡2	美浦	武井亮	TNレーシング	ノーザンファーム	父 Kingman	母 コスモポリタンクイーン	母父 Dubawi	三浦皇成		55	レース間隔 12週	400	720	鹿毛	3月26日	休明1戦目	好走S	激走S	V★D	--	1	延	ウマ来	2人	2024.6.2	東京	新馬	芝1400	曇	稍	1229	33.4	-0.2		5	5
4枠	4	シンフォーエバー	牡2	栗東	森秀行	藤田晋	Bret Jones	父 Complexity	母 Praising	母父 Pulpit	岩田康誠	替	55	レース間隔 3週	400	720	鹿毛	5月 7日	休明0戦目	好走S	激走S	V★D	--	1	同	ウマ来	3人	2024.8.3	新潟	新馬	芝1600	晴	良	1359	33.3	-0.4		1	1
5枠	5	モジャーリオ	牡2	美浦	斎藤誠	MOJA	錦岡牧場	父 リオンディーズ	母 テルメディカラカラ	母父 ハービンジャー	斎藤新	替	55	レース間隔 9週	400	550	青鹿	3月13日	休明0戦目	好走S	激走S	V★D	同	1	延	ウマ来	1人	2024.6.22	函館	未勝利*	芝1200	晴	良	1099	35.5	-0.1		6	5
6枠	6	コートアリシアン	牝2	美浦	伊藤大士	吉田照哉	社台ファーム	父 サートゥルナーリア	母 コートシャルマン	母父 ハーツクライ	菅原明良		55	レース間隔 11週	400	720	栗毛	2月24日	休明1戦目	好走S	激走S	V★D	--	1	同	ウマ来	2人	2024.6.8	東京	新馬	芝1600	晴	良	1351	33.3	-0.8		5	5
6枠	7	ケイテンアイジン	牡2	栗東	谷潔	岡浩二	本田土寿	父 アレスバローズ	母 カシノティーダ	母父 ケイムホーム	丸山元気	替	55	レース間隔 5週	900	2120	青毛	3月21日	休明0戦目	好走S	激走S	V★D	同	1	延	ウマ来	2人	2024.7.20	小倉	ひまわり	芝1200	曇	稍	1107	35.3	-0.2		14	9
7枠	8	マジカルフェアリー	牝2	栗東	寺島良	飯田正剛	千代田牧場	父 サートゥルナーリア	母 マニクール	母父 ヘニーヒューズ	和田竜二		55	レース間隔 6週	400	720	鹿毛	2月 9日	休明0戦目	好走S	激走S	V★D	--	1	短	ウマ来	4人	2024.7.13	小倉	新馬・牝	芝1800	曇	良	1510	34.6	-0.3	3 5	4	4
7枠	9	トータルクラリティ	牡2	栗東	池添学	キャロットファーム	ノーザンファーム	父 バゴ	母 ビットレート	母父 スペシャルウィーク	北村友一		55	レース間隔 10週	400	720	鹿毛	1月30日	休明1戦目	好走S	激走S	V★D	--	1	同	ウマ来	2人	2024.6.16	京都	新馬	芝1600	晴	良	1365	33.9	-0.1		3	3
8枠	10	プロクレイア	牝2	栗東	小林真也	サンデーレーシング	ノーザンファーム	父 エピファネイア	母 プロクリス	母父 キングカメハメハ	津村明秀	替	55	レース間隔 4週	400	720	栗毛	1月20日	休明0戦目	好走S	激走S	V★D	--	1	同	ウマ来	2人	2024.7.28	新潟	新馬	芝1600	曇	良	1355	33.8	-0.1		8	6
8枠	11	キタノクニカラ	牝2	美浦	小島茂之	ミルファーム	ミルファーム	父 ダノンバラード	母 キタノリツメイ	母父 アイルハヴアナザー	杉原誠人		55	レース間隔 6週	400	720	鹿毛	4月13日	休明0戦目	好走S	激走S	V★D	--	1	延	ウマ来	5人	2024.7.13	福島	新馬	芝1200	晴	良	1105	34.6	0.0		5	4

1着⑨トータルクラリティ（6番人気）
2着⑥コートアリシアン（1番人気）
3着⑩プロクレイア（6番人気）

単⑨ 1170 円
複⑨ 260 円　⑥ 140 円　⑩ 220 円
馬連⑥－⑨ 1370 円
馬単⑨→⑥ 3980 円
3連複⑥⑨⑩ 3080 円
3連単⑨→⑥→⑩ 22180 円

活用法③指数上位から「何か」に流すⅡ：24年6月2日・東京12R➡払戻4万1190円

前項でも触れた通り、1～4番人気の複勝を買い続けた場合のレース的中率、すなわち少なくとも1頭以上が馬券圏内を確保する確率は96・8％もある。上がり指数の活用法③は「指数上位から何かに流す」としているが、この「何か」は別に上位人気馬に限らない。

例えば、トラックバイアスが明確で、「内枠しか来ない」or「外枠しか来ない」というケースの「何か」は、「内枠」や「外枠」でいい。あるいは「前」や「後ろ」だって構わない。とにかく「そのレースで好走が予想される集団、共通項」という考え方が正解だ。

一方、軸馬となる「指数上位」もまた、1頭に定める必要はない。競馬における最高の指標である「人気」には見劣るものの、上がり指数の上位3頭もまた、レース複勝率が75・9％もある。

雑な予想と笑われてしまうかもしれないが、上がり指数の上位3頭から上位人気馬へ流す馬券の精度が悪いわけがなく、事実、2019～24年の6年間のレース的中率は67・6％もある。この買い方を発動するレース選択さえ適切であれば、予想に時間をかける必要すらないのだ。

24年6月2日の東京12R小金井特別（ダート1400m）は、いかにも……なレースであった。

■出走各馬の前走コース＆上がり3Fと上がり指数

①ホウオウドラッカー　前走：東京ダ1400m　上がり3F：37秒0➡上がり指数：300（14位）
②スティルディマーレ　前走：中山ダ1200m　上がり3F：37秒9➡上がり指数：293（15位）
③ドライブアローカス　前走：東京ダ1400m　上がり3F：36秒8➡上がり指数：303（13位）

④ロジヴィクトリア　前走：東京ダ1400m　上がり3F：36秒7⬇上がり指数：304（12位）
⑤ダブルジョーク　前走：京都ダ1200m　上がり3F：36秒3⬇上がり指数：307（10位）
○⑥キョウエイカンフ　前走：中山ダ1200m　上がり3F：35秒5⬇上がり指数：328（2位）
▲⑦カンパニョーラ　前走：東京ダ1300m　上がり3F：35秒1⬇上がり指数：322（3位）
⑧フライヤートゥルー　前走：東京ダ1400m　上がり3F：36秒1⬇上がり指数：312（6位）
⑨コンクエスト　前走：中山ダ1200m　上がり3F：36秒5⬇上がり指数：313（5位）
⑩ニジュウダンサー　前走：中山芝1200m　上がり3F：34秒3⬇上がり指数：305（11位）
⑪バルミュゼット　前走：東京ダ1600m　上がり3F：36秒6⬇上がり指数：310（9位）
⑫ヴァンドーム　前走：東京ダ1400m　上がり3F：35秒6⬇上がり指数：320（4位）
⑬エヴィダンシア　前走：東京ダ1400m　上がり3F：36秒2⬇上がり指数：311（7位）
◎⑭ジャスリー　前走：東京ダ1400m　上がり3F：35秒0⬇上がり指数：331（1位）
⑮ロイヤルダンス　前走：東京ダ1600m　上がり3F：38秒1⬇上がり指数：290（16位）
⑯ミエノナイスガイ　前走：小倉ダ1700m　上がり3F：37秒8⬇上がり指数：311（7位）

上がり指数の上位3頭は、指数順に⑭ジャスリー（9番人気）、⑥キョウエイカンフ（10番人気）、⑦カンパニョーラ（8番人気）。上位人気4頭は⑫ヴァンドーム、⑧フライヤートゥルー、⑨コンクエスト、⑮ロイヤルダンスの順。ならば、馬単で⑥⑦⑧⇔⑧⑨⑫⑮の計24点買いでどうか。

レースは上がり指数1位の⑭ジャスリーがまさかの3番手先行策。上がり指数1位らしく上がり34秒6という芝並の脚で駆け抜けて見事に1着。2着に1番人気の⑫ヴァンドームが飛び込み、たやすい的中となった。

コース	発走時間
ダート1400m	16:30

2024.2.18 東京 13 16頭 大島特別・2勝 8枠 15番 ダ1400 晴 良 7人 17.4 1261 38.0 1.8 田辺裕信 58 502 -4 B 6 6 エミサキホコル 3 週	2024.1.27 東京 1 16頭 1勝クラス 1枠 2番 ダ1400 晴 良 1人 3.9 1263 37.5 -0.2 田辺裕信 57 506 ±0 B 11 11 (ニシノスピカ) 30 週
2024.1.21 中山 10 15頭 2勝クラス 1枠 1番 ダ1200 小雨 不 1人 2.9 1114 38.2 1.1 ルメール 58 536 -2 B 1 1 バルデンス 18 週	2023.9.18 中山 1 16頭 1勝クラス 5枠 9番 ダ1200 晴 良 1人 2.6 1123 37.9 -0.3 ルメール 56 538 +4 B 1 1 (クィーンアドバンス) 8 週
2024.3.24 中京 6 16頭 鈴鹿特別・2勝 5枠 10番 ダ1400 小雨 重 7人 18.4 1234 35.9 0.4 西村淳也 58 450 -2 7 6 ロードフォンス 8 週	2024.1.28 東京 9 16頭 2勝クラス 1枠 2番 ダ1400 曇 良 5人 17.8 1264 36.8 1.2 横山武史 57 452 +2 10 11 ラックスアットゼア 10 週
2024.2.18 東京 7 16頭 大島特別・2勝 3枠 5番 ダ1400 晴 良 14人 50.2 1253 36.3 1.0 野中悠太 56 490 -2 B 11 12 エミサキホコル 13 週	2023.11.18 東京 8 16頭 2勝クラス 2枠 3番 ダ1400 曇 重 8人 29.0 1242 36.0 0.7 野中悠太 56 492 +4 B 14 15 マーブルマカロン 4 週
2024.4.20 東京 2 16頭 ▲ 2勝クラス 7枠 14番 ダ1400 晴 良 4人 6.1 1251 36.1 0.6 横山典弘 58 570 -8 13 14 キャンディドライヴ 3 週	2024.3.31 阪神 5 16頭 ◎ 2勝クラス 1枠 1番 ダ1400 曇 良 5人 13.0 1250 36.4 0.9 横山和生 58 578 +4 16 13 アウグスト 6 週
2024.3.31 中山 5 16頭 2勝クラス 1枠 1番 ダ1200 晴 良 4人 9.3 1119 36.1 0.7 吉田豊 58 508 -4 14 13 ムーヴ 4 週	2024.3.3 中山 5 16頭 2勝クラス 4枠 7番 ダ1200 晴 稍 3人 8.4 1117 36.1 0.7 吉田豊 58 512 -2 14 13 ロレンツォ 14 週
2024.2.24 中山 2 16頭 ▲ ○ 2勝クラス・牝 2枠 4番 ダ1200 晴 稍 5人 10.5 1109 36.0 0.2 吉田豊 56 446 +2 14 13 エレガントムーン 3 週	2024.2.4 東京 3 16頭 ☆ 2勝クラス 6枠 12番 ダ1300 曇 良 7人 18.9 1190 35.3 0.6 吉田豊 56 444 -6 15 15 タイセイジャスパー 3 週
2024.3.16 中京 6 16頭 弥富特H・2勝 5枠 10番 ダ1900 晴 良 4人 7.7 2004 38.1 1.2 丸山元気 55 488 +12 2 2 2 2 メイショウコガシラ 17 週	2023.11.19 東京 5 15頭 2勝クラス 5枠 8番 ダ2100 晴 稍 2人 3.9 2118 37.5 0.7 菅原明良 56 476 +2 3 3 3 3 ビップスコーピオン 3 週
2024.2.17 京都 11 16頭 2勝クラス 7枠 14番 ダ1400 晴 稍 1人 2.9 1244 37.5 1.2 鮫島克駿 58 502 -4 6 7 ライツフォル 2 週	2024.2.4 京都 2 14頭 ▲ ☆ 2勝クラス 5枠 7番 ダ1400 晴 良 1人 2.4 1248 36.0 0.0 506 3 3 スキ
2022.12.24 中山 6 16頭 1勝クラス* 2枠 4番 ダ1200 晴 稍 5人 13.2 1118 37.6 0.7 横山武史 54 460 ±0 5 5 マニバドラ 5 週	2022.11.19 東京 未勝利* ダ1300 晴 良 1198 36.2 -0.6 1 1 (メ
2024.3.24 中京 13 16頭 鈴鹿特別・2勝 2枠 3番 ダ1400 小雨 重 13人 93.5 1240 35.0 1.0 池添謙一 58 516 -8 16 16 ロードフォンス 7 週	2024.2.4 京都 2勝クラス ダ1400 晴 良 1268 37.3 2.0 B 11 11 スキ
2024.3.17 阪神 10 15頭 1勝クラス* 4枠 7番 ダ1800 雨 良 7人 21.9 1557 37.7 1.2 岩田望来 57 498 +8 B 13 13 13 13 クロドラバール 13 週	2023.12.16 阪神 未勝利* ダ1400 曇 稍 1257 37.3 -0.1 B 13 11 (ル
2024.4.21 京都 9 9頭 ○ 比良山特・2勝 8枠 8番 芝2200 雨 良 8人 45.6 2157 36.0 1.6 北村友一 58 490 +2 7 7 8 8 コパノサントス 13 週	2024.1.21 小倉 海の中道・2勝 芝2600 曇 稍 2456 40.7 3.7 2 2 1 8 スマ
2024.4.20 東京 5 16頭 2勝クラス 4枠 7番 ダ1400 晴 良 5人 11.6 1254 36.4 0.9 戸崎圭太 58 528 -4 15 14 キャンディドライヴ 9 週	2024.2.17 京都 2勝クラス ダ1400 晴 稍 1252 36.2 2.0 16 16 ライ
2024.4.20 福島 5 15頭 尾瀬特H・2勝 8枠 15番 ダ1700 晴 良 14人 95.4 1457 38.7 0.5 丹内祐次 54 506 -6 B 2 3 2 2 ニホンピロハーバー 23 週	2023.11.11 東京 2勝クラス ダ1600 曇 良 1403 40.7 3.9 B 4 5 クイ
2023.12.2 中京 9 16頭 犬山特別・2勝 1枠 2番 ダ1900 晴 良 12人 63.5 2015 38.3 1.4 佐々木大 58 470 +2 7 6 8 6 アースライザー 11 週	2023.9.18 中山 鋸山特H・2勝 ダ1800 晴 良 10人 47.3 1553 38.9 1.0 松山弘平 55 468 -2 14 15 11 14 フランスゴデイナ 2 週

1着⑭ジャスリー
（9番人気）
2着⑫ヴァンドーム
（1番人気）
3着⑪バルミュゼット
（14 番人気）

単⑭ 2500 円
複⑭ 550 円
⑫ 190 円
⑪ 1080 円
馬連⑫ー⑭ 4730 円
馬単⑭→⑫ 13730 円
3連複⑪⑫⑭ 40160 円
3連単⑭→⑫→⑪ 257590 円

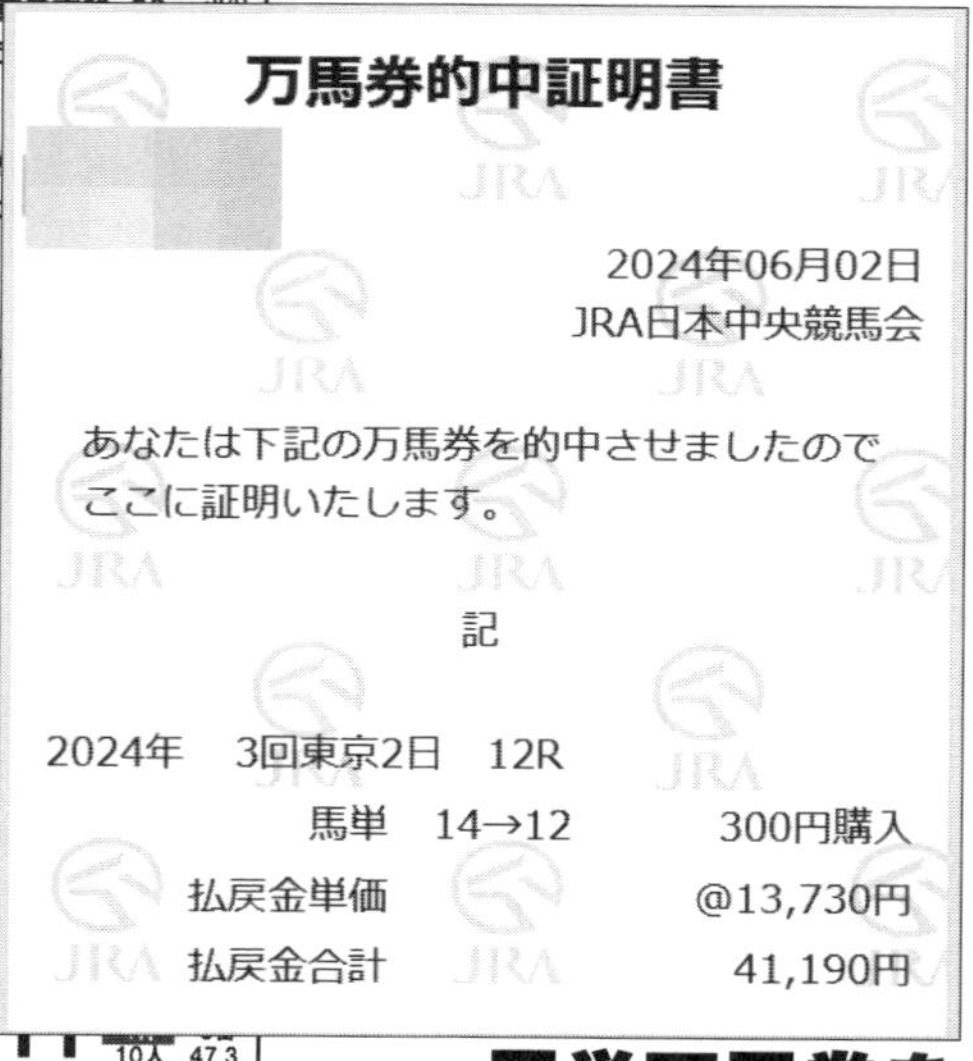
万馬券的中証明書

2024年06月02日
JRA日本中央競馬会

あなたは下記の万馬券を的中させましたので
ここに証明いたします。

記

2024年 3回東京2日 12R
馬単 14→12 300円購入
払戻金単価 @13,730円
払戻金合計 41,190円

馬単万馬券を 300円的中！

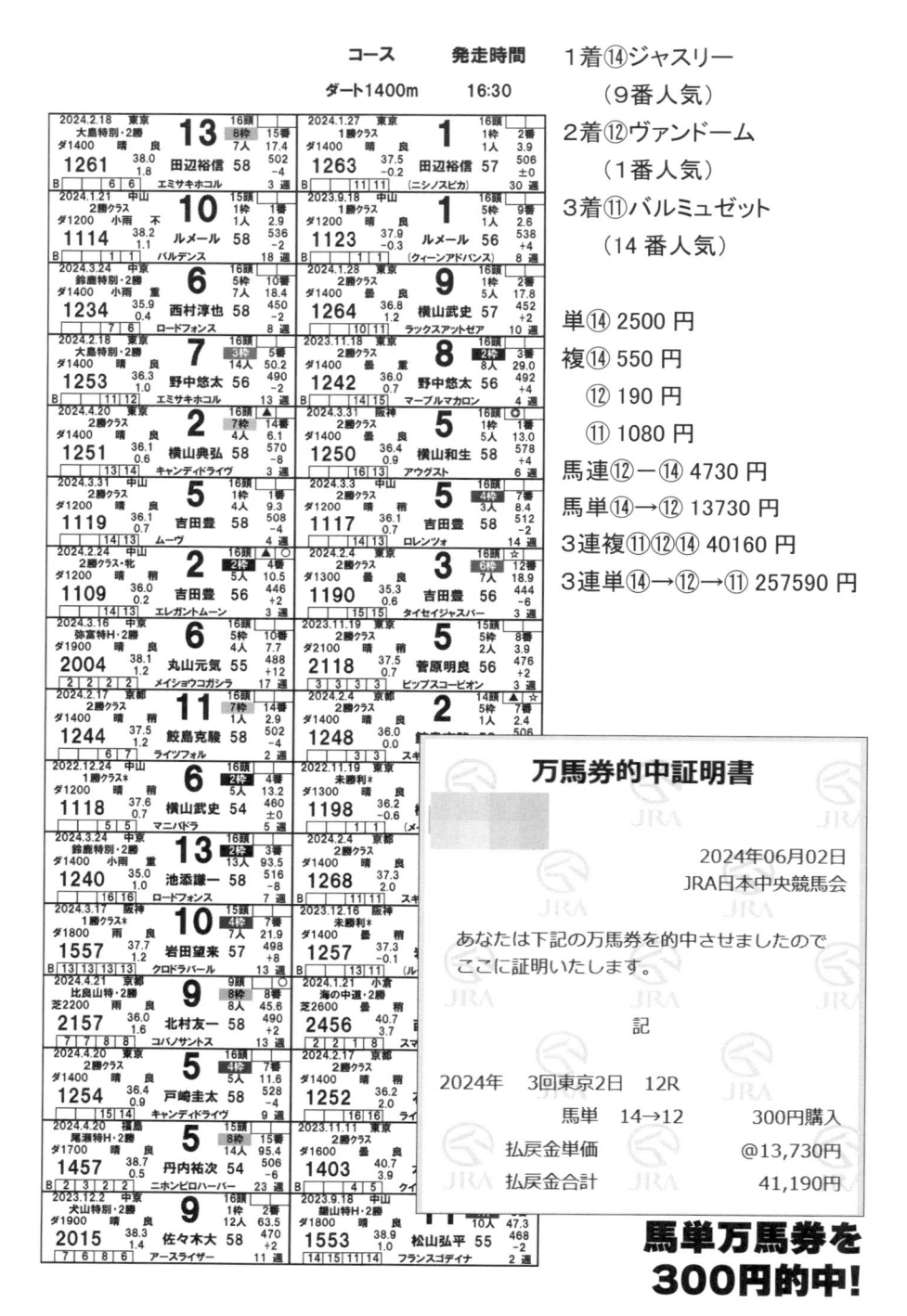

2024年6月2日　3歳以上・2勝クラス/1000万下（定量）（混）［指定］

東京12R　小金井特別

枠	馬番		馬名	性齢	所属	調教師	馬主	生産者	父	母	母父	騎手		斤量	レース間隔			毛色		
1枠	1	B	ホウオウドラッカー	牡4	美浦	奥村武	小笹芳央	ノーザンファーム	ドレフォン	ホウオウパフューム	ハーツクライ	田辺裕信		58	6週	900	1820	鹿毛	4月14日	休明4戦目
1枠	2	B	スティルディマーレ	牡4	美浦	森一誠	キャロットファーム	ノーザンファーム	ロードカナロア	コケレール	Zamindar	岩田康誠		58	9週	900	2330	鹿毛	2月19日	休明2戦目
2枠	3		ドライブアローカス	牡4	美浦	小笠倫弘	吉田照哉	社台ファーム	キンシャサノキセキ	プリンセスノンコ	Orb	杉原誠人	替	58	3週	900	2347	黒鹿	4月 5日	休明4戦目
2枠	4	B	ロジヴィクトリア	牝5	美浦	新開幸一	久米田正明	新冠橋本牧場	ロジユニヴァース	ギンザヴィクトリア	ゼンノロブロイ	野中悠太	替	56	5週	900	3171	黒鹿	3月27日	休明2戦目
3枠	5		ダブルジョーク	牡4	栗東	昆貢	ゴドルフィン	William Humphries & Altair Farms LLC	Practical Joke	Double Date	Rahy	横山典弘		58	3週	900	2258	栗毛	3月 1日	休明5戦目
3枠	6		キョウエイカンフ	牡4	美浦	勢司和浩	田中晴夫	梶村牧場	アジアエクスプレス	クラシカルレディ	キングズベスト	横山和生	替	58	7週	900	2248	鹿毛	3月10日	休明4戦目
4枠	7		カンパニョーラ	牝5	美浦	伊坂重信	辻高史	エスティファーム	ジャスタウェイ	エミレーツガール	Lizard Island	吉田豊	替	56	4週	860	1880	鹿毛	5月11日	休明2戦目
4枠	8		フライヤートゥルー	牡4	栗東	橋口慎介	中村忠彦	土居牧場	リアルスティール	アンジュエ	アグネスタキオン	三浦皇成		58	3週	900	2379	鹿毛	3月20日	休明3戦目
5枠	9		コンクエスト	セ5	美浦	小笠倫弘	前田晋二	ノースヒルズ	キズナ	フェアエレン	Street Cry	菅原明良		58	7週	900	3750	鹿毛	5月 5日	休明4戦目
5枠	10		ニジュウダンサー	牝4	美浦	尾関知人	前迫義幸	上水牧場	ミッキーアイル	カクタスペア	Lion Heart	横山武史		56	73週	900	1870	鹿毛	3月 6日	休明1戦目
6枠	11	B	バルミュゼット	牡5	栗東	藤野健太	ノルマンディーサラブレッドレーシング	増本牧場	フリオーソ	バルフューレント	ファスリエフ	西村淳也	替	58	4週	900	4640	鹿毛	3月31日	休明9戦目
6枠	12	B	ヴァンドーム	牡3	栗東	安田翔伍	中村祐子	ケイアイファーム	ロードカナロア	ルアンジュ	マンハッタンカフェ	北村宏司		55	5週	900	1330	黒鹿	4月20日	休明3戦目
7枠	13		エヴィダンシア	牡5	栗東	緒方努	吉田勝己	ノーザンファーム	ドゥラメンテ	ギエム	Medaglia d'Oro	坂井瑠星	替	58	3週	900	2565	鹿毛	1月27日	休明3戦目
7枠	14		ジャスリー	牡4	美浦	田島俊明	越村洋子	社台ファーム	ルーラーシップ	オールドパサデナ	Empire Maker	丹内祐次	替	58	3週	900	2774	鹿毛	4月12日	休明6戦目
8枠	15		ロイヤルダンス	牡6	美浦	清水英克	大脇佑樹	山岡ファーム	ガルボ	ブセナ	マイネルセレクト	オシェア		58	3週	900	3897	青鹿	4月21日	休明3戦目
8枠	16	B	ミエノナイスガイ	牡5	美浦	上原佑紀	里見美惠子	谷川牧場	クロフネ	ヒラボクビジン	ブライアンズタイム	津村明秀	替	58	13週	900	817	鹿毛	4月 1日	休明1戦目

馬番	好走S		激走S		V★D				ウマ楽
1		10.2		7.1		同	7	同	9人
2		7.9		6.5		同	10	延	2人
3		10.3		7.3		同	9	同	7人
4		10.2		7.1		同	13	同	6人
5		10.8		7.1		短	8	延	6人
6		7.9		6.5		同	6	延	7人
7		10.4	▲	8.2		延	7	延	4人
8	△	11.5	○	8.2		短	3	同	3人
9		10.2		7.4		短	9	延	3人
10		8.6		7.0		同	1	延	6人
11	☆	11.5	☆	8.0		延	8	短	8人
12	▲	11.8		7.6		短	1	同	4人
13	○	12.3		6.8		短	7	同	10人
14		10.6		7.4		同	8	同	5人
15		11.3	△	7.8	★	短	5	短	9人
16	◎	13.1	◎	9.3	★	短	9	短	14人

馬番																								
1	2024.4.20	東京	2勝クラス	ダ1400	晴	良	7	16頭		5枠	10番	9人	30.6	1256	37.0	1.1	田辺裕信	58	506	+4	B	13 13	キャンディドライヴ	9 週
2	2024.3.31	中山	2勝クラス	ダ1200	晴	良	10	16頭		4枠	8番	2人	4.9	1124	37.9	1.2	岩田康誠	58	534	-2	B	1 1	ムーヴ	10 週
3	2024.5.11	東京	2勝クラス	ダ1400	晴	良	9	12頭	△	6枠	8番	7人	13.7	1251	36.8	1.0	松山弘平	58	444	-6		8 6	ユキマル	7 週
4	2024.4.28	東京	2勝クラス・牝	ダ1400	晴	良	13	16頭		8枠	15番	6人	14.1	1256	36.7	2.2	北村宏司	56	488	-2	B	14 14	エピックジョイ	10 週
5	2024.5.11	京都	2勝クラス	ダ1200	晴	良	8	13頭		3枠	3番	6人	11.1	1130	36.3	0.8	横山典弘	58	572	+2		9 10	ナスノカンゲツ	3 週
6	2024.4.13	中山	袖ケ浦特・2勝	ダ1200	晴	良	6	15頭		4枠	7番	7人	20.1	1114	35.5	0.6	吉田豊	58	510	+2		13 13	ハヤブサジェット	2 週
7	2024.5.5	東京	日吉特別・2勝	ダ1300	晴	良	7	16頭	△ ○	8枠	15番	4人	7.2	1185	35.1	0.9	鮫島克駿	56	450	+4		16 16	グランフォーブル	10 週
8	2024.5.11	東京	2勝クラス	ダ1400	晴	良	3	12頭	○ ◎	1枠	1番	3人	7.8	1244	36.1	0.3	三浦皇成	58	480	-8		6 6	ユキマル	8 週
9	2024.4.13	中山	袖ケ浦特・2勝	ダ1200	晴	良	9	15頭	◎ ○	4枠	6番	3人	4.8	1115	36.5	0.7	菅原明良	58	506	+4		4 4	ハヤブサジェット	8 週
10	2023.1.8	中山	朱竹賞・1勝*	芝1200	晴	良	1	12頭	○ ◎	1枠	1番	6人	8.5	1088	34.3	-0.2	横山武史	54	464	+4		3 2	(スプレモフレイバー)	2 週
11	2024.5.4	東京	2勝クラス	ダ1600	晴	稍	8	13頭		1枠	1番	8人	63.4	1381	36.6	0.9	池添謙一	58	524	+8	B	10 7	ラップスター	6 週
12	2024.4.28	東京	1勝クラス*	ダ1400	晴	良	1	14頭	◎ ◎	3枠	4番	4人	5.8	1245	35.6	-0.2	北村宏司	57	502	+4	B	14 14	(アルジェンタージョ)	6 週
13	2024.5.11	東京	2勝クラス	ダ1400	晴	良	7	12頭	◎ ○	5枠	6番	10人	60.5	1248	36.2	0.7	横山和生	58	490	±0		11 10	ユキマル	3 週
14	2024.5.11	東京	2勝クラス	ダ1400	晴	良	8	12頭	☆	6枠	7番	5人	11.7	1250	35.0	0.9	菅原明良	58	526	-2		12 12	ユキマル	3 週
15	2024.5.12	東京	ウオッH・2勝	ダ1600	曇	良	5	12頭		8枠	12番	9人	33.2	1376	38.1	0.5	オシェア	54	510	+4	B	2 2	アイファーエポック	3 週
16	2024.3.2	小倉	早鞆特H・2勝	ダ1700	晴	稍	9	16頭		3枠	5番	14人	79.9	1445	37.8	0.8	菱田裕二	54	482	+12	B	15 15 15 12	アイファーテイオー	13 週

活用法③指数上位から「何か」に流すⅢ：25年1月19日・中山9R➡払戻3万7300円

馬券が当たればうれしいが、素直に喜べないときもある――それなりのキャリアを有する競馬ファンであれば、誰しもが経験していることだろう。25年1月19日の中山9R若潮賞（芝1600m）は、まさにそのようなレースであった。

上がり指数1位は大外に入った⑫ポルカリズム。前走で今回と同じ中山芝マイルに出走、33秒4という上がり3Fタイムをマークし、「327」という指数を叩き出した。2番手は前走の中京芝1600mで上がり3F34秒5という脚を披露し、指数値「315」を記録した⑧アルセナール。そして3番手が京都芝1200mから距離延長での出走となる⑤フロムダスクで、その指数値は「307」であった。

3位の⑥フロムダスクは上位2頭と比較するとやや見劣るが、何を隠そう、編集部が本命に推したのはこの馬なのだ。というのも、同馬に目をつけたのは前走ではなく2走前、24年12月1日の中山9R南総Sで、これはもうVTRをご覧いただいたほうが話は早い。上がり最速の32秒8をマークしてとんでもない伸びを見せたのだが、内を突いたがために、ドン詰まりを喰らっていたからだ。

当然、前走のカウントダウンSでも（京都芝1200m）狙ったのだが、今度は勝負どころでジョッキーが何度も立ち上がるような素振りを見せるほどの不利を受けてしまう。そうして迎えたのがこの若潮Sである。

■出走各馬の前走コース＆上がり3Fと上がり指数

①タシット　前走：中山芝1600m　上がり3F：35秒4➡上がり指数：299（7位）

②ショウナンラスボス　前走：東京芝1400m　上がり3F：34秒5➡上がり指数：299（7位）

③ラズベリームース　前走：東京芝1600m　上がり3F：34秒2⬇上がり指数：306（4位）
④ウエストナウ　前走：京都芝3000m　上がり3F：38秒2⬇上がり指数：277（12位）
◎⑤フロムダスク　前走：京都芝1200m　上がり3F：34秒1⬇上がり指数：307（3位）
⑥ワンダイレクト　前走：中山芝1600m　上がり3F：35秒2⬇上がり指数：301（6位）
⑦アレンジャー　前走：京都芝1600m　上がり3F：35秒2⬇上がり指数：297（9位）
⑧アルセナール　前走：中京芝1600m　上がり3F：34秒5⬇上がり指数：315（2位）
⑨ニシノライコウ　前走：東京芝1800m　上がり3F：35秒1⬇上がり指数：294（10位）
⑩センタースリール　前走：京都ダ1800m　上がり3F：39秒8⬇上がり指数：281（11位）
⑪ブランデーロック　前走：中山芝1600m　上がり3F：35秒0⬇上がり指数：304（5位）
⑫ポルカリズム　前走：中山芝1600m　上がり3F：33秒4⬇上がり指数：327（1位）

前走とて、あれだけの不利がありながら、このメンバーに入れば上がり指数は3位なのだ。2戦続けてフルゲートだっただけに、12頭立てと少頭数戦は大歓迎。その恩恵を受けてロスなく走れれば突き抜ける可能性すらあると考え、迷わず本命に据えた。

そこで、何も考えずに相手には1～3番人気の3頭、④ウエストナウ、①タシット、③ラズベリームースをチョイス。さらに、本題とズレるので詳細は触れないが、4番人気の⑥ワンダイレクトは自信の消しだったため（結果は5着）、上がり指数1位の⑫ポルカリズムも加えた4頭に流す馬単マルチを購入。さらに、この4頭をアタマに置き、⑤フロムダスクが3着の3連単も購入。結果は①⬇⑤⬇⑧で首尾よく馬単を仕留めたが、3着止まりなら3連単855倍が的中だった。上がり指数上位馬の差し過ぎ注意報に涙雨が降ったのだ。

コース	発走時間
芝1600m	14:35

2024.9.28 中山 16頭 秋風S・3勝 3 6枠 12番 芝1600 曇 良 4人 11.1 1338 34.7 0.5 菅原明良 58 466 +4 1 2 2 トロヴァトーレ 12 週	2024.7.7 函館 14頭 五稜郭S・3勝 13 3枠 4番 芝1800 曇 稍 4人 8.1 1510 38.1 1.6 佐々木大 58 462 −2 2 2 2 2 キミノナハマリア 16 週
2024.10.14 東京 14頭 白秋SH・3勝 7 6枠 9番 芝1400 晴 良 13人 133.0 1209 34.4 0.7 岩田康誠 56 472 ±0 B 2 2 ソンシ 3 週	2024.9.22 中京 17頭 志摩S・3勝 14 4枠 7番 芝1200 曇 稍 9人 39.2 1107 33.9 2.2 横山和生 58 472 −2 B 15 14 ミルトクレイモー 2 週
2024.9.1 中京 16頭 桶狭間S・3勝 14 4枠 7番 ダ1400 曇 重 5人 18.3 1246 37.5 2.9 永島まな 56 516 +18 12 14 アドバンスファラオ 71 週	2023.4.22 東京 18頭 晩春SH・3勝 10 3枠 6番 芝1400 晴 良 1人 1.9 1208 33.7 0.6 レーン 55 498 −8 17 17 カルリーノ 3 週
2024.9.22 中京 15頭 神戸新聞G2 11 7枠 12番 芝2200 曇 稍 5人 8.7 2134 36.0 1.6 西村淳也 57 492 +18 9 9 9 10 メイショウタバル 20 週	2024.5.4 京都 15頭 京都新聞G2 2 3枠 5番 芝2200 晴 良 5人 9.6 2114 34.0 0.2 横山典弘 57 474 ±0 1 1 1 2 ジューンテイク 4 週
2024.12.1 中山 16頭 ◎ ◎ 南総S・3勝 7 6枠 11番 芝1200 晴 良 13人 72.7 1078 32.8 0.7 岩田康誠 58 512 +6 16 16 カピリナ 6 週	2024.10.20 京都 17頭 キセキH・3勝 16 4枠 7番 芝1600 晴 良 14人 87.6 1355 34.3 1.2 横山和生 56 506 +2 16 16 キープカルム 7 週
2024.11.17 東京 13頭 ☆ 秋色SH・3勝 4 6枠 8番 芝1600 晴 良 3人 6.4 1329 33.9 0.7 横山武史 56 452 ±0 5 5 レガトゥス 12 週	2024.8.24 新潟 16頭 △ △ 五頭連峰・2勝 1 3枠 5番 芝1600 晴 良 3人 6.3 1340 34.0 −0.1 松岡正海 58 452 ±0 3 3 (キープカルム) 4 週
2024.10.20 京都 17頭 ▲ ○ キセキH・3勝 15 6枠 11番 芝1600 晴 良 8人 48.0 1355 34.5 1.2 横山典弘 55 456 −4 14 12 キープカルム 5 週	2024.9.15 中京 16頭 納屋橋S・3勝 15 5枠 9番 芝1600 曇 稍 9人 25.0 1348 34.2 1.3 横山典弘 56 460 ±0 16 16 16 ベイシャフラワー 19 週
2024.6.22 東京 14頭 江の島S・3勝 7 1枠 1番 芝1800 晴 良 1人 2.9 1468 34.0 0.7 戸崎圭太 53 444 −10 3 5 5 マイネルモーント 7 週	2024.5.5 東京 18頭 NHKマG1 9 8枠 18番 芝1600 晴 良 5人 15.0 1334 33.8 1.0 横山武史 55 454 +2 17 17 ジャンタルマンタル 12 週
2024.5.5 東京 12頭 分倍河原・3勝 3 6枠 8番 芝1600 晴 良 4人 7.0 1328 34.2 0.3 内田博幸 58 492 −14 6 6 ラケマーダ 10 週	2024.2.24 中山 11頭 ▲ ☆ 幕張S・3勝 2 5枠 5番 芝1600 晴 稍 5人 6.4 1345 34.4 0.8 内田博幸 58 506 +4 6 6 6 ニシノスーベニア 4 週
2024.9.28 中山 16頭 秋風S・3勝 7 6枠 11番 芝1600 曇 良 11人 176.5 1340 35.0 0.7 木幡巧也 56 472 ±0 2 1 1 トロヴァトーレ 27 週	2024.3.24 中山 13頭 春興SH・3勝 13 7枠 10番 芝1600 曇 良 11人 49.6 1346 36.2 1.7 木幡巧也 52 472 ±0 1 2 2 サイルーン 4 週
2024.10.20 京都 17頭 キセキH・3勝 7 8枠 17番 芝1600 晴 良 15人 110.2 1348 34.3 0.5 秋山稔樹 54 470 +2 7 8 キープカルム 2 週	2024.10.6 京都 16頭 長岡京S・3勝 9 3枠 6番 芝
2024.8.24 新潟 16頭 ◎ ◎ 五頭連峰・2勝 4 3枠 6番 芝1600 晴 良 4人 8.6 1342 33.9 0.2 三浦皇成 56 480 ±0 7 6 ワンダイレクト 14 週	20 芝

1着①タシット
（2番人気）
2着⑤フロムダスク
（9番人気）
3着⑧アルセナール
（5番人気）

単① 420 円
複① 160 円
⑤ 1090 円
⑧ 280 円
馬連①－⑤ 12190 円
馬単①→⑤ 18650 円
3連複①⑤⑧ 24450 円
3連単①→⑤→⑧ 140330 円

購入金額	4,000円
払戻金額	37,300円

投票内容

(1) 中山（日）9R	的中 馬単	01→05 200円
(2) 中山（日）9R	馬単	03→05 200円
(3) 中山（日）9R	馬単	04→05 300円
(4) 中山（日）9R	馬単	12→05 100円
(5) 中山（日）9R	3連単フォーメーション	32組 各100円

2025年1月19日　4歳以上・3勝クラス/1600万下（定量）（混）（特指）

中山9R　若潮S

1枠	1	タシット	牡6	美浦 中川公成	多田賢司	千代田牧場	父 ブラックタイド	母 サトノラミア	母父 ブライアンズタイム	横山和生	替	58	レース間隔 3週	1500 5707	鹿毛	4月 8日	休明2戦目	好走S 10.4	激走S 6.7	V★D 同 2 同	ウマ楽 8人	2024.12.28 中山 ファイH・3勝 芝1600 晴 良 1343 35.4 0.0 2 16頭 8枠 15番 8人 16.0 松山弘平 57 468 +2 2 4 4 ゴートゥファースト 13 週
2枠	2 B	ショウナンラスボス	牡7	美浦 奥村武	国本哲秀	タイヘイ牧場	父 ダイワメジャー	母 プリンセスオブザスターズ	母父 Sea The Stars	石川裕紀	替	58	レース間隔 10週	1500 8192	栗毛	2月12日	休明1戦目	好走S 10.3	激走S 7.6	V★D 同 8 延	ウマ楽 ◆ 12人	2024.11.9 東京 奥多摩S・3勝 芝1400 晴 良 1218 34.5 0.2 8 14頭 7枠 12番 12人 162.8 岩田康誠 58 470 −2 B 2 2 セントメモリーズ 4 週
3枠	3	ラズベリームース	牝6	美浦 林徹	保坂和孝	ノーザンファーム	父 ルーラーシップ	母 ワイルドラズベリー	母父 ファルブラヴ	津村明秀		56	レース間隔 12週	1500 5100	鹿毛	2月27日	休明1戦目	好走S 11.2	激走S 7.6	V★D ★ 延 2 同	ウマ楽 4人	2024.10.26 東京 キングカ・3勝 芝1600 曇 良 1336 34.2 0.0 2 7頭 6枠 6番 4人 4.3 津村明秀 56 514 −2 1 1 ウォーターリヒト 8 週
4枠	4	ウエストナウ	牡4	栗東 佐々木晶	寺田寿男	ノースヒルズ	父 キズナ	母 ファヴォーラ	母父 Frankel	横山典弘	替	57	レース間隔 13週	1500 2750	鹿毛	5月 2日	休明1戦目	好走S ◎ 16.6	激走S △ 7.6	V★D 延 11 短	ウマ楽 11人	2024.10.20 京都 菊花賞G1 芝3000 晴 良 3072 38.2 3.1 11 18頭 ◎ 4枠 8番 11人 55.2 西村淳也 57 488 −4 7 6 8 8 アーバンシック 4 週
5枠	5	フロムダスク	牡5	栗東 森秀行	藤田晋	Springhouse Farm	父 Bolt d'Oro	母 Foolish Cause	母父 Giant's Causeway	戸崎圭太	替	58	レース間隔 3週	1150 3724	黒鹿	4月14日	休明8戦目	好走S 10.4	激走S 7.2	V★D 同 11 延	ウマ楽 10人	2024.12.28 京都 カウント・3勝 芝1200 晴 良 1095 34.1 1.0 11 16頭 ☆ 7枠 13番 10人 43.1 荻野極 58 514 +2 11 13 ロードフォアエース 4 週
5枠	6	ワンダイレクト	牡5	栗東 藤岡健一	青山洋一	社台ファーム	父 ハービンジャー	母 ワントゥワン	母父 ディープインパクト	藤岡佑介	替	58	レース間隔 3週	1500 7300	鹿毛	5月 4日	休明3戦目	好走S 11.8	激走S ☆ 7.8	V★D 同 6 同	ウマ楽 5人	2024.12.28 中山 ファイH・3勝 芝1600 晴 良 1346 35.2 0.3 6 16頭 1枠 1番 5人 13.1 松岡正海 56 450 −2 12 12 13 ゴートゥファースト 6 週
6枠	7	アレンジャー	牡4	栗東 昆貢	安原浩司	ヒサイファーム	父 リアルスティール	母 キーウエスト	母父 ネオユニヴァース	田辺裕信	替	57	レース間隔 8週	1200 3460	鹿毛	5月23日	休明4戦目	好走S ○ 14.6	激走S ○ 8.7	V★D 同 12 同	ウマ楽 11人	2024.11.24 京都 清水S・3勝 芝1600 曇 良 1353 35.2 2.3 12 13頭 ▲ ▲ 2枠 2番 11人 64.9 横山典弘 57 464 +8 9 8 ビヨンドザヴァレー 5 週
6枠	8	アルセナール	牝4	美浦 木村哲也	キャロットファーム	ノーザンファーム	父 エピファネイア	母 サンブルエミューズ	母父 ダイワメジャー	ルメール		55	レース間隔 18週	1150 2220	鹿毛	3月30日	休明1戦目	好走S ▲ 13.3	激走S ▲ 8.0	V★D 短 6 同	ウマ楽 ◆ 1人	2024.9.15 中京 納屋橋S・3勝 芝1600 曇 稍 1340 34.5 0.5 6 16頭 4枠 8番 1人 3.5 ルメール 54 450 +6 10 7 7 ベイシャフラワー 12 週
7枠	9	ニシノライコウ	牡5	美浦 古賀慎明	西山茂行	中山高鹿康	父 エイシンヒカリ	母 ニシノオマージュ	母父 ストリートセンス	菅原明良	替	58	レース間隔 34週	1500 6739	黒鹿	3月 3日	休明1戦目	好走S △ 12.3	激走S 7.5	V★D 延 5 短	ウマ楽 4人	2024.5.26 東京 むらさH・3勝 芝1800 晴 良 1455 35.1 0.7 5 10頭 6枠 6番 4人 8.6 内田博幸 57 488 −4 3 3 3 ジェイパームス 3 週
7枠	10	センタースリール	牝6	美浦 本間忍	中澤利文	高山博	父 ベルシャザール	母 マッシヴエレガンス	母父 ディープブリランテ	木幡巧也	替	56	レース間隔 8週	1500 3577	鹿毛	3月11日	休明3戦目	好走S 11.0	激走S 7.2	V★D 延 12 短	ウマ楽 10人	2024.11.24 京都 花園SH・3勝 ダ1800 曇 良 1547 39.8 2.6 12 13頭 6枠 8番 10人 61.1 斎藤新 52 476 +4 1 1 1 2 フォーチュンテラー 8 週
8枠	11	ブランデーロック	牡6	美浦 青木孝文	新井利宣	川上牧場	父 マクフィ	母 グローリールビナス	母父 マーベラスサンデー	原優介		58	レース間隔 3週	1500 6953	栗毛	4月 4日	休明2戦目	好走S 11	激走S	V★D	ウマ楽	2024.12.28 中山 ファイH・3勝 5 16頭 7枠 13番 96.3 490 +20 0 週
8枠	12	ポルカリズム	牝5	栗東 中内田充	キャロットファーム	ノーザンファーム	父 ロードカナロア	母 フロアクラフト	母父 フジキセキ	三浦皇成	替	56	レース間隔 18週	1500 4681	黒鹿	4月 7日	休明1戦目	好走 ☆ 12				○ ○ 6番 4.8 478 −2 3 週

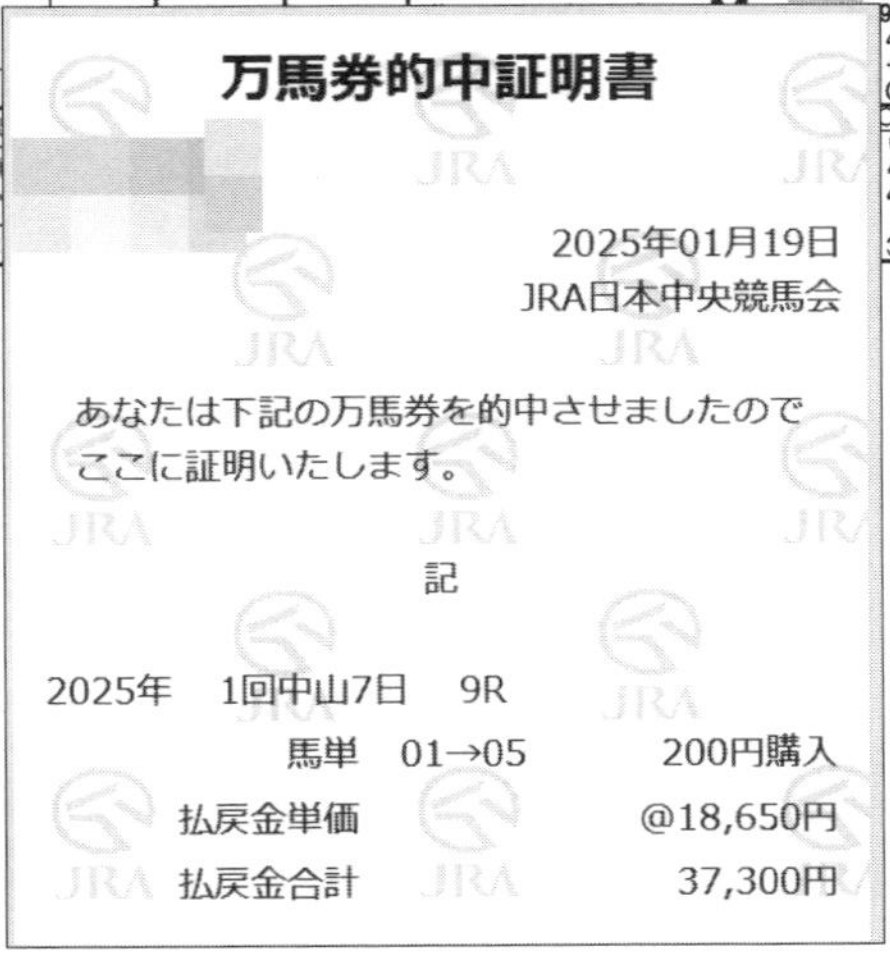
万馬券的中証明書

2025年01月19日
JRA日本中央競馬会

あなたは下記の万馬券を的中させましたので
ここに証明いたします。

記

2025年　1回中山7日　9R
馬単　01→05　200円購入
払戻金単価　@18,650円
払戻金合計　37,300円

馬単万馬券を200円的中!

活用法④「何か」から指数上位に流すⅠ：21年10月17日・東京11R➡払戻12万2570円

前項では「上がり指数の上位馬」から「何か」に流す手法を紹介した。「1～4番人気」×「上がり指数1～3位」というワイドのフォーメーションの的中率は67・8％にものぼるため、この確度を馬券に生かさない手はないからだ。そして、いうまでもないが、この上と下を入れ替えたところで結果は変わらない。

そこで活用法④はこの「軸」と「相手」を入れ替え、「何か」から「上がり指数の上位馬」に流すという買い方になる。こちらの「何か」も的中率を考えれば「上位人気」がベターだが、別にどんな狙いでチョイスしても構わない。「自信の1頭」から「上がり指数の上位馬」にぶつければ、的中率は自然に上がる。

この活用法の一番手で紹介したいのが、21年10月17日の東京11RオクトーバーS（芝2000m）だ。活用法①で真っ先に取り上げた信越Sの直後のレースであり、上がり指数の破壊力に震えた一戦である。

■出走各馬の前走コース＆上がり3Fと上がり指数

①マイネルサーパス	前走：新潟芝2000m	上がり3F：35秒8➡上がり指数：288	（17位）
◎②パンサラッサ	前走：中山芝1800m	上がり3F：34秒7➡上がり指数：306	（9位）
③バレリオ	前走：東京芝2400m	上がり3F：35秒3➡上がり指数：300	（13位）
④ワンダープチュック	前走：新潟芝1800m	上がり3F：33秒7➡上がり指数：313	（5位）
★⑤ココロノトウダイ	前走：中山芝2000m	上がり3F：34秒4➡上がり指数：322	（2位）
⑥シルヴァーソニック	前走：東京芝2400m	上がり3F：34秒5➡上がり指数：311	（8位）
⑦ワールドウインズ	前走：函館芝2000m	上がり3F：36秒0➡上がり指数：300	（13位）

⑧クラヴァシュドール　前走：函館芝1800m　上がり3F：35秒5⬇上がり指数：302（12位）
⑨コスモカレンドゥラ　前走：中山芝1800m　上がり3F：34秒3⬇上がり指数：312（6位）
⑩ハーメティキスト　前走：函館芝1800m　上がり3F：34秒7⬇上がり指数：312（6位）
★⑪アフリカンゴールド　前走：中京芝2000m　上がり3F：34秒5⬇上がり指数：329（1位）
⑫レッドサイオン　前走：新潟芝2000m　上がり3F：34秒5⬇上がり指数：305（9位）
⑬ジェネラーレウーノ　前走：東京ダ2100m　上がり3F：42秒0⬇上がり指数：253（18位）
⑭インビジブルレイズ　前走：新潟芝1800m　上がり3F：34秒8⬇上がり指数：297（15位）
⑮ヤシャマル　前走：新潟芝2000m　上がり3F：33秒9⬇上がり指数：315（4位）
★⑯プレシャスブルー　前走：新潟芝2000m　上がり3F：33秒6⬇上がり指数：317（3位）
⑰アトミックフォース　前走：新潟芝1600m　上がり3F：34秒6⬇上がり指数：296（16位）
⑱サトノエルドール　前走：函館芝2000m　上がり3F：35秒6⬇上がり指数：305（9位）

本命にチョイスしたのは本格化前の②パンサラッサ。本題からズレるので詳細は省くが、馬券術「ランニング・スコア」で鉄板級の軸馬だったのだ。相手は自動的に上がり指数の1～3位で、⑪アフリカンゴールド（16番人気）、⑤ココロノトウダイ（2番人気）、⑯プレシャスブルー（13番人気）をピックアップ。そして買い目はご覧の通り、指数運用の初日ということもあり、半信半疑で1番人気の⑮ヤシャマルも押さえてしまったのはご愛敬（苦笑）。それくらい②パンサラッサに自信があり、絶対に外したくなかったのだ！

結果は②パンサラッサが淀みのないペースで逃げ切り、2着には道中最後方から⑯プレシャスブルーが突っ込む大波乱。馬連とワイドで10万円超の払い戻しに成功した。

コース	発走時間
芝2000m	15:30

1着②パンサラッサ　（5番人気）
2着⑯プレシャスブルー　（13番人気）
3着⑩ハーメティキスト　（8番人気）

単② 1090 円
複② 490 円
　⑯ 580 円
　⑩ 440 円
馬連②－⑯ 29540 円
馬単②→⑯ 47170 円
3連複②⑩⑯ 111110 円
3連単②→⑯→⑩ 726520 円

12 16頭 8枠 16番 12人 54.9 菅原明良 58 484 ±0 ・ノウィザード 30週	2021.1.5 中山 中山金杯HG3 芝2000 曇 良 2023 35.5 1.4 B 12 10 12 9	16 17頭 2枠 4番 16人 119.4 丹内祐次 57 484 +2 ヒシイグアス 3週
7 14頭 7枠 12番 9人 27.4 三浦皇成 55 470 +2 ・イグアス 3週	2021.2.7 小倉 関門橋S 芝2000 晴 良 2005 36.8 0.1 4 4 3 2	2 11頭 7枠 8番 3人 4.0 菱田裕二 55 468 -2 ワールドウインズ 8週
12 14頭 ☆ 4枠 6番 13人 65.5 石川裕紀 56 498 -10 ・ラスジェミニ 8週	2021.1.17 中京 日経新春HG2 芝2200 晴 良 2143 37.5 2.5 B 11 10 11 10	14 16頭 4枠 7番 10人 45.5 和田竜二 55 508 +4 ショウリュウイクゾ 10週
9 16頭 ○ ▲ 2枠 3番 12人 22.7 津村明秀 54 506 +2 ・ラスジェミニ 4週	2021.6.13 東京 エプソムG3 芝1800 曇 良 1457 34.5 0.6 17 16 16	8 18頭 5枠 10番 17人 128.5 田辺裕信 56 504 +4 ザダル 3週
1 14頭 ☆ 1枠 1番 1人 2.1 丸山元気 55 518 ±0 ・レヌス) 6週	2020.9.21 中山 セントラG2 芝2200 晴 良 2167 38.5 1.7 2 2 2 2	6 12頭 8枠 11番 8人 19.8 丸山元気 56 518 ±0 バビット 10週
3 11頭 8枠 11番 7人 16.8 大野拓弥 57 456 +4 (アンバローズ 11週	2021.2.27 阪神 松籟SH・3勝 芝3200 晴 良 3154 36.0 0.5 9 7 8 7	3 14頭 ▲ 3枠 4番 5人 18.3 岩田望来 55 452 -4 ディアスティマ 4週
5 11頭 ○ ○ 6枠 7番 1人 3.0 武豊 56 468 +12 ・ノエルドール 10週	2021.4.25 阪神 マイラーG2 芝1600 晴 良 1319 33.9 0.5 12 12	9 16頭 ☆ 7枠 13番 10人 34.3 藤岡康太 56 456 -4 ケイデンスコール 4週
3 16頭 8枠 16番 4人 8.4 川田将雅 54 462 +8 ・タスランド 8週	2021.4.24 新潟 福島牝馬G3 芝1800 晴 良 ---- ---- ----	消 16頭 3枠 5番 --人 藤岡佑介 54 --- ±0 ディアンドル 6週
3 11頭 ☆ ○ 4枠 4番 4人 7.8 丹内祐次 56 468 -6 ・ルドウインズ 7週	2020.12.20 中山 ディセン(L) 芝1800 晴 良 1503 35.6 1.1 13 13 13 12	8 15頭 ▲ ○ 3枠 5番 柴田大知 トーラスジェミニ
1 18頭 7枠 14番 10人 48.7 北村宏司 57 462 -2 ・ンブランテソーロ) 5週	2021.4.4 中山 美浦S・3勝 芝2000 曇 良 2012 34.8 0.5 6 5 5 4	8 北村宏司 サトノエルドール
10 13頭 ○ ○ 2枠 2番 11人 88.0 藤岡康太 56 474 +4 ・ニコーンライオン 3週	2021.5.15 中京 都大路S(L) 芝2000 晴 良 2000 34.6 0.5 5 5 5 4	7 藤岡康太 マウントゴールド
13 15頭 5枠 9番 13人 97.7 泉谷楓真 56 440 +2 ・アスティマ 3週	2021.7.17 福島 障害未勝利 障芝2770 晴 良 3066 13.5 4.8 4 4 8 8	10 五十嵐雄 ベイビーステップ
15 17頭 ○ 8枠 16番 10人 24.7 武藤雅 56 526 +4 ・リストテレス 7週	2020.12.5 阪神 チャレンG3 芝2000 晴 良 2006 35.1 0.7 1 1 1 2	5 三浦皇成 レイパパレ
8 11頭 ○ ▲ 8枠 10番 7人 18.3 三浦皇成 57 464 -10 ・ルドギア 3週	2021.4.18 新潟 福島民H(L) 芝2000 雨 不 2060 41.3 2.3 7 6	5 富田暁 マイネルウィルト
9 18頭 △ 5枠 9番 5人 11.3 木幡巧也 56 508 +2 ・ダル 6週	2021.5.2 東京 府中S・3勝 芝2000 晴 良 1590 33.8 -0.1 7 7 7	1 木幡巧也 (ハーツイストワ
5 16頭 7枠 13番 15人 50.5 柴田善臣 54 442 ±0 ・ラスジェミニ 4週	2021.6.13 東京 エプソムG3 芝1800 曇 良 1466 35.4 1.5 18 18 16	13 柴田善臣 ザダル
5 18頭 8枠 18番 13人 49.7 武藤雅 56 480 -2 ・ダル 3週	2021.5.22 東京 メイSH 芝1800 雨 良 1465 34.4 0.2 1 2 2	3 武藤雅 アブレイズ
1 11頭 ☆ 1枠 1番 2人 3.7 ルメール 56 474 -2 ・イネルファンロン) 8週	2021.5.9 新潟 新潟大賞HG3 芝2000 晴 良 2000 37.5 0.7 B 7 7	10 菅原明良 54 476 -2 サンレイポケット 5週

万馬券的中証明書

[redacted]

2021年10月17日
JRA日本中央競馬会

あなたは下記の万馬券を的中させましたので
ここに証明いたします。

記

2021年　4回東京4日　11R
馬連　02－16　300円購入
払戻金単価　@29,540円
払戻金合計　88,620円

馬連2万馬券を300円的中！

2021年10月17日　3歳以上・オープン(L)(別定)(国際)(特指)

東京11R　オクトーバーS

枠	番	馬名	性齢	厩舎／馬主／生産	父／母／母父	騎手	斤量・間隔	賞金・毛色・生年月日・休明	好走S	激走S	V★D	ウマ楽	指数	前走	2走前
1枠	1 B	マイネルサーパス	牡5	美浦 高木登／サラブレッドクラブ・ラフィアン／ビッグレッドファーム	父 アイルハヴアナザー／母 マイネアクティース／母父 タマモクロス	黛弘人 替	58 レース間隔 6週	4450 10130 黒鹿 5月6日 休明3戦目					13.1 8.2 延 16 同 16人	2021.9.5 新潟 新潟記念HG3 芝2000 晴 良 2000 35.8 1.6 16 17頭 4枠 7番 16人 185.5 柴田大知 56 486 +2 B 3 3 マイネルファンロン 5週	2021.8.1 新潟 関越S 芝1800 晴 良 1471 34.7 1.0 B 3 3 サト
1枠	2	パンサラッサ	牡4	栗東 矢作芳人／広尾レース／木村秀則	父 ロードカナロア／母 ミスペンバリー／母父 Montjeu	吉田豊 替	56 レース間隔 25週	1650 5610 鹿毛 3月1日 休明1戦目	▲	◎			13.5 10.1 短 外 延 --人	2021.4.25 阪神 マイラーG2 芝1600 晴 良 外 16頭 2枠 3番 --人 ---- ---- 坂井瑠星 56 476 +6 ケイデンスコール 8週	2021.2.28 中山 中山記念G2 芝1800 晴 良 1457 34.7 0.8 8 8 9 9 ヒシ
2枠	3	バレリオ	セ6	美浦 相沢郁／サンデーレーシング／社台コーポレーション白老ファーム	父 ステイゴールド／母 リリウム／母父 クロフネ	野中悠太 替	56 レース間隔 23週	2400 7754 芦毛 1月18日 休明1戦目		☆			13.2 9.1 延 5 短 6人	2021.5.8 東京 メトロポ(L) 芝2400 晴 良 2250 35.3 0.5 5 11頭 1枠 1番 6人 17.2 横山武史 56 500 +2 1 1 1 1 ゴールドギア 8週	2021.3.14 中山 東風S(L) 芝1600 晴 重 1366 37.2 2.2 12 10 11 トー
2枠	4	ワンダープチュック	牡7	栗東 河内洋／山本能成／高昭牧場	父 ハーツクライ／母 ウイングドキャット／母父 Storm Cat	永野猛蔵 替	56 レース間隔 11週	2100 13722 黒鹿 4月12日 休明1戦目					10.9 7.8 短 4 延 6人	2021.8.1 新潟 関越S 芝1800 晴 良 1462 33.7 0.1 4 16頭 1枠 1番 6人 17.7 津村明秀 56 504 -2 3 4 サトノウィザード 3週	2021.7.11 福島 七夕賞HG3 芝2000 曇 稍 2028 36.6 0.6 13 12 14 9 トー
3枠	5	ココロノトウダイ	牡4	美浦 手塚貴久／星野壽市／ノーザンファーム	父 エイシンフラッシュ／母 フェアリーダンス／母父 アグネスタキオン	丸山元気	57 レース間隔 41週	3200 7080 鹿毛 2月13日 休明1戦目					12.2 8.6 同 2 同 5人	2021.1.5 中山 中山金杯HG3 芝2000 晴 良 2009 34.4 0.0 2 17頭 2枠 3番 5人 11.4 丸山元気 53 528 +10 8 5 8 6 ヒシイグアス 9週	2020.10.31 福島 フルーツ・3勝 芝2000 晴 良 1599 35.3 -0.2 4 4 4 3 (ペ
3枠	6	シルヴァーソニック	牡5	栗東 池江泰寿／社台レースホース／社台ファーム	父 オルフェーヴル／母 エアトゥーレ／母父 トニービン	石橋脩 替	56 レース間隔 18週	2400 7524 芦毛 3月22日 休明1戦目					0.0 0.0 同 1 短 1人	2021.6.12 東京 ジューH・3勝 芝2400 晴 良 2246 34.5 -0.1 1 11頭 8枠 11番 1人 2.8 ルメール 56 452 -4 2 2 2 1 (アンティシペイト) 4週	2021.5.15 東京 緑風S・3勝 芝2400 晴 良 2242 33.6 0.0 5 6 5 5 アイ
4枠	7	ワールドウインズ	セ4	栗東 武幸四郎／川勝裕之／藤原牧場	父 ルーラーシップ／母 エイジアンウインズ／母父 フジキセキ	秋山真一郎 替	56 レース間隔 13週	2700 6831 鹿毛 3月10日 休明1戦目					12.9 8.4 延 7 同 5人	2021.7.18 函館 函館記念HG3 芝2000 晴 良 1593 36.0 0.6 7 16頭 ○○ 2枠 3番 5人 10.3 武豊 56 464 -4 4 4 4 6 トーセンスーリヤ 2週	2021.7.4 函館 巴賞 芝1800 曇 良 1482 35.1 0.2 4 3 4 4 サト
4枠	8	クラヴァシュドール	牝4	栗東 中内田充／山紫水明／下河辺牧場	父 ハーツクライ／母 パスオブドリームズ／母父 Giant's Causeway	藤岡佑介	54 レース間隔 11週	2050 9060 青鹿 2月1日 休明1戦目			★		12.8 8.9 延 5 延 7人	2021.8.1 函館 クイーンG3 芝1800 雨 良 1482 35.5 0.4 5 12頭 △ 1枠 1番 7人 17.0 藤岡佑介 55 476 +14 10 10 12 8 テルツェット 6週	2021.6.19 阪神 米子S(L) 芝1600 小雨 重 1353 35.3 0.3 7 9 ロー
5枠	9	コスモカレンドゥラ	牡5	美浦 田中博康／ビッグレッドファーム／ビッグレッドファーム	父 ノヴェリスト／母 ミルルーテウス／母父 アグネスタキオン	柴田大知	56 レース間隔 33週	2400 8150 栗毛 4月7日 休明1戦目		○			12.7 9.6 短 6 延 12人	2021.2.28 中山 中山記念G2 芝1800 晴 良 1456 34.3 0.7 6 14頭 2枠 2番 12人 147.6 柴田大知 56 468 ±0 11 11 11 11 ヒシイグアス 3週	2021.2.7 小倉 関門橋S 芝2000 晴 良 2009 37.1 0.5 5 5 3 4 ワー
5枠	10	ハーメティキスト	牡5	美浦 岩戸孝樹／キャロットファーム／ノーザンファーム	父 ロードカナロア／母 ミスティックリップス／母父 Generous	横山武史	56 レース間隔 15週	2400 6699 鹿毛 3月5日 休明1戦目			★		13.0 7.8 延 4 延 4人	2021.7.4 函館 巴賞 芝1800 曇 良 1482 34.7 0.2 4 11頭 △☆ 8枠 11番 4人 6.7 横山武史 56 458 -4 6 8 9 7 サトノエルドール 8週	2021.5.9 東京 湘南S・3勝 芝1600 晴 良 1320 34.7 -0.1 11 5 (モ
6枠	11	アフリカンゴールド	セ6	栗東 西園正都／ゴドルフィン／ダーレー・ジャパン・ファーム	父 ステイゴールド／母 ブリクセン／母父 Gone West	国分恭介 替	56 レース間隔 4週	2400 8405 栗毛 3月26日 休明2戦目	○				13.5 8.9 同 9 同 12人	2021.9.18 中京 ケフェウH 芝2000 曇 重 2019 34.5 0.7 9 13頭 ▲○ 6枠 9番 12人 50.4 藤岡康太 54 472 -2 9 8 8 8 アラタ 15週	2021.6.5 中京 鳴尾記念G3 芝2000 曇 良 2019 34.2 1.2 12 12 13 13 ユニ
6枠	12 B	レッドサイオン	セ5	美浦 藤沢和雄／東京ホースレーシング／ノーザンファーム	父 ロードカナロア／母 レッドベルフィーユ／母父 アグネスタキオン	木幡育也 替	56 レース間隔 6週	2400 6040 鹿毛 4月17日 休明8戦目		▲			6.9 9.1 短 10 同 17人	2021.9.5 新潟 新潟記念HG3 芝2000 晴 良 1590 34.5 0.6 10 17頭 2枠 4番 17人 216.8 杉原誠人 53 440 ±0 B 6 9 マイネルファンロン 4週	2021.8.7 札幌 札幌日経(L) 芝2600 晴 良 2411 37.2 1.3 11 11 12 11 ディ
7枠	13	ジェネラーレウーノ	牡6	美浦 矢野英一／Gリビエール・レーシング／新生ファーム	父 スクリーンヒーロー／母 シャンハイロック／母父 ロックオブジブラルタル	江田照男 替	59 レース間隔 23週	5500 15020 青鹿 1月27日 休明1戦目	☆				13.4 8.9 短 16 短 8人	2021.5.9 東京 ブリリH(L) ダ2100 晴 良 2154 42.0 5.8 16 16頭 ○ 7枠 13番 8人 18.0 武藤雅 56 522 -4 4 3 3 4 ヒロイックテイル 15週	2021.1.24 中山 アメリカJG2 芝2200 曇 不 2203 40.3 2.4 1 1 1 2 アリ
7枠	14	インビジブルレイズ	牡7	栗東 吉村圭司／シルクレーシング／アイ…	父 ハーツクライ／母 クレバースプリント／母父 サクラバクシンオー	武士沢友治 替	5…	3650 11032 鹿毛 4月…						2021.8.1 新潟 関越S 14 16頭 ○○ 4枠 8番 … ゴー	2021.5.8 東京 メトロポ(L) … 良 35.4 0.8
7枠	15	ヤシャマル	牡4	高橋… 船越…	父 キズナ／母 シャインプレジャー／母父 アグネスデジタル	菅原明良	5…	2400 6407 黒鹿 4月…						…	… 良 35.3 0.7 サク
8枠	16	プレシャスブルー	牡7	美… 石… 石…	父 ディープインパクト／母 オンワードミシェル／母父 アンバーシャダイ	勝浦正樹 替	5…	2450 11097 鹿毛 2月…						…	… 稍 36.6 0.3 トー
8枠	17	アトミックフォース	牡5	吉田… 社台…	父 ワークフォース／母 タックスシェルター／母父 フジキセキ	田辺裕信 替	5…	3200 9490 鹿毛 …						…	… 良 35.3 0.4 サク
8枠	18 B	サトノエルドール	牡5	美… サト… 道分…	父 ディープインパクト／母 ミゼリコルデ／母父 Fasliyev	三浦皇成 替	5…	3600 10700 鹿毛 4月…						…	… 良 35.0 0.0 (マ

式別	馬／組番	購入金額	的中／返還	払戻単価
馬連	02－05	300円	－	－
馬連	02－11	300円	－	－
馬連	02－15	300円	－	－
馬連	02－16	300円	02－16	29,540円
馬連	05－15	1,000円	－	－
馬連	11－15	100円	－	－
馬連	15－16	100円	－	－
ワイド	02－05	500円	－	－
ワイド	02－11	500円	－	－
ワイド	02－15	500円	－	－
ワイド	02－16	500円	02－16	6,790円
ワイド	05－15	500円	－	－
ワイド	11－15	500円	－	－
ワイド	15－16	500円	－	－

ワイド②―⑯ 6790 円も 500 円的中。払戻は3万 3950 円！

活用法④「何か」から指数上位に流すⅡ：24年10月5日・新潟11R➡払戻12万4380円

予想で最も肝心なのは「割り切り」と「曖昧さ」ではないかと考えている。あらゆるファクターを検討し、突き詰めると、大抵の場合は上位人気にたどり着くものだ。多くの時間を費やしてその結論ならば、ハナから好走率の高さに身を委ねるのもアリではないか。同様に、上がり指数の1～3位もレース複勝率が75％超もあるのなら、思考停止でいい。ましてや前走の上がり3Fタイムに隠された価値を見出すこの指数は、妙味も一緒に連れてきてくれるのだから。シャレでも何でもなく、「予想を止《よ》そう」という精神である。

妙味を舐めるのであれば、断然、荒れそうなレースがいい。24年10月5日の新潟11R鳥屋野特別（ダート1800m）は、まさにそんな一戦であった。

■出走各馬の前走コース＆上がり3Fと上がり指数

①アッチャゴーラ　前走：川崎ダ1600m　上がり3F：――➡上がり指数：0（12位）
②トーホウボルツ　前走：新潟ダ1800m　上がり3F：38秒2➡上がり指数：309（5位）
③ワイルドベティ　前走：中京ダ1800m　上がり3F：38秒0➡上がり指数：307（6位）
④スズノテレサ　前走：新潟ダ1800m　上がり3F：38秒8➡上がり指数：301（7位）
⑤テレパシー　前走：小倉ダ1700m　上がり3F：37秒2➡上がり指数：311（4位）
⑥ヒルズカーン　前走：新潟ダ1800m　上がり3F：37秒4➡上がり指数：320（3位）
◎⑦シュガーコルト　前走：中京ダ1800m　上がり3F：41秒8➡上がり指数：262（11位）
★⑧コルデアニル　前走：中山ダ1800m　上がり3F：37秒4➡上がり指数：322（1位）

★⑨エスティメート　前走：福島ダ1700m　上がり3F：37秒4　⬇上がり指数：322（1位）
⑩サイモンソーラン　前走：中山ダ1800m　上がり3F：39秒2　⬇上がり指数：299（8位）
⑪コパノマイアミ　前走：園田ダ1400m　上がり3F：地方帰　⬇上がり指数：0（12位）
⑫サイモンルモンド　前走：中京芝2200m　上がり3F：36秒6　⬇上がり指数：299（8位）
⑬スナークレジスト　前走：中京ダ1900m　上がり3F：38秒9　⬇上がり指数：296（10位）

最終的に1番人気の支持を得たのは②トーホウボルツで、この馬の単勝オッズが4・7倍である。13頭立てとフルゲート割れながら、競馬ファンの苦悩がうかがえる数字ではないか。新潟のメインレースとはいえ、秋の東京&京都の開幕日という完全な裏開催で、出走13頭中、前走のJRA戦で馬券に絡んだのは、この②トーホウボルツのみというメンバー構成。荒れなければウソである。

そんな低調な一戦ながら、上がり指数1位の⑧コルデアニル（8番人気）と⑨エスティメート（7番人気）が前走で叩き出した値は「322」と優秀。二番が利けば、という前提であるが、どちらかが馬券に絡む確率はかなり高そうである。迷わず3連複の2列目に置くことを決めた。

そこで軸に選んだのが⑦シュガーコルト（11番人気）。近2走はいいところなしだが、3走前の2着、4走前の7着、6走前の5着は、いずれも勝ち馬が次戦の昇級戦で馬券絡みという隠れハイレベル戦なのだ。3連複フォーメーション⑦⬇⑧⑨⬇全流しで100円ずつ、たった2100円の投資である。

レースは直線に向いて⑦シュガーコルトが先頭に躍り出ると、これを内から⑨エスティメートが交わすという胸アツの展開に！　3着争いも③ワイルドベティ（9番人気）と⑧コルデアニルの差し比べと、アドレナリン全開のゴール前の攻防は⑨⬇⑦⬇③で決着。なんと3連複は12万馬券とハネたのである。

コース　発走時間

ダート1800m　15:25

13頭 1枠 1番 1人 56 507 +13 10 週	2024.6.22 東京 3 16頭 日野特別・2勝 4枠 7番 ダ1600 晴 重 7人 105.8 1358 35.9 0.7 小崎綾也 58 494 −2 12 11 アッシュルバニパル 2 週	2024.6.8 東京 5 15頭 青梅特別・2勝 3枠 4番 ダ1600 晴 良 5人 21.8 1368 36.7 0.5 小崎綾也 58 496 ±0 6 7 グラウンドビート 4 週
15頭 3枠 5番 13人 116.5 58 476 −10 スト 13 週	2024.5.18 東京 11 16頭 2勝クラス 3枠 6番 ダ2100 晴 良 9人 16.7 2133 41.9 2.6 横山和生 58 486 +12 B 3 3 3 3 マテンロウガイ 9 週	2024.3.16 中京 16 16頭 弥富特H・2勝 6枠 12番 ダ1900 晴 良 14人 43.5 2014 38.0 2.2 三浦皇成 56 474 −8 B 14 14 12 12 メイショウコガシラ 4 週
16頭 ◎ 7枠 14番 13人 144.6 56 430 +2 イト 7 週	2024.6.29 福島 13 14頭 ▲ ◎ 松島特別・2勝 6枠 9番 芝1800 晴 良 13人 191.4 1486 36.8 2.7 荻野極 56 428 +6 B 7 8 9 12 エバーシャドネー 8 週	2024.5.5 新潟 12 15頭 ◎ 咲花特別・2勝 2枠 3番 ダ1800 晴 良 13人 92.9 1546 38.6 1.1 荻野極 56 422 +4 B 5 6 8 8 オシゲ 9 週
15頭 3枠 5番 9人 69.7 56 440 +2 4 週	2024.8.4 新潟 4 15頭 苗場特別・2勝 1枠 1番 ダ1800 晴 良 6人 25.0 1533 38.5 0.3 西塚洸二 56 438 −4 1 1 1 1 ダイメイセブン 4 週	2024.7.7 福島 4 10頭 天の川賞・2勝 5枠 5番 ダ1700 晴 良 9人 59.5 1464 37.2 1.0 内田博幸 56 442 −4 3 5 6 5 ジョージテソーロ 8 週
15頭 6枠 10番 5人 10.7 56 512 ±0 ス 6 週	2024.6.1 東京 9 16頭 ▲ ◎ 2勝クラス・牝 6枠 12番 ダ1600 晴 重 5人 13.0 1366 36.5 0.8 松岡正海 56 512 +4 7 6 フェブランシェ 4 週	2024.5.5 新潟 6 15頭 △ 咲花特別・2勝 7枠 13番 ダ1800 晴 良 5人 9.5 1538 38.2 0.3 松岡正海 56 508 −8 4 4 3 2 オシゲ 7 週
14頭 5枠 7番 8人 17.6 54 488 +2 3 週	2024.4.21 福島 1 9頭 ▲ ▲ 1勝クラス 4枠 4番 ダ1700 晴 良 3人 4.7 1465 36.8 0.0 佐々木大57☆ 486 −8 8 8 7 7 (スマートハンター) 連 週	2024.4.14 中山 9 15頭 1勝クラス 3枠 5番 ダ1800 晴 良 3人 8.0 1560 37.4 1.3 菅原明良 58 494 +2 11 11 13 13 ラップスター 2 週
12頭 ○ △ 6枠 8番 8人 98.5 58 500 +10 8 週	2024.7.20 小倉 14 16頭 天草特別・2勝 6枠 11番 ダ1700 曇 重 6人 17.0 1457 37.4 1.2 小崎綾也 58 490 ±0 B 14 14 13 15 シークレットキー 3 週	2024.6.29 小倉 2 16頭 ◎ 熊本城特・2勝 1枠 2番 ダ1700 曇 稍 11人 41.8 1438 37.2 0.3 小崎綾也 58 490 −10 B 4 6 7 5 メイショウホマレ 5 週
16頭 1枠 1番 13人 113.6 56 476 +4 5 週	2024.8.17 新潟 7 15頭 ▲ 瀬波温泉・2勝 3枠 4番 ダ1800 晴 良 10人 1536 38.0 1.9 野中悠太 56 13 13 12 12 ジャスパーロブスト	2024.7.28 新潟 3 15頭 ○ 4番
12頭 ☆ ◎ 6枠 8番 5人 15.0 58 464 ±0 フ 13 週	2024.4.14 中山 8 14頭 利根川特・2勝 7枠 ダ1800 晴 良 10人 1537 39.2 1.1 杉原誠人 58 5 4 6 7 カンピオーネ	
16頭 6枠 12番 4人 18.4 58 480 +2 ン 4 週	2024.8.17 新潟 5 15頭 瀬波温泉・2勝 8枠 ダ1800 晴 良 8人 1527 37.7 1.0 原優介 58 8 8 9 8 ジャスパーロブスト	
8頭 5枠 5番 2人 53☆ 483 +17 18 週	2024.4.7 阪神 14 16頭 1勝クラス* 6枠 ダ1400 晴 良 14人 1272 40.7 2.8 高杉吏麒52▲ 2 2 リジル	
10頭 ○ 8枠 10番 9人 161.3 53 450 +2 8 週	2024.7.21 小倉 14 18頭 宗像特別・2勝 8枠 芝2000 曇 良 18人 2021 37.6 1.5 永島まな 58 15 15 9 8 ファベル	
16頭 7枠 14番 14人 183.2 55▲ 522 +4 ム 2 週	2024.9.14 中京 7 12頭 恵那特別・2勝 7枠 ダ1800 晴 良 12人 1538 37.3 0.9 和田竜二 58 B 9 9 10 10 ポッドロゴ	

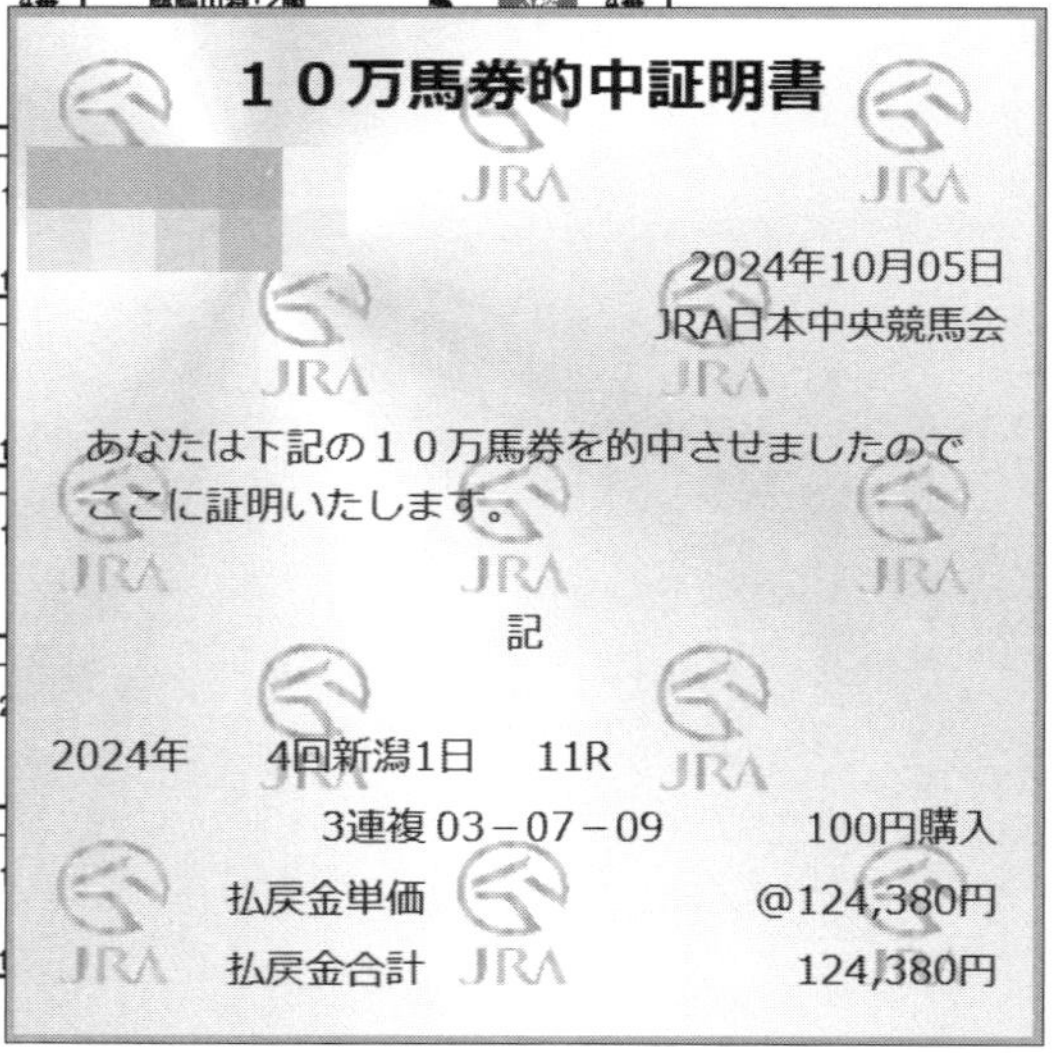
１０万馬券的中証明書

[redacted]

2024年10月05日
JRA日本中央競馬会

あなたは下記の１０万馬券を的中させましたので
ここに証明いたします。

記

2024年　4回新潟1日　11R
3連複 03－07－09　100円購入
払戻金単価　@124,380円
払戻金合計　124,380円

３連複12万馬券的中!

単⑨ 1390 円

複⑨ 530 円　⑦ 1180 円　③ 410 円

馬連⑦－⑨ 31850 円

馬単⑨→⑦ 54100 円

3連複③⑦⑨ 124380 円

3連単⑨→⑦→③ 687510 円

2024年10月5日　　3歳以上・2勝クラス/1000万下（ハンデ）

新潟11R　鳥屋野特別

枠	馬番		馬名	性齢	所属	調教師	馬主	生産者	父	母	母父	騎手		斤量	レース間隔			毛色		好走S	激走S	V★D			ウマ楽	前走								着順
1枠	1		アッチャゴーラ	牡4	栗東	村山明	吉田千津	社台ファーム	マインドユアビスケッツ	グラップユアコート	ゴールドアリュール	亀田温心	替	56	5週	900	1618	鹿毛	5月20日 休明2戦目	7.7	6.8	同	5	延	1人	2024.9.3 川崎	スパー	ダ1600 曇 重	1453	----- 1.3	小崎綾せ	7 8 4 6	タブラオ	5
2枠	2	B	トーホウボルツ	牡6	美浦	嘉藤貴行	東豊物産	王蔵牧場	ワールドエース	レディークライスト	Holy Bull	石橋脩		57	7週	900	3898	黒鹿	3月22日 休明2戦目	12.2	8.8	短	2	同	13人	2024.8.17 新潟	瀬波温泉・2勝	ダ1800 晴 良	1524	38.2 0.7	石橋脩	B 4 4 3 3	ジャスパーロブ	2
3枠	3	B	ワイルドベティ	牝5	栗東	今野貞一	吉田勝己	ノーザンファーム	ドゥラメンテ	インクルードベティ	Include	小沢大仁		53	7週	900	2339	鹿毛	2月 3日 休明12戦目	11.9	○ 10.0	同	4	同	13人	2024.8.18 中京	濃尾特別・2勝	ダ1800 晴 良	1533	38.0 0.4	小沢大仁	B 5 7 7 7	サトノアイオラ・	4
4枠	4		スズノテレサ	牝5	美浦	深山雅史	小紫嘉之	社台ファーム	ルーラーシップ	ピュアマインド	ティンバーカントリー	丹内祐次	替	53	5週	900	2407	黒鹿	1月28日 休明6戦目	11.2	8.0	同	5	同	9人	2024.9.1 新潟	両津湾特・2勝	ダ1800 晴 良	1536	38.8 1.6	内田博幸	8 8 7 7	ハビレ	5
4枠	5		テレパシー	牝4	栗東	石坂公一	石川達絵	桜井牧場	ドレフォン	ストック	キングカメハメハ	西塚洸二	替	53	12週	900	1700	鹿毛	4月11日 休明1戦目	☆ 12.8	△ 9.0	延	11	延	5人	2024.7.14 小倉	西部日刊・2勝	ダ1700 雨 不	1448	37.2 1.5	団野大成	15 15 14 14	ライジングラパ	11
5枠	6		ヒルズカーン	牡4	美浦	松永康利	湯澤寛	清水誠一	ダノンバラード	ドクトルコスモ	オレハマッテルゼ	斎藤新	替	54	21週	900	2262	黒鹿	5月 7日 休明1戦目	11.1	8.2	延 ★	7	同	8人	2024.5.12 新潟	中ノ岳H・2勝	ダ1800 晴 良	1529	37.4 1.2	佐々木大	12 12 10 9	シェットランド	7
5枠	7	B	シュガーコルト	セ5	栗東	寺島良	飯田正剛	千代田牧場	ヘニーヒューズ	フェミニンガール	Kingmambo	小崎綾也		56	3週	900	4331	鹿毛	3月12日 休明10戦目	○ 13.4	◎ 10.2	延 ★	11	同	8人	2024.9.14 中京	恵那特別・2勝	ダ1800 晴 良	1586	41.8 5.7	小崎綾せ	B 12 12 12 12	ボッドロゴ	11
6枠	8		コルデアニル	牝4	美浦	金成貴史	藤沼利夫	青藍牧場	モーリス	ブルザンインディゴ	フジキセキ	小林勝太	替	52	2週	900	2060	青鹿	3月19日 休明4戦目	12.3	8.9	同	6	同	13人	2024.9.21 中山	2勝クラス・牝	ダ1800 曇 良	1536	37.4 1.5	野中悠太	14 14 13 12	マンマリアーレ	6
6枠	9		エスティメート	牡5	美浦	大和田成	ミルファーム	猿橋義昭	プリサイスエンド	インティワタナ	フサイチコンコルド	杉原誠人		55	12週	770	2893	栗毛	3月 8日 休明1戦目	11.1	8.5	短	6	延	5人	2024.7.14 福島	横手特別・2勝	ダ1700 小雨 稍	1472	37.4 0.9	杉原誠人	6 7 9 9	フェザーモチー	6
7枠	10		サイモンソーラン	牡5	美浦	勢司和浩	澤田昭紀	ヤナガワ牧場	コパノリッキー	プレゼンスウーマン	サクラローレル	菊沢一樹	替	55	3週	900	2396	栗毛	4月29日 休明3戦目	△ 12.3	8.9	同	6	同	4人	2024.9.16 中山	鋸山特別・2勝	ダ1800 曇 良	1551	39.2 1.3	原優介	13 12 13 13	テリフィックプラ	6
7枠	11		コパノマイアミ	牝3	栗東	宮徹	小林祥晃	小泉学	コパノリッキー	ミラクルモーメント	フジキセキ	秋山稔樹		52	8週	900	1368	栗毛	3月25日 休明2戦目	9.1	7.1	同	1	延	2人	2024.8.8 園田	逆瀬川	ダ1400 晴 稍	1299	----- -1.0	秋山稔樹	1 1 1 1	(グラングスト)	1
8枠	12		サイモンルモンド	セ7	美浦	根本康広	澤田昭紀	ヤナガワ牧場	ダノンシャンティ	プレゼンスウーマン	サクラローレル	藤田菜七	替	52	3週	900	3276	栗毛	3月16日 休明10戦目	◎ 13.7	▲ 9.9	延	9	短	9人	2024.9.15 中京	茶臼山H・2勝	芝2200 曇 稍	2156	36.6 3.2	永島まな	9 9 9 9	アドマイヤテラ	9
8枠	13	B	スナークレジスト	牡7	栗東	庄野靖志	杉本豊	高昭牧場	トゥザグローリー	フォーモサマンボ	ノボジャック	荻野極	替	55	連週	990	2014	鹿毛	4月21日 休明3戦目	▲ 12.9	☆ 9.3	延	12	短	14人	2024.9.29 中京	2勝クラス	ダ1900 曇 重	2001	38.9 1.8	吉村誠之	B 10 11 8 8	リューデスハイ.	12

1着⑨エスティメート　（7番人気）

2着⑦シュガーコルト（11 番人気）

3着③ワイルドベティ（9番人気）

活用法④「何か」から指数上位に流すⅢ：25年1月18日・中山8R⬇払戻8万40円

続いて紹介するのは25年1月18日の中山8R（4歳上2勝クラス、ダート1200m）だ。正直にいえば、これまでの的中例に比べると、上がり指数で狙った感の低いレースではある。それでも、思考停止で指数上位馬を馬券に組み込むと、望外の利益が転がり込むことがある、と恥を承知で掲載することにした。

このレースの1番人気は⑤ショウナンアビアス。2勝クラスに昇級してからまったく崩れずに走っているものの、裏を返せば勝ち切る決め手に欠ける馬。上がり指数も「306」で第6位と、勝ち切る根拠に乏しい。

■出走各馬の前走コース＆上がり3Fと上がり指数

★①マーシヴィガラス　前走：中山ダ1200m　上がり3F：36秒6⬇上がり指数：312（3位）

◎②ネイト　前走：新潟ダ1200m　上がり3F：37秒0⬇上がり指数：304（8位）

③シルヴァーゴースト　前走：浦和ダ1400m　上がり3F：地方帰⬇上がり指数：0（16位）

④ホウオウフロイト　前走：中山ダ1200m　上がり3F：36秒6⬇上がり指数：310（5位）

⑤ショウナンアビアス　前走：中山ダ1200m　上がり3F：37秒0⬇上がり指数：306（6位）

⑥ワークソング　前走：中山ダ1200m　上がり3F：37秒0⬇上がり指数：305（7位）

⑦ノヴァエクスプレス　前走：東京ダ1400m　上がり3F：37秒3⬇上がり指数：296（13位）

⑧チュウワキャリア　前走：中山ダ1200m　上がり3F：37秒5⬇上がり指数：299（11位）

⑨レッドセニョール　前走：中山ダ1200m　上がり3F：37秒1⬇上がり指数：304（8位）

⑩モリノセピア　前走：中山ダ1200m　上がり3F：38秒6⬇上がり指数：285（14位）

⑪キタノソワレ　前走：中山ダ1200m　上がり3F：36秒6⬇上がり指数：311（4位）
⑫アポロプラネット　前走：京都ダ1200m　上がり3F：36秒5⬇上がり指数：303（10位）
★⑬ホークレア　前走：函館ダ1000m　上がり3F：34秒7⬇上がり指数：317（1位）
⑭カイタロー　前走：福島ダ1150m　上がり3F：37秒7⬇上がり指数：298（12位）
★⑮ベルウッドウズメ　前走：中山ダ1200m　上がり3F：36秒4⬇上がり指数：314（2位）
⑯ピコアーガイル　前走：東京ダ1300m　上がり3F：37秒6⬇上がり指数：282（15位）

そこで目をつけたのが②ネイト（11番人気）である。昇級初戦もあってまったくの人気薄だが、前走はかなりのハイレベル戦である。なにせ2～4着と8着馬が次戦で勝利を収め（25年3月10日現在）、6着馬も続くレースで2着。しかも、3着だったヤマニンアルリフラは格上挑戦で2勝クラスの特別戦（ジングルベル賞）に勝利しているのだ。クラス負けするとは思えない。売り出し中の減量騎手・高杉騎手からの乗り替わりもネックだったが、同じ減量騎手で関東では最上位の長浜騎手であれば、特に問題もなさそうだ。

この馬の人気があまりにないため、馬券はワイドの総流しをチョイス。2着以上の場合はボーナスGETと考え、購入時点で単勝20倍未満だった1～7番人気を相手に馬連も購入。16点立てなのでワイドが15点、馬連が7点で、100円ずつ計2200円という慎ましい勝負である。

結果、この②ネイトが2着に粘り、後方から追い上げた⑪キタノソワレ（6番人気）が勝利。3着にも後方15番手から追い込んだ⑮ベルウッドウズメ（14番人気）が飛び込み、3連単は295万馬券という大波乱に。造作もなく馬連の3万馬券とワイドの91・9倍&3万馬券のW的中で、わずか2200円が約8万円に化けたのだ。この⑮ベルウッドウズメは指数2位であり、差し決着での台頭はフロックでもなんでもない。

コース　発走時間

指定]　ダート1200m　14:00

9	15頭		1枠	1番	9人	32.3	江田照男	58	506	-4	ルトハンター	3 週	2024.9.28	中山	2勝クラス	ダ1200	曇	良	1113	37.6	0.7	5 5	5	16頭	☆	2枠	3番	11人	60.5	丹内祐次	58	510	-2	カンパニョーラ	2 週
5	12頭	☆ ☆	5枠	5番	2人	4.1	吉村誠之	53▲	434	-6	ェリ	5 週	2024.2.18	京都	1勝クラス・牝	ダ1200	曇	良	1123	37.0	0.1	1 1	5	16頭	☆	3枠	6番	4人	9.8	和田竜二	56	440	-4	アロットドリーム	9 週
14	16頭		1枠	2番	14人	84.8	丸山元気	56	456	±0	ユキアイラブユー	16 週	2024.3.31	中山	2勝クラス	ダ1200	晴	良	1137	38.9	2.5	3 3	16	16頭	△	2枠	4番	8人	21.6	丹内祐次	56	456	-2	ムーヴ	3 週
1	12頭		2枠	2番	1人		山崎誠士	56	436	+4	ローズバイ)	2 週	2024.10.29	船橋	サラ系	ダ1200	雨	稍	1161	----	-1.0	2 2 2	1	11頭		3枠	3番	5人		山崎誠士	56	432	±0	(サダージ)	9 週
2	16頭	☆ ○	8枠	15番	2人	3.8	池添謙一	58	508	-2	メリカンマーチ	4 週	2024.11.3	東京	2勝クラス	ダ1300	晴	重	1174	36.2	0.1	4 4	3	12頭		7枠	9番	1人	2.7	佐々木大	58	510	+6	ハッピーロンドン	3 週
1	15頭	◎ ☆	5枠	9番	3人	7.1	柴田裕一	54▲	480	-2	ライトニングゼウス)	3 週	2024.9.15	中京	1勝クラス	ダ1200	曇	重	1105	35.8	0.7	7 7	5	13頭		5枠	7番	4人	9.3	西村淳也	56	482	-2	ライジン	3 週
1	16頭		1枠	1番	4人	11.2	戸崎圭太	56	490	+10	カッパ)	12 週	2023.8.20	札幌	クローバ	芝1500	曇	稍	1332	37.2	0.4	3 3 5	3	9頭		4枠	4番	2人	2.8	モレイラ	55	480	-2	コスモディナー	9 週
7	15頭		3枠	4番	6人	10.0	大野拓弥	55	506	+2	ルトハンター	4 週	2024.9.22	中山	2勝クラス	ダ1200	曇	良	1110	37.5	0.3	1 1	4	15頭		1枠	1番	6人	22.4	大野拓弥	54	504	-8	インビンシブルパパ	9 週
3	14頭	○	3枠	4番	5人	6.7	横山和生	56	476	-4	ーシヴィガラス	3 週	2024.8.24	新潟	1勝クラス	ダ1200	晴	良	1126	37.4	1.3	9 13	8	15頭	○	5枠	8番	4人	10.9	原優介	55☆	480	+6	モリノセピア	14 週
13	15頭	☆ ◎	4枠	6番	1人	4.1	丸山元気	57	480	±0	ルトハンター	8 週	2024.8.24	新潟	1勝クラス	ダ1200	晴	良	1113	37.2	-0.4	1 1	1	15頭	△	3枠	5番	1人	2.3	津村明秀	56	480	+10	(オリビアジュテーム)	14 週
10	16頭		1枠	2番	11人	72.2	丹内祐次	55	468	+8	ゲルソロソロ	4 週	2024.10.27	新潟	1勝クラス	ダ1200	晴	良	1107	35.7	-0.2	9 8	1	11頭	△	6枠	6番	3人	4.9	西塚洸二	54☆	460	+2	(ライトニングゼウス)	18 週
14	14頭		1枠	1番	8人	74.6	田辺裕信	58	500	-2	タンリーテソーロ	11 週	2024.8.10	新潟	浦佐特別・2勝	ダ1200	晴	良	1115	35.7	0.3	B 13 13	6	15頭		4枠	6番	12人	31.3	田辺裕信	58	502	+6	クリノアルバトロス	11 週
3	14頭		5枠	8番	1人	2.6	横山武史	53	442	±0	イミーユニバンス	13 週	2024.3.16	中山	未勝利・牝	ダ1200	晴	稍	1116	37.9	-1.3	2 2	1	16頭		8枠	16番	1人	1.4	ルメール	55	442	+4	(マリノルージュ)	9 週
13	16頭		8枠	16番	14人	142.6	土田真翔	58	474	+2	ランフォーブル	4 週	2024.4.6	中山	葛飾特別・2勝	ダ1200	曇	稍	1112	36.7	0.6	B 10 10	8	16頭		4枠	8番	11人	64.5	土田真翔	58	472	+2	アロットドリーム	5 週
15	16頭		7枠	14番	13人	110.7	西塚洸二	57☆	490	+6	ドラゴ	5 週	2024.8.25	新潟	岩室温泉・2勝	ダ1200	曇	良	1161	40.2	4.1	6 8	15	15頭		4枠	7番	6人	18.5	荻野極	58	484	+2	トーアアイギス	14 週
8	8頭		6枠	6番	8人	63.4	北村宏司	55	482	±0	ニックスター	18 週	2023.12.30	大井	サラ系	ダ1400	晴	良	1299	----	-0.4	1 1 1	1	12頭		4枠	4番	1人		矢野貴之	52	482	-3	(チャダルクン)	4 週

万馬券的中証明書

2025年01月18日
JRA日本中央競馬会

あなたは下記の万馬券を的中させましたので
ここに証明いたします。

記

2025年　1回中山6日　8R
馬連　02－11　100円購入
払戻金単価　@36,430円
払戻金合計　36,430円

馬連②ー⑮３万馬券的中!

万馬券的中証明書

2025年01月18日
JRA日本中央競馬会

あなたは下記の万馬券を的中させましたので
ここに証明いたします。

記

2025年　1回中山6日　8R
ワイド　02－15　100円購入
払戻金単価　@34,420円
払戻金合計　34,420円

ワイド②ー⑮
３万馬券的中!

他にワイド②―⑪9190円を的中。

2025年1月18日　4歳以上・2勝クラス/1000万下（定量）（混）[指定]

中山8R　4歳以上・2勝クラス/1000万下（定量）（混）[指

枠	馬番	馬名	性齢	所属	調教師	馬主	生産者	父	母	母父	騎手	替	斤量	レース間隔	賞金	毛色	生年月日	休明	好走S	激走S	V★D	ウマ楽	前走	2走前
1枠	1	マーシヴィガラス	牡5	美浦	的場均	佐藤好美	桑嶋峰雄	ネロ	スケッチーヴュー	ホワイトマズル	丹内祐次		58	3週	900 / 1822	鹿毛	5月19日	休明2戦目	8.6	6.9	同 9 同	7人	2024.12.28 中山 ベストウ・2勝 ダ1200 晴 良 9着 16頭 6枠 11番 7人 22.5 1121 36.6 1.1 丹内祐次 58 516 +10 13 10 アイアムユウシュン 10週	2024.10.20 新潟 妙高特別・2勝 ダ1200 晴 稍 1123 36.4 0.8 13 13 ミ
1枠	2	ネイト	牝6	栗東	小栗実	武田茂男	中神牧場	コパノリッキー	ミコノス	With Approval	長浜鴻緒	替	53▲	14週	900 / 2100	栗毛	4月2日	休明1戦目	○ 10.5	○ 7.9	同 1 同	5人	2024.10.12 新潟 1勝クラス ダ1200 晴 良 1着 13頭 ☆ ☆ 6枠 8番 5人 8.4 1117 37.0 0.0 高杉吏麒 53▲ 454 +20 3 3 (イノセントキャット) 29週	2024.3.23 阪神 1勝クラス・牝 ダ1200 曇 不 1115 36.1 0.2 3 3 フ
2枠	3	シルヴァーゴースト	牝5	美浦	岩戸孝樹	ブルースターズファーム	中島牧場	トビーズコーナー	アンヌ	タイキシャトル	石神深道	替	53▲	13週	900 / 2630	栗毛	3月16日	休明1戦目	4.8	◎ 7.9	延 5 短	10人	2024.10.22 浦和 ミズナ ダ1400 曇 良 5着 11頭 7枠 9番 10人 1286 ---- 1.1 西啓太 55 464 +8 2 2 2 3 シーサーペント 13週	2024.7.21 福島 米沢特別・2勝 ダ1150 晴 良 1103 38.7 2.5 6 8 ミ
2枠	4	ホウオウフロイト	牡4	美浦	加藤和宏	小笹芳央	岡田スタッド	エイシンフラッシュ	ユメノキズナ	ストラヴィンスキー	丸田恭介		58	2週	740 / 966	鹿毛	4月6日	休明9戦目	2.8	3.2	短 1 同	15人	2025.1.6 中山 1勝クラス ダ1200 曇 良 1着 16頭 7枠 14番 15人 211.9 1122 36.6 -0.1 丸田恭介 58 446 +10 15 14 (オセアエクスプレス) 8週	2024.11.13 川崎 サラ系 ダ1400 晴 良 1308 ---- -0.3 1 1 1 1 (
3枠	5	ショウナンアビアス	牡5	美浦	加藤士津	国本哲秀	西村牧場	ドレフォン	ショウナンカサロ	キングカメハメハ	戸崎圭太	替	58	3週	740 / 4163	黒鹿	3月3日	休明6戦目	9.2	△ 7.4	同 3 同	2人	2024.12.28 中山 ベストウ・2勝 ダ1200 晴 良 3着 16頭 ◎ 7枠 14番 2人 3.5 1116 37.0 0.6 池添謙一 58 508 ±0 3 2 アイアムユウシュン 4週	2024.12.1 中山 2勝クラス ダ1200 晴 良 1110 36.4 0.2 7 5 ア
3枠	6	ワークソング	牡4	栗東	牧浦充徳	馬場幸夫	雅牧場	モーニン	ハッピーラン	フレンチデピュティ	柴田裕一	替	55▲	7週	900 / 1753	鹿毛	2月22日	休明5戦目	△ 9.8	7.0	同 6 同	9人	2024.12.1 中山 2勝クラス ダ1200 晴 良 6着 16頭 ○ 3枠 5番 9人 26.1 1115 37.0 0.7 松岡正海 57 480 ±0 5 5 アメリカンマーチ 8週	2024.10.5 新潟 1勝クラス ダ1200 晴 重 1110 36.5 -0.2 3 3 (
4枠	7	ノヴァエクスプレス	牡4	美浦	鈴木慎太	吉田和美	ノーザンファーム	アジアエクスプレス	グリューネヴォッヘ	スペシャルウィーク	津村明秀	替	58	12週	900 / 2190	栗毛	3月1日	休明1戦目	◎ 10.7	▲ 7.8	★ 同 7 短	4人	2024.10.26 東京 2勝クラス ダ1400 曇 良 7着 14頭 ☆ 7枠 11番 4人 7.8 1259 37.3 1.4 石川裕紀 56 518 +28 1 1 スタンリーテソーロ 50週	2023.11.11 東京 オキザリ・1勝 ダ1400 曇 良 1251 37.4 -0.1 5 7 (
4枠	8	チュウワキャリア	牝4	美浦	粟田徹	中西忍	若林順一	スワーヴリチャード	チュウワベイビー	サウスヴィグラス	石田拓郎	替	53▲	3週	900 / 1820	栗毛	3月16日	休明2戦目	8.6	6.9	同 8 同	4人	2024.12.28 中山 ベストウ・2勝 ダ1200 晴 良 8着 16頭 8枠 15番 4人 8.4 1120 37.5 1.0 横山武史 55 508 +2 2 2 アイアムユウシュン 10週	2024.10.20 新潟 妙高特別・2勝 ダ1200 晴 稍 1121 37.3 0.6 3 3 ミ
5枠	9	レッドセニョール	牡4	美浦	矢嶋大樹	東京ホースレーシング	ノーザンファーム	リアルインパクト	ポルケテスエーニョ	Medaglia d'Oro	横山和生		58	4週	900 / 1923	鹿毛	5月2日	休明2戦目	8.6	6.9	同 1 同	2人	2024.12.21 中山 1勝クラス ダ1200 晴 良 1着 16頭 ○ ○ 7枠 14番 2人 4.9 1127 37.1 -0.1 横山和生 57 488 +12 5 3 (グランプレジール) 14週	2024.9.15 中山 1勝クラス ダ1200 晴 良 1124 36.7 0.3 7 6 マ
5枠	10	モリノセピア	牡4	美浦	鈴木伸尋	森和久	須崎牧場	エスポワールシチー	ベルレストラーダ	Aldebaran	小林美駒	替	54★	4週	900 / 2380	栗毛	5月5日	休明4戦目	9.3	7.3	同 5 同	6人	2024.12.22 中山 冬至特別・2勝 ダ1200 晴 良 5着 16頭 3枠 5番 6人 13.2 1123 38.6 0.7 津村明秀 57 488 +8 2 2 ロードフロンティア 9週	2024.10.20 新潟 妙高特別・2勝 ダ1200 晴 稍 1131 38.8 1.6 1 1 ミ
6枠	11	キタノソワレ	牝4	美浦	本間忍	北所直人	対馬正	トゥザワールド	チャームラブ	フレンチデピュティ	木幡巧也		56	3週	900 / 1678	鹿毛	5月7日	休明4戦目	9.4	7.1	短 7 同	9人	2024.12.28 中山 ベストウ・2勝 ダ1200 晴 良 7着 16頭 4枠 8番 9人 32.1 1120 36.6 1.0 木幡巧也 55 478 +10 12 13 アイアムユウシュン 5週	2024.11.24 東京 アプロー・2勝 ダ1400 晴 良 1257 36.3 1.3 13 13 シ
6枠	12	アポロプラネット	牡6	美浦	伊藤圭三	星野隆男	天羽禮治	リオンディーズ	アポロノカンザシ	Ghostzapper	菊沢一樹	替	58	5週	900 / 3672	青鹿	4月24日	休明3戦目	▲ 10.5	☆ 7.5	短 15 同	12人	2024.12.14 京都 深草特別・2勝 ダ1200 曇 良 15着 16頭 1枠 1番 12人 156.2 1139 36.5 1.7 団野大成 58 500 ±0 B 16 16 ルクスメテオール 7週	2024.10.26 東京 2勝クラス ダ1400 曇 良 1289 39.7 4.4 B 9 7 ス
7枠	13	ホークレア	牝4	美浦	尾関知人	ノルマンディーサラブレッドレーシング	嶋田牧場	リアルスティール	パラダイスコーブ	キングカメハメハ	横山武史		56	28週	900 / 2060	鹿毛	4月24日	休明1戦目	☆ 10.0	7.2	短 1 延	1人	2024.7.6 函館 1勝クラス ダ1000 曇 稍 1着 11頭 △ 6枠 7番 1人 1.3 583 34.7 -0.3 横山武史 53 432 -10 2 2 (スコーピオン) 3週	2024.6.16 函館 1勝クラス 芝1200 曇 良 1089 35.0 0.1 1 1 ス
7枠	14 B	カイタロー	牡6	美浦	和田雄二	本田恒雄	嶋田牧場	キンシャサノキセキ	パラダイスコーブ	キングカメハメハ	土田真翔		55▲	28週	900 / 2277	青鹿	2月28日	休明1戦目	9.5	7.0	短 12 延	15人	2024.7.7 福島 彦星賞・2勝 ダ1150 晴 良 12着 16頭 5枠 9番 15人 112.6 1096 37.7 1.4 土田真翔 58 470 -4 B 10 10 スマートアイ 9週	2024.5.5 東京 日吉特別・2勝 ダ1300 晴 良 1193 36.1 1.7 B 15 13 グ
8枠	15	ベルウッドウズメ	セ6	美浦	本間忍	寶島竜一	本田土寿	ケイムホーム	コチョウサン	クロフネ	石橋脩		58	3週	900 / 2710	芦毛	2月20日	休明2戦目	9.5	7.3	短 10 同	14人	2024.12.28 中山 ベストウ・2勝 ダ1200 晴 良 10着 16頭 △ 5枠 9番 14人 206.0 1122 36.4 1.2 石橋脩 58 490 ±0 16 14 アイアムユウシュン 13週	2024.9.29 中京 2勝クラス ダ1400 曇 稍 1252 37.1 1.8 15 15 リ
8枠	16	ピコアーガイル	牡4	美浦	伊藤大士	石部高史	Sheikh Mohammed Bin Khalifa Al Maktoum	Justify	Solar Girl	Lonhro	佐々木大	替	57	11週	700 /	鹿毛	9月15日	休明1戦目	7.5	7.0	短 7 短	7人	2024.11.3 東京 2勝クラス ダ1300 晴 重 7着 12頭 5枠 6番 7人 25.0 1186 37.6 1.3 北村宏司 56 498 +16 2 1 ハッピーロンドン 26週	2024.5.4 東京 青竜S ダ1600 晴 稍 1398 41.0 3.6 3 3 ソ

1着⑪キタノソワレ　（6番人気）　単⑪ 1360 円

2着②ネイト　（11 番人気）　複⑪ 410 円　② 1370 円　⑮ 1670 円

3着⑮ベルウッドウズメ（14 番人気）　馬連②－⑪ 36430 円

馬単⑪→② 75870 円

3連複②⑪⑮ 578870 円

3連単⑪→②→⑮ 2925170 円

活用法⑤圧倒的人気馬の2、3着付けⅠ：25年1月25日・中山2R➡払戻8万220円

前頁で取り上げた一戦で1番人気に推されていたショウナンアビアスのように、上がり指数の足りない馬が1番人気に推されているケースは、チャンスレースである確率が高まる。例えば、上がり指数「310以上」という1番人気がいた場合、この馬の指数順位が1～3位であれば勝率は36・5％、連対率は55・2％、複勝率は67・2％と、1番人気の平均的な好走率を上回る。

逆に指数順位が6位以下だと勝率は27・0％、連対率は43・4％、複勝率は55・7％と大きく数字を落としてしまうのだ。ただし、圧倒的な人気に推されている馬であれば、馬券圏外に飛ぶことは少ない。

そこで、上がり指数の上位馬をアタマに据え、圧倒的人気馬の2、3着付けで裏目千両を狙うのが活用法⑤である。最初の事例は25年1月25日の中山2R（3歳未勝利、ダート1800m）だ。

■出走各馬の前走コース＆上がり3Fと上がり指数

①コガクボウ　前走：中山芝1800m　上がり3F：37秒5➡上がり指数：271（11位）
②チャールズテソーロ　前走：中山ダ1800m　上がり3F：42秒0➡上がり指数：269（13位）
③ホファヴァルト　前走：中山芝2000m　上がり3F：36秒5➡上がり指数：291（5位）
④アドラマリク　前走：東京ダ1600m　上がり3F：42秒9➡上がり指数：238（15位）
⑤オオタチ　前走：中山ダ1800m　上がり3F：39秒9➡上がり指数：291（5位）
⑥ライジングハース　前走：中山芝2000m　上がり3F：37秒3➡上がり指数：279（9位）
⑦ノーブルプライム　前走：中山ダ1800m　上がり3F：39秒9➡上がり指数：291（5位）

⑧ゲンキイッパイ　前走：中山ダ1200m　上がり3F：39秒8➡上がり指数：270（12位）
⑨アタックスリー　前走：中山ダ1800m　上がり3F：42秒0➡上がり指数：269（13位）
⑩スマートクオーレ　前走：中山ダ1800m　上がり3F：40秒3➡上がり指数：286（8位）
⑪ナックエルドラド　前走：なし（初出走馬）　上がり3F：な　し➡上がり指数：0（16位）
⑫ノアファースト　前走：中山ダ1200m　上がり3F：38秒0➡上がり指数：293（3位）
⑬フィンガーダンシン　前走：中山ダ1800m　上がり3F：41秒3➡上がり指数：274（10位）
○⑭ハルノアラシ　前走：中山ダ1800m　上がり3F：39秒6➡上がり指数：294（2位）
⑮プロフェータ　前走：中山ダ1800m　上がり3F：39秒7➡上がり指数：293（3位）
◎⑯チュウワクリスエス　前走：中山ダ1800m　上がり3F：39秒5➡上がり指数：296（1位）

このレースの1番人気は、前売り段階で単勝1倍台という時間帯もあった⑭ハルノアラシ。デビューから6戦で6着以下がないように安定感はあるが、戦績が示す通りに詰め甘な馬である。前走はマクリに活路を見出すも、圧倒的な支持を得たサムシャイン（上がり指数も1位）に千切られ2着に敗れていた。とはいえ、新境地を拓いたのも事実であり、今回の上がり指数はメンバー中で第2位。ここも同じ競馬をするのではないか。

ならば、この馬より前々で競馬ができ、かつ上がり指数1位の⑯チュウワクリスエス（2番人気）で逆転できるはずだ。鞍上の原田和真騎手は24年に年間未勝利と低迷中だが、大外で包まれる心配もなく、この馬で先行すれば腕は関係ないという判断を下した。

結果は、ハナを奪った⑯チュウワクリスエスが、⑭ハルノアラシのマクリを2馬身半差のセーフティリードで凌いで1着。3連単は19・1倍とカチカチだったが、大きく張って8万円超のリターンとなった。

コース	発走時間
ダート1800m	10:40

2024.10.14 東京 未勝利* ダ1300 晴 良 **15** 16頭 3枠 6番 14人 230.8 1231 38.3 4.2 伊藤工真 56 466 +10 B 16 16 ドントゥザムーン 3 週	2024.9.21 中山 新馬 芝1600 曇 良 **16** 16頭 5枠 10番 14人 228.4 1386 37.1 3.8 丹内祐次 55 456 ±0 B 2 3 7 キュクロープス 初 週
2024.12.22 中山 未勝利* 芝2000 晴 良 **17** 18頭 3枠 5番 14人 282.3 2048 38.4 3.5 木幡巧也 56 450 +6 16 16 17 17 ロジャリーマイン 8 週	2024.10.26 東京 未勝利* 芝2000 曇 良 **9** 11頭 7枠 9番 10人 445.0 2063 33.6 1.3 柴田大知 56 444 −6 10 11 11 リアライズオーラム 連 週
2024.10.13 東京 未勝利* 芝1800 晴 良 **9** 9頭 4枠 4番 9人 281.9 1499 35.3 1.9 大江原比52★ 464 +2 8 9 9 カラマティアノス 3 週	2024.9.22 中山 新馬 芝1800 曇 良 **14** 14頭 7枠 12番 13人 147.7 1530 36.6 3.1 大江原比51★ 462 ±0 10 10 12 14 テリオスルナ 初 週
2024.12.14 中山 未勝利* ダ1800 晴 良 **3** 16頭 5枠 9番 4人 6.8 1568 39.5 0.1 野中悠太 56 454 +4 B 8 7 4 3 ニシノケンタマン 6 週	2024.11.3 東京 未勝利* ダ1600 晴 重 **2** 16頭 2枠 4番 8人 16.0 1372 38.0 0.2 野中悠太 56 450 −2 B 5 3 カンレイスキー 2 週
2024.12.1 中山 未勝利* ダ1800 晴 良 **7** 16頭 3枠 6番 9人 85.6 1568 39.4 1.0 土田真翔53▲ 468 +12 11 11 10 10 バタール 11 週	2024.9.14 中山 未勝利* ダ1800 晴 良 **4** 12頭 5枠 6番 11人 116.2 1574 40.5 2.0 土田真翔52▲ 456 −6 4 4 5 4 シャイニーシップ 3 週
2024.10.20 東京 新馬 芝1800 晴 良 **17** 18頭 4枠 8番 18人 251.3 1517 35.7 3.2 柴田大知 56 454 ±0 7 16 16 エネルジコ 初 週	
2024.12.7 中山 未勝利* ダ1800 晴 良 **4** 12頭 7枠 9番 11人 447.2 1565 39.3 1.4 木幡初也 56 492 ±0 B 12 12 11 11 ルグランヴァン 3 週	2024.11.16 東京 未勝利* ダ1600 曇 良 **13** 16頭 2枠 4番 16人 350.2 1417 38.7 2.6 木幡初也 56 492 ±0 B 14
2024.10.20 京都 新馬 ダ1200 晴 稍 **13** 16頭 3枠 6番 11人 89.4 1179 40.0 5.7 酒井学 56 464 ±0 8 12 フェデラー 初 週	
2024.12.14 中山 未勝利* ダ1800 晴 良 **5** 16頭 3枠 5番 4人 9.5 1581 41.2 1.2 石川裕紀 56 508 −8 8 8 9 7 ソクツモドラドラ 8 週	2024.10.20 未勝利* ダ1800 晴 1585 3 5 5
2024.11.3 東京 未勝利* ダ1600 晴 重 **13** 16頭 7枠 13番 3人 6.4 1409 41.7 3.9 シュタル 56 460 ±0 3 3 カンレイスキー 3 週	2024.10.14 未勝利* ダ1600 晴 1391 5

1着⑯チュウワクリスエス
（2番人気）
2着⑭ハルノアラシ
（1番人気）
3着⑤オオタチ
（4番人気）

単⑯ 290 円
複⑯ 120 円
⑭ 110 円
⑤ 120 円
馬連⑭ー⑯ 370 円
馬単⑯→⑭ 710 円
3連複⑤⑭⑯ 390 円
3連単⑯→⑭→⑤ 1910 円

購入金額	12,200円
払戻金額	80,220円

投票内容

(1)	中山（土）2R 3連単	16→14→01 100円
(2)	中山（土）2R 3連単	16→14→02 200円
(3)	中山（土）2R 3連単	16→14→03 200円
(4)	中山（土）2R 3連単	16→14→04 400円
(5) 的中	中山（土）2R 3連単	16→14→05 4,200円
(6)	中山（土）2R 3連単	16→14→06 300円

3連単1910円を4200円的中!

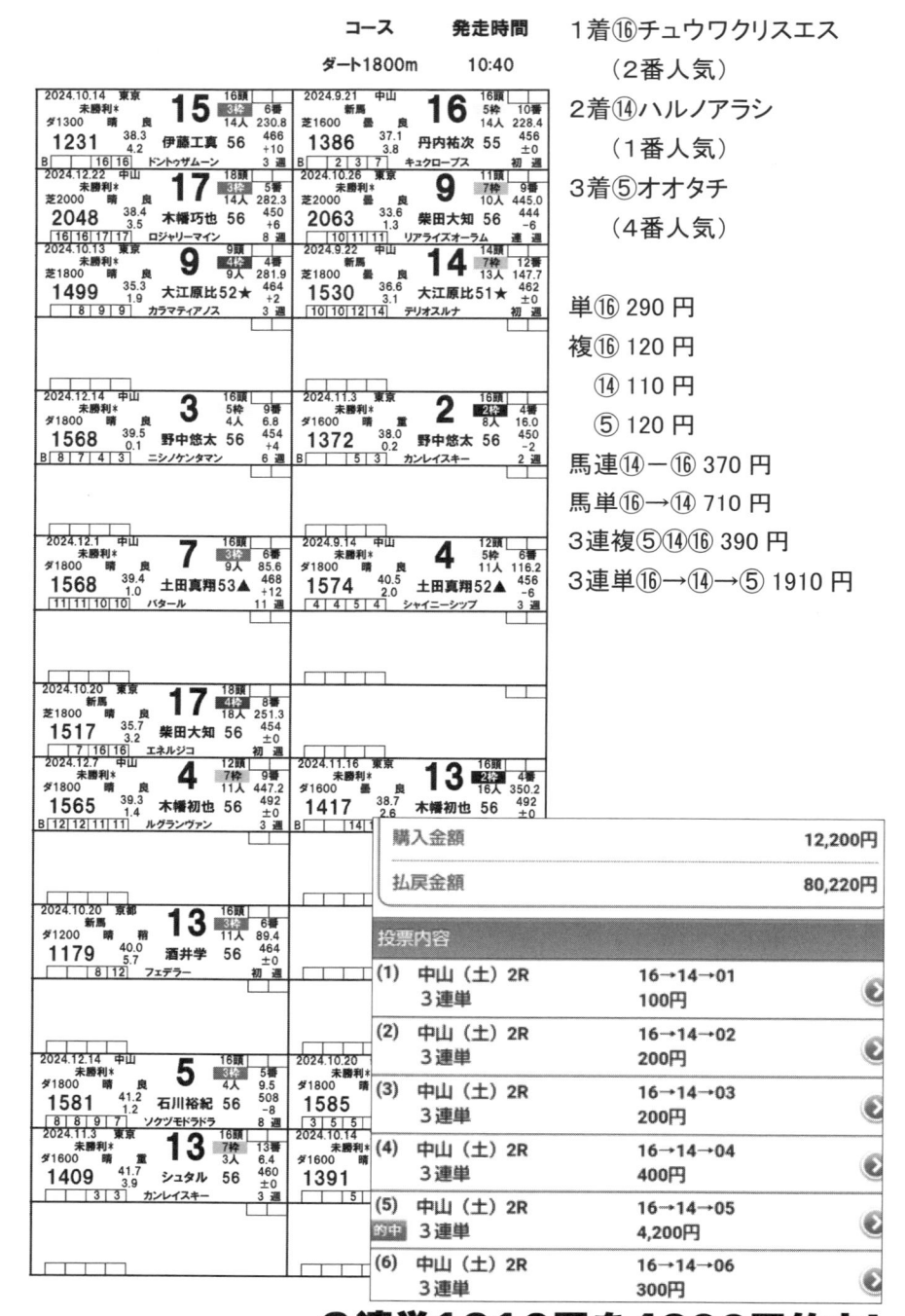

2025年1月25日　　3歳・未勝利（馬齢）［指定］

中山2R　3歳・未勝利（馬齢）［指定］

1枠	1	B	コガクボウ	父 ノーブルミッション	母 アプローズパワー	母父 クロフネ	横山琉人	替	56☆		牡3	鹿毛	3月22日	美浦	金成貴史	藤沼利夫	青藍牧場	レース間隔 4週	休明2戦目	好走S	激走S	V★D 延 16 同	ウマ楽 16人	2024.12.28	中山	未勝利*	芝1800	晴	良	1513	37.5	2.3	16	16頭	5枠	10番	16人	467.7	菊沢一樹 56	474 +8	B 5 8 11 15 ルージュミレネール 11 週
1枠	2		チャールズテソーロ	父 フィエールマン	母 イージーウィン	母父 Invincible Spirit	木幡巧也	替	57		牡3	鹿毛	3月6日	美浦	武市康男	了德寺健二ホールディングス	リョーケンファーム	レース間隔 連週	休明0戦目	好走S	激走S	V★D 短 13 同	ウマ楽 11人	2025.1.19	中山	未勝利	ダ1800	晴	良	2013	42.0	5.0	13	16頭	3枠	5番	11人	89.7	横山琉人 56☆	452 +2	14 14 13 13 ロンバイア 4 週
2枠	3		ホファヴァルト	父 エスケンデレヤ	母 ゲッカビジン	母父 ヨハネスブルグ	石神深道	替	54▲		牡3	栗毛	3月11日	美浦	武市康男	中西宏彰	日本中央競馬会日高育成牧場	レース間隔 2週	休明2戦目	好走S	激走S	V★D 延 17 短	ウマ楽 17人	2025.1.12	中山	未勝利	芝2000	曇	良	2045	36.5	2.5	17	18頭	4枠	8番	17人	455.3	木幡初也 57	466 +2	18 18 18 17 ニシノエビカリ 13 週
2枠	4		アドラマリク	父 パイロ	母 アドリア	母父 ヴィクトワールピサ	菅原明良	替	57		牡3	黒鹿	3月6日	美浦	稲垣幸雄	岡田牧雄	船越牧場	レース間隔 13週	休明1戦目	好走S	激走S	V★D -- 15 延	ウマ楽 15人	2024.10.27	東京	新馬	ダ1600	晴	良	1445	42.9	5.6	15	16頭	1枠	2番	15人	304.1	柴田大知 56	476 ±0	1 1 タガノパビロン 初 週
3枠	5	B	オオタチ	父 ルヴァンスレーヴ	母 チェス	母父 フリオーソ	野中悠太		57	765	牡3	黒鹿	5月5日	美浦	久保田貴	諸岡慶	北田剛	レース間隔 2週	休明0戦目	好走S	激走S	V★D 同 3 同	ウマ楽 2人	2025.1.12	中山	未勝利	ダ1800	曇	良	1565	39.9	2.3	3	16頭	8枠	15番	2人	6.5	野中悠太 57	456 +2	B 5 7 7 6 サムシャイン 4 週
3枠	6		ライジングハース	父 モーリス	母 スウィートハース	母父 Touch Gold	大野拓弥		57		牡3	黒鹿	3月20日	美浦	松山将樹	大野裕	中地広大	レース間隔 4週	休明0戦目	好走S	激走S	V★D -- 18 短	ウマ楽 16人	2024.12.28	中山	新馬	芝2000	晴	良	2066	37.3	2.8	18	18頭	5枠	10番	16人	152.8	大野拓弥 56	522 ±0	8 8 9 10 ブラックジェダイト 初 週
4枠	7		ノーブルプライム	父 カリフォルニアクローム	母 レディカーニバル	母父 Giant's Causeway	土田真翔		54▲	83	牡3	鹿毛	4月2日	美浦	田村康仁	吉木伸彦	橋本牧場	レース間隔 2週	休明3戦目	好走S	激走S	V★D 同 6 同	ウマ楽 11人	2025.1.11	中山	未勝利	ダ1800	晴	稍	1577	39.9	0.9	6	16頭	6枠	11番	11人	49.8	土田真翔 54▲	468 ±0	13 12 12 10 カゼノタカトシ 6 週
4枠	8		ゲンキイッパイ	父 アメリカンペイトリオット	母 カゼニモマケズ	母父 パイロ	長浜鴻緒	替	54▲		牡3	鹿毛	6月7日	美浦	石栗龍彦	江川伸夫	清水スタッド	レース間隔 2週	休明0戦目	好走S	激走S	V★D -- 12 延	ウマ楽 12人	2025.1.13	中山	新馬	ダ1200	晴	良	1175	39.8	3.3	12	16頭	3枠	6番	12人	71.3	杉原誠人 57	506 ±0	16 15 アドバンテスロード 初 週
5枠	9		アタックスリー	父 シュヴァルグラン	母 ワクワクキリシマ	母父 ストーミングホーム	柴田大知		57		牡3	栗毛	2月6日	美浦	和田雄二	西村新一郎	田原橋本牧場	レース間隔 3週	休明2戦目	好走S	激走S	V★D 同 13 同	ウマ楽 16人	2025.1.5	中山	未勝利	ダ1800	晴	良	2003	42.0	4.2	13	16頭	4枠	7番	16人	468.3	柴田大知 57	456 +2	11 11 11 12 フィーリウス 11 週
5枠	10	B	スマートクオーレ	父 オルフェーヴル	母 スマートアリシア	母父 ファルブラヴ	木幡初也		57	83	牡3	栗毛	4月8日	美浦	粕谷昌央	大川徹	本間牧場	レース間隔 3週	休明0戦目	好走S	激走S	V★D 同 8 同	ウマ楽 10人	2025.1.6	中山	未勝利	ダ1800	曇	良	1577	40.3	2.5	8	16頭	2枠	4番	10人	98.2	木幡初也 57	492 ±0	B 15 14 12 13 ニューファウンド 4 週
6枠	11		ナックエルドラド	父 マインドユアビスケッツ	母 エリンズハープ	母父 ネオユニヴァース	吉田豊		57		牡3	鹿毛	3月2日	美浦	小野次郎	小松欣也	スカイビーチステーブル	レース間隔 初出走	---	好走S	激走S	V★D -- — --	ウマ楽																		
6枠	12	B	ノアファースト	父 カレンブラックヒル	母 ノアブリジット	母父 サマーバード	武藤雅		57		牡3	栗毛	2月17日	美浦	小笠倫弘	佐山公男	清水牧場	レース間隔 3週	休明2戦目	好走S	激走S	V★D 同 14 延	ウマ楽 12人	2025.1.5	中山	未勝利	ダ1200	晴	良	1150	38.0	2.8	14	16頭	7枠	14番	12人	189.5	武藤雅 57	454 -10	B 16 14 ピッツァナポリ 11 週
7枠	13		フィンガーダンシン	父 ウインバリアシオン	母 トガミサクラ	母父 キャプテンスティーヴ	原優介		56☆		牡3	栗毛	3月6日	美浦	萱野浩二	石井義人	荒谷牧場	レース間隔 連週	休明0戦目	好走S	激走S	V★D -- 15 同	ウマ楽 10人	2025.1.19	中山	未勝利	ダ1800	晴	良	2012	41.3	3.5	15	16頭	4枠	8番	10人	31.3	原優介 56☆	506 ±0	15 14 15 16 チンプンカンプン 初 週
7枠	14		ハルノアラシ	父 ミスターメロディ	母 ヒメベニサクラ	母父 ディープブリランテ	石川裕紀		57	813	牡3	鹿毛	3月7日	美浦	相沢郁	河内孝夫	大狩部牧場	レース間隔 2週	休明5戦目	好走S	激走S	V★D 同 2 同	ウマ楽 4人	2025.1.12	中山	未勝利	ダ1800	曇	良	1557	39.6	1.5	2	16頭	5枠	9番	4人	22.8	石川裕紀 57	512 +4	12 11 5 3 サムシャイン 4 週
8枠	15		プロフェータ	父 ハービンジャー	母 サビアウォーフ	母父 クロフネ	キング		57	495	牡3	鹿毛	3月21日	美浦	斎藤誠	小田吉男	天羽禮治	レース間隔 2週	休明2戦目	好走S	激走S	V★D 延 2 同	ウマ楽 6人	2025.1.11	中山	未勝利	ダ1800	晴	稍	1569	39.7	0.1	2	16頭	8枠	16番	6人	12.6	キング 57	470 +10	9 9 6 6 カゼノタカトシ 10 週
8枠	16		チュウワクリスエス	父 ルヴァンスレーヴ	母 チュウワベイビー	母父 サウスヴィグラス	原田和真		57	160	牡3	鹿毛	4月7日	美浦	栗田徹	中西忍	若林順一	レース間隔 2週	休明0戦目	好走S	激走S	V★D -- 3 同	ウマ楽 3人	2025.1.12	中山	新馬	ダ1800	曇	良	1560	39.5	1.6	3	16頭	4枠	7番	3人	5.0	原田和真 57	478 ±0	2 2 2 2 イムホテプ 初 週

活用法⑤圧倒的人気馬の2、3着付けⅡ：24年4月6日・中山8R➡払戻4万6060円

圧倒的人気と呼ぶには物足りないが、24年4月6日の福島11R・吾妻小富士S（ダート1700m）において単勝2・8倍の1番人気に推された⑧ペースセッティングもまた、「いかにも」な馬であった。

このレースまでに14戦を消化して【2525】と、その半数が2、3着という成績。メンバー中で上がり最速をマークしたことがないという事実からも、納得の詰め甘ホースである。

今回も上がり指数は「310」とまずまずの数値を示していたが、指数順位は15頭立ての10番手。P122でもデータを紹介したように、上がり指数が「310以上」の1番人気とて、相対的な指数順位が低いのであれば、勝ち切るまでには至らないと考えるのが自然。馬券的にはこの馬の2、3着付けが狙い目だろう。

■出走各馬の前走コース&上がり3Fと上がり指数

①メイショウウズマサ　前走：京都ダ1200m　上がり3F：37秒1➡上がり指数：295（13位）
②ジャズブルース　前走：小倉ダ1700m　上がり3F：38秒2➡上がり指数：306（9位）
③ハギノアトラス　前走：京都ダ1900m　上がり3F：39秒0➡上がり指数：291（14位）
④ナチュラルハイ　前走：中山ダ1800m　上がり3F：38秒3➡上がり指数：311（6位）
▲⑤ライラボンド　前走：東京ダ1400m　上がり3F：36秒0➡上がり指数：315（2位）
⑥ザイツィンガー　前走：東京ダ1400m　上がり3F：36秒1➡上がり指数：311（6位）
⑦サンマルレジェンド　前走：小倉ダ1700m　上がり3F：39秒9➡上がり指数：285（15位）
○⑧ペースセッティング　前走：東京ダ1400m　上がり3F：36秒3➡上がり指数：310（8位）

⑨プリンスミノル　前走：小倉ダ1700m　上がり3F：37秒7⬇上がり指数：312（4位）
⑩アルドーレ　前走：中山ダ1800m　上がり3F：39秒2⬇上がり指数：299（12位）
⑪メイショウカズサ　前走：阪神ダ1400m　上がり3F：36秒6⬇上がり指数：312（4位）
◎⑫ブラックアーメット　前走：京都ダ1800m　上がり3F：36秒3⬇上がり指数：319（1位）
⑬ブリッツファング　前走：小倉ダ1700m　上がり3F：38秒3⬇上がり指数：304（11位）
⑭ロッシュローブ　前走：小倉ダ1700m　上がり3F：38秒3⬇上がり指数：305（10位）
⑮クロパラントウ　前走：小倉ダ1700m　上がり3F：37秒6⬇上がり指数：315（2位）

一方、上がり指数の1位は「319」をマークした⑫ブラックアーメット（3番人気）。近2走は二ケタ着順に敗れているものの、よくよく見ると着差は1秒前後と巻き返し可能な差でしかない。オマケに舞台となる福島ダート1700mは、三度の出走で【1110】と複勝率100％。前年の本レースの勝ち馬であるように、バツグンの適性を示すコースである。

次点は指数値「315」の⑤ライラボンド（11番人気）。ムラっ気のあるタイプだが、ハマったときの上がりの脚には光るものがあり、これまでにも大変美味しい思いをさせてもらった馬である。

1着候補はこの2頭と見て、3連単フォーメーションで⑤⑫⬇⑧⬇全、⑤⑫⬇全⬇⑧の2パターンを購入。

すると、ラチ沿いの3、4番手を先行する⑧ペースセッティングに対し、向正面で後方から一気にマクって出た⑤ライラボンドが3、4角を2番手で回って直線へ。そのまま⑤ライラボンドが先頭に立つが、外から一気の伸びで⑫ブラックアーメットが突き抜けて1着。粘る⑤ライラボンドの内から⑧ペースセッティングが追いすがるも、最後は上がり指数の差が示す通りに競り負け⑫⬇⑤⬇⑧で決着した。

コース	発走時間
ダート1700m	15:25

2023.12.3 阪神 13頭 ○ ◎ ギャラクH 12 6枠 8番 ダ1400 晴 良 7人 16.3 1257 39.4 2.0 岩田康誠 56 502 +4 □ □ 1 1 マルモリスペシャル 3 週	2023.11.11 東京 16頭 ▲ 武蔵野SG3 15 6枠 11番 ダ1600 曇 良 14人 158.2 1375 39.1 2.3 岩田康誠 57 498 −4 □ □ 1 1 ドライスタウト 61 週
2023.10.14 京都 12頭 太秦S 11 6枠 8番 ダ1800 曇 良 11人 68.8 1537 40.1 2.4 角田大河 57 472 +10 5 5 7 7 ヴィクティファルス 18 週	2023.6.11 阪神 15頭 三宮SH 10 6枠 10番 ダ1800 曇 重 11人 80.2 1516 37.8 1.7 団野大成 55 462 +2 5 5 4 5 キングズソード 7 週
2024.1.14 小倉 16頭 ▲ ○ 門司S 13 8枠 15番 ダ1700 晴 良 14人 216.5 1465 39.4 2.3 藤岡康太 58 480 −4 8 8 7 10 スレイマン 52 週	2023.1.15 小倉 14頭 ▲ 門司S 8 2枠 2番 ダ1700 曇 重 12人 56.6 1431 37.4 1.1 藤岡康太 58 484 +2 2 2 2 3 ロッシュローブ 13 週
2023.12.17 中山 10頭 ☆ ▲ 北総S・3勝 1 2枠 2番 ダ1800 晴 良 1人 2.1 1541 38.3 −0.3 永野猛蔵 57 474 ±0 7 6 5 4 (トップスティール) 2 週	2023.12.3 中山 16頭 △ ☆ 市川SH・3勝 2 1枠 2番 ダ1800 晴 良 3人 4.8 1525 38.0 0.2 ドイル 56 474 +6 8 9 7 6 テーオードレフォン 10 週
2024.1.14 小倉 16頭 門司S 11 1枠 1番 ダ1700 晴 良 10人 34.7 1464 39.0 2.2 佐々木大 58 530 +12 11 11 11 12 スレイマン 8 週	2023.11.19 福島 15頭 福島民友(L) 7 8枠 14番 ダ1700 曇 稍 12人 58.6 1436 37.9 1.0 小林勝太 57 518 −8 11 11 10 8 ワールドタキオン 連 週
2023.12.17 中山 13頭 ディセン(L) 10 4枠 5番 芝1800 晴 良 13人 162.5 1484 35.4 0.6 永野猛蔵 57 430 −6 6 8 9 9 ロングラン 2 週	2023.12.3 阪神 13頭 ▲ ▲ ギャラクH 9 8枠 13番 ダ1400 晴 良 11人 58.0 1248 37.3 1.1 和田竜二 54 436 +8 □ □ 10 11 マルモリスペシャル 16 週
2023.9.30 阪神 14頭 ▲ シリウスHG3 14 5枠 8番 ダ2000 曇 良 10人 31.6 2089 42.1 4.5 酒井学 55 496 +12 1 1 1 3 ハギノアレグリアス 5 週	2023.8.26 新潟 13頭 ▲ BSNH(L) 7 6枠 9番 ダ1800 晴 良 3人 7.2 1521 38.2 1.3 酒井学 55 484 −2 2 2 2 1 アイコンテーラー 7 週
2024.1.14 小倉 16頭 門司S 2 4枠 8番 ダ1700 晴 良 1人 3.7 1449 38.0 0.7 鮫島克駿 56 498 +4 5 5 4 3 スレイマン 9 週	2023.11.11 東京 16頭 ○ ◎ 武蔵野SG3 5 8枠 16番 ダ1600 曇 良 3人 5.6 1359 36.7 0.7 団野大成 56 494 +4 □ □ 6 5 ドライスタウト 3 週
2024.1.21 中山 16頭 アレキサ・3勝 2 2枠 4番 ダ1800 曇 不 12人 53.4 1507 36.2 0.1 田辺裕信 58 470 +8 9 9 12 9 ダイシンビスケス 10 週	2023.11.1 奥羽S ダ1700 1452 4 5
2024.1.7 中山 16頭 △ ▲ ボルック 16 8枠 16番 ダ1800 曇 良 16人 249.8 2086 52.1 15.7 吉田豊 59 508 +20 B 11 10 15 16 ヴァルツァーシャル 66 週	2022.10. シリウ ダ1900 1591 B 7 7
2024.2.4 京都 16頭 ◎ 令月SH 9 7枠 14番 ダ1200 晴 良 10人 37.8 1115 36.3 0.5 酒井学 57 492 +2 B □ □ 3 2 クロジシジョー 4 週	2024.1.7 すばる ダ1400 1252 B
2024.1.7 中山 16頭 ボルック 10 1枠 1番 ダ1800 曇 良 8人 16.2 1538 38.4 0.9 泉谷楓真 58 510 +4 6 5 7 6 ヴァルツァーシャル 7 週	2023.11.1 福島民 ダ1700 1426 8 8
2023.11.19 福島 15頭 ☆ ▲ 福島民友(L) 5 7枠 12番 ダ1700 曇 稍 7人 27.7 1433 37.3 0.7 亀田温心 57 488 ±0 13 14 13 12 ワールドタキオン 2 週	2023.11. みやこ ダ1800 1524 13 13
2023.8.6 札幌 14頭 エルムSG3 3 5枠 8番 ダ1700 曇 不 10人 26.9 1433 36.4 0.5 浜中俊 57 506 +2 B 9 8 7 5 セキフウ 4 週	2023.7.8 マリー ダ1700 1448 5 4
2023.9.23 中山 12頭 ◎ ◎ ながつき 9 7枠 10番 ダ1200 曇 重 12人 121.8 1106 36.5 1.7 江田照男 57 524 +2 B □ □ 7 7 タガノクリステル 10 週	2023.7.1 名鉄 ダ1800 1580 B 1 1

1着⑫ブラックアーメット
（3番人気）
2着⑤ライラポンド
（11 番人気）
3着⑧ペースセッティング
（1番人気）

単⑫ 570 円
複⑫ 190 円
⑤ 510 円
⑧ 140 円
馬連⑤－⑫ 7170 円
馬単⑫→⑤ 10010 円
3連複⑤⑧⑫ 5420 円
3連単⑫→⑤→⑧ 46060 円

万馬券的中証明書

[redacted]

2024年04月06日
JRA日本中央競馬会

あなたは下記の万馬券を的中させましたので
ここに証明いたします。

記

2024年　1回福島1日　11R
3連単 12→05→08　100円購入
払戻金単価　@46,060円
払戻金合計　46,060円

3連単4万馬券的中！

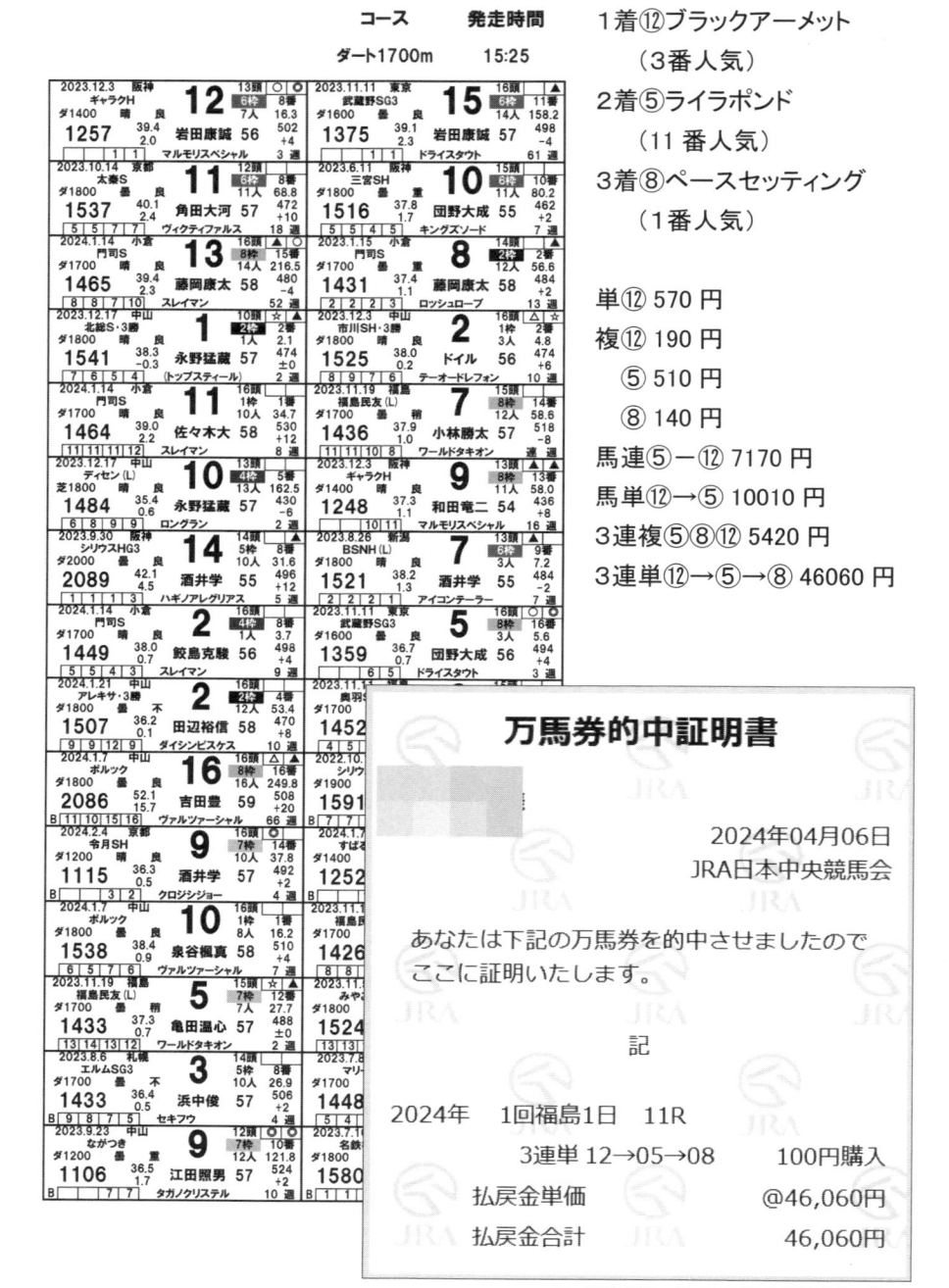

2024年4月6日　4歳以上・オープン（ハンデ）（国際）（特指）

福島11R　吾妻小富士S

枠	馬番		馬名	性齢	所属	調教師	馬主	生産者	父	母	母父	騎手		斤量	レース間隔			毛色			好走S	激走S	V★D	ウマ楽																						
1枠	1		メイショウウズマサ	牡8	栗東	福永祐一	松本好雄	三嶋牧場	ロードカナロア	ホーマンフリップ	フジキセキ	古川吉洋	替	56	7週	3600	11220	黒鹿	2月21日	休明2戦目	11.6	7.5	短 12 延	12人	2024.2.18	京都	大和S	ダ1200	曇	良	12	13頭	7枠	10番	12人	78.0	1119	37.1	1.2	中井裕二	58	498 -4	6 7	スズカコテキタイ	11週 ◎
2枠	2		ジャズブルース	牡5	栗東	吉村圭司	シルクレーシング	坂東牧場	オウケンブルースリ	ジュピターズジャズ	サンデーサイレンス	角田大和		55	12週	2400	5320	青鹿	3月31日	休明1戦目	○ 13.8	▲ 9.3	短 5 同	12人	2024.1.14	小倉	門司S	ダ1700	晴	良	5	16頭	4枠	7番	12人	111.2	1453	38.2	1.1	角田大和	58	466 -6	8 8 7 6	スレイマン	13週 △
2枠	3		ハギノアトラス	セ8	栗東	鮫島一歩	安岡美津子	村下明博	クロフネ	ハギノアーク	アドマイヤムーン	西塚洸二	替	54	9週	2400	7445	栗毛	5月7日	休明3戦目	◎ 13.8	9.1	延 10 短	12人	2024.2.3	京都	アルデバ	ダ1900	曇	良	10	12頭	1枠	1番	12人	615.3	2000	39.0	2.6	菱田裕二	57	482 +2	7 7 8 10	オーサムリザルト	3週 ○ ◎
3枠	4	B	ナチュラルハイ	牡4	美浦	黒岩陽一	山口裕介	村上欽哉	スクリーンヒーロー	ニシノシュクラン	Pulpit	永野猛蔵	替	55	13週	2400	6492	黒鹿	5月4日	休明1戦目	12.2	○ 9.3	★ 同 8 短	7人	2024.1.7	中山	ポルック	ダ1800	曇	良	8	16頭	5枠	9番	7人	14.9	1535	38.3	0.6	坂井瑠星	56	480 +6	6 5 4 3	ヴァルツァーシャル	3週 ○
3枠	5		ライラボンド	牡5	美浦	杉浦宏昭	YGGホースクラブ	片岡博	キズナ	ベガグレシヤス	アドマイヤドン	斎藤新	替	55	10週	2400	7001	黒鹿	4月9日	休明1戦目	10.9	7.9	短 10 延	15人	2024.1.28	東京	根岸SG3	ダ1400	曇	良	10	16頭	2枠	4番	15人	472.2	1254	36.0	1.3	小林勝太	57	528 -2	11 10	エンペラーワケア	2週 ○ ▲
4枠	6		ザイツィンガー	牡8	栗東	牧田和弥	永田和彦	森永牧場	ドリームジャーニー	ザッハトルテ	クロフネ	国分恭介	替	54	8週	2400	7030	芦毛	3月25日	休明4戦目	11.4	7.8	★ 短 9 延	◆ 14人	2024.2.11	東京	バレンタ	ダ1400	曇	稍	9	16頭	3枠	6番	14人	226.9	1249	36.1	0.9	武藤雅	58	438 +8	13 15	レッドヴェイロン	8週 ▲ ☆
4枠	7		サンマルレジェンド	牡6	栗東	大橋勇樹	相馬勇	谷川牧場	ダノンレジェンド	ノースプリンセス	アジュディケーティング	小沢大仁	替	55	12週	2230	4860	黒鹿	3月25日	休明1戦目	▲ 13.7	◎ 9.9	短 12 同	9人	2024.1.14	小倉	門司S	ダ1700	晴	良	12	16頭	2枠	4番	9人	23.7	1465	39.9	2.3	菱田裕二	58	486 -10	2 2 2 2	スレイマン	15週 ◎
5枠	8		ペースセッティング	牡4	栗東	安田翔伍	シルクレーシング	Northern Farm	Showcasing	Jet Setting	Fast Company	団野大成	替	56	8週	2100	8250	鹿毛	3月26日	休明9戦目	12.1	8.5	短 3 延	1人	2024.2.11	東京	バレンタ	ダ1400	曇	稍	3	16頭	2枠	4番	1人	2.2	1243	36.3	0.3	坂井瑠星	57	498 ±0	4 4	レッドヴェイロン	4週 ○ ▲
5枠	9		プリンスミノル	牡5	美浦	中舘英二	吉岡輝美	ゴールドアップカンパニー	ベーカバド	フレアキャスケード	エルコンドルパサー	吉田隼人		56	7週	2400	6513	鹿毛	5月23日	休明3戦目	11.6	8.7	短 1 同	3人	2024.2.17	小倉	小倉城S・3勝	ダ1700	晴	良	1	16頭	3枠	6番	3人	5.2	1447	37.7	-0.2	吉田隼人	58	468 -2	7 7 7 6	（ロコポルティ）	4週
6枠	10	B	アルドーレ	牡9	美浦	戸田博文	安原浩司	辻牧場	オルフェーヴル	ティックルピンク	フレンチデピュティ	菊沢一樹	替	57	5週	5000	14180	栗毛	4月30日	休明3戦目	△ 12.6	△ 9.1	同 13 短	14人	2024.3.3	中山	総武S	ダ1800	晴	稍	13	15頭	6枠	11番	14人	245.4	1541	39.2	2.5	松岡正海	59	494 -14	B 9 9 8 11	ゴールドハイアー	8週 ▲ △
6枠	11	B	メイショウカズサ	牡7	栗東	安達昭夫	松本好雄	日西牧場	カジノドライヴ	プレシャスエルフ	コロナドズクエスト	丹内祐次	替	57	4週	7000	9470	栗毛	4月29日	休明7戦目	11.2	7.4	延 8 同	◆ 13人	2024.3.9	阪神	コーラH（L）	ダ1400	曇	良	8	16頭	3枠	5番	13人	49.2	1244	36.6	0.6	藤岡佑介	57	492 ±0	B 15 15	レディバグ	5週 △
7枠	12		ブラックアーメット	牡6	栗東	角田晃一	窪田芳郎	千代田牧場	ブラックタイド	カチューシャ	ケイムホーム	泉谷楓真		57	11週	3600	10763	黒鹿	2月24日	休明1戦目	11.6	8.2	同 11 短	15人	2024.1.21	京都	東海SG2	ダ1800	曇	重	11	16頭	8枠	15番	15人	233.1	1503	36.3	1.1	泉谷楓真	57	506 -4	12 12 11 9	ウィリアムバローズ	2週
7枠	13		ブリッツファング	牡5	栗東	大久保龍志	ウエスト.フォレスト.ステイブル	山春牧場	ホッコータルマエ	リリーオブザナイル	バゴ	荻野極	替	56	12週	2650	2140	鹿毛	5月11日	休明1戦目	12.1	8.4	同 9 同	6人	2024.1.14	小倉	門司S	ダ1700	晴	良	9	16頭	7枠	14番	6人	10.8	1462	38.3	2.0	亀田温心	58	478 -10	16 16 15 15	スレイマン	8週
8枠	14	B	ロッシュローブ	牡7	栗東	田中克典	水上行雄	笠松牧場	ロードカナロア	サンコロネット	スペシャルウィーク	菱田裕二	替	57	12週	3310	9977	青鹿	3月4日	休明1戦目	☆ 13.2	8.4	同 6 同	8人	2024.1.14	小倉	門司S	ダ1700	晴	良	6	16頭	3枠	5番	8人	13.2	1455	38.3	1.3	浜中俊	59	510 +4	B 7 7 7 8	スレイマン	23週
8枠	15		クロパラントゥ	セ6	美浦	古賀慎明	長谷川祐司	千代田牧場	キズナ	マーガレットメドウ	Distorted Humor	杉原誠人	替	54	12週	2140	3680	黒鹿	3月29日	休明1戦目	11.5	☆ 9.1	延 7 同	15人	2024.1.14	小倉	門司S	ダ1700	晴	良	7	16頭	1枠	2番	15人	222.0	1455	37.6	1.3	松若風馬	57	520 -4	14 14 15 12	スレイマン	16週

活用法⑤圧倒的人気馬の2、3着付けⅢ：25年3月9日・中山10R➡払戻30万2110円

厳密には「圧倒的人気馬の2、3着付け」に失敗したレースなのだが、25年3月9日の中山10R総武S（ダート1800m）は、編集部の面々がそれぞれ大きく儲けたレースとして記しておきたい。

1番人気に推されたのは②ムルソー。芝の新馬戦とGⅢユニコーンSの5着以外はすべて勝利している4歳馬で、キャリはまだ6戦。しかも4つの勝ち星すべてが1秒差以上の圧勝で、今回は鞍上にルメール騎手を迎えての一戦ということもあり、1・4倍という熱烈な支持を得ていた。

ただ、上がり指数の「322」は4位止まりであり、1～3位の⑯ヴァンヤール（5番人気）、⑦ホールシバン（3番人気）、⑪ハビレ（2番人気）の3頭はいずれも「330」以上と末脚自慢ばかり。オマケに前に行きたい馬が揃っており、全4勝を4角先頭で挙げている②ムルソーは、展開面で不利を被る可能性が十分にある。

■出走各馬の前走コース＆上がり3Fと上がり指数

①ゴールドバランサー　前走：中山ダ1800m　上がり3F：37秒6➡上がり指数：320（6位）
○②ムルソー　前走：京都ダ1900m　上がり3F：36秒7➡上がり指数：322（4位）
③ブリッツファング　前走：中山ダ1800m　上がり3F：38秒3➡上がり指数：311（12位）
④ナチュラルハイ　前走：中山芝1600m　上がり3F：34秒6➡上がり指数：310（13位）
⑤ヒューゴ　前走：中山ダ1800m　上がり3F：39秒7➡上がり指数：294（14位）
⑥オメガシンフォニー　前走：京都ダ1200m　上がり3F：37秒4➡上がり指数：291（15位）
★⑦ホールシバン　前走：小倉ダ1700m　上がり3F：35秒9➡上がり指数：333（2位）

⑧キタノリューオー　前走：中山ダ1800m　上がり3F：37秒9➡上がり指数：316（9位）
⑨サンマルレジェンド　前走：中京ダ1900m　上がり3F：40秒2➡上がり指数：288（16位）
⑩ミファヴォリート　前走：中山ダ1800m　上がり3F：37秒5➡上がり指数：322（4位）
★⑪ハビレ　前走：中山ダ1800m　上がり3F：37秒0➡上がり指数：330（3位）
⑫タガノエスコート　前走：東京ダ1600m　上がり3F：35秒9➡上がり指数：320（6位）
⑬コンティノアール　前走：京都ダ1800m　上がり3F：37秒4➡上がり指数：312（11位）
⑭カンピオーネ　前走：中山ダ1800m　上がり3F：38秒0➡上がり指数：316（9位）
⑮ピュアキアン　前走：中山ダ1800m　上がり3F：37秒9➡上がり指数：317（8位）
★⑯ヴァンヤール　前走：中山ダ1800m　上がり3F：36秒8➡上がり指数：334（1位）

ならば、この馬の取りこぼしに期待して、上がり指数上位の３頭で馬券を組むべきだろう。この思惑で一致した編集部メンバーは各々が自身の買い方で勝負に出る。

この読み通り、前崩れの流れに巻き込まれた②ムルソーは末を欠いて４着敗退。代わって道中13番手からマクリ気味に進出した⑯ヴァンヤールが勝利を収め、４角14番手とさらに後方から競馬を進めた⑪ハビレが２着に突っ込む期待通りの決着を見る。３着には②ムルソーと同指数で４位タイだった⑩ミファヴォリート（10番人気）が入り、編集部のグループＬＩＮＥは歓喜に包まれた。

中でも屈指の馬券巧者であるＨは、⑯ヴァンヤールをアタマに置いた３連単と３連複のフォーメーションを組み、見事に23万馬券と２万馬券を奪取。１２８倍の万馬券となった馬単を３００円分仕留めたメンバーが敗北感を味わうという、ハイレベルな争いであった。

コース	発走時間
ダート1800m	15:10

2024.8.3 新潟 15頭 △ 柳都SH・3勝 **1** 5枠 9番 ダ1800 晴 良 2人 3.3 1519 37.8 −0.1 田辺裕信 57 464 +8 3 4 3 3 （フタイテンロック） 10 週	2024.5.25 京都 16頭 △ 桃山SH・3勝 **2** 1枠 2番 ダ1900 晴 良 8人 15.4 1589 37.6 0.1 田辺裕信 56 456 −8 4 4 3 3 ミスティックロア 6 週
2024.9.8 中京 14頭 ○ 天竜川特・2勝 **1** 2枠 2番 ダ1800 晴 良 1人 1.4 1516 37.1 −1.0 戸崎圭太 55 514 +12 1 1 1 1 （メイショウマントル） 19 週	2024.4.27 京都 16頭 ユニコ―G3 **5** 6枠 12番 ダ1900 曇 良 2人 2.9 1599 39.2 1.3 川田将雅 57 502 −2 3 3 2 2 ラムジェット 3 週
2024.4.6 福島 15頭 吾妻小富H **10** 7枠 13番 ダ1700 曇 良 6人 19.9 1456 37.3 1.1 荻野極 56 480 +2 13 11 11 13 ブラックアーメット 12 週	2024.1.14 小倉 16頭 門司S **9** 7枠 14番 ダ1700 晴 良 6人 10.8 1462 38.3 2.0 亀田温心 58 478 −10 16 16 15 15 スレイマン 8 週
2024.12.8 中山 16頭 師走SH (L) **14** 1枠 1番 ダ1800 晴 良 10人 35.7 1540 39.8 2.2 原優介 57 484 +6 B 7 7 7 11 ロードアヴニール 3 週	2024.11.17 福島 15頭 △ 福島民友 (L) **7** 7枠 12番 ダ1700 晴 良 2人 5.0 1460 37.4 1.4 ドイル 58 478 +12 B 13 13 13 10 テーオードレフォン 15 週
2024.9.22 中山 14頭 内房SH・3勝 **1** 7枠 12番 ダ1800 曇 良 7人 20.1 1531 38.0 −0.1 岩田康誠 55 456 ±0 5 5 4 3 （オメガタキシード） 3 週	2024.8.31 新潟 11頭 △ 古町S・3勝 **5** 6枠 7番 ダ1800 曇 稍 6人 8.0 1526 37.1 0.9 内田博幸 58 456 +2 9 9 10 10 カズプレスト 5 週
2024.9.21 中山 15頭 ながつき **6** 5枠 8番 ダ1200 曇 良 4人 8.5 1113 36.5 0.7 横山武史 55 508 +16 6 5 サンライズアムール 20 週	2024.5.4 新潟 15頭 越後S **9** 3枠 4番 ダ1200 晴 良 4人 8.9 1120 36.8 0.9 西塚洸二 56 492 −2 7 7 ナムラフランク 7 週
2024.11.24 京都 16頭 カノープH **15** 4枠 8番 ダ1900 曇 良 14人 72.9 2000 39.0 2.4 M. デム 55 538 +8 B 11 11 14 15 ホウオウルーレット 22 週	2024.6.23 函館 14頭 ☆ ☆ 大沼S (L) **12** 4枠 5番 ダ1700 晴 良 13人 54.9 1462 39.7 1.9 富田暁 57 530 −14 4 5 7 11 サヴァ 59 週
2024.10.14 盛岡 15頭 マイルG1 **7** 4枠 6番 ダ1600 晴 良 9人 1380 ---- 2.1 服部茂史 57 475 −3 6 5 レモンポップ 連 週	2024.10.6 東京 16頭 △ グリーン (L) **7** 4枠 8番 ダ1600 曇 重 10人 40.5 1354 36.8 1.2 津村明秀 58 478 +6 11 9 ショウナンライシン 18 週
2024.9.15 中山 14頭 ラジオ日 **9** 8枠 13番 ダ1800 晴 良 13人 100.6 1539 39.3 1.7 原優介 57 480 −2 3 3 4 4 アウトレンジ 3 週	2024.8.25 中京 13頭 名鉄杯 **9** 7枠 11番 ダ1800 曇 良 9人 27.3 1543 40.7 2.7 酒井学 57 482 +4 3 3 3 2 バハルダール 18 週
2024.9.15 中山 14頭 ラジオ日 **5** 4枠 6番 ダ1800 晴 良 11人 38.7 1526 38.1 0.4 丸山元気 55 490 −2 2 2 2 2 アウトレンジ 8 週	2024.7.21 福島 15頭 △ ▲ ジュライ (L) **5** 3枠 5番 ダ1700 晴 良 4人 9.5 1452 38.2 0.9 丸山元気 55 492 +2 4 3 3 5 メイショウテンスイ 12 週
2024.12.15 中山 16頭 △ ◎ 北総S・3勝 **1** 1枠 2番 ダ1800 晴 良 1人 2.5 1528 37.5 −0.2 三浦皇成 57 514 +14 15 15 13 10 （マンマリアーレ） 11 週	2024.9.29 中京 15頭 ◎ 白川郷S・3勝 **2** 3枠 4番 ダ1800 曇 稍 2人 3.5 1520 36.5 0.2 三浦皇成 55 500 ±0 8 10 5 4 ディープリボーン 4 週
2024.11.3 東京 11頭 ◎ ▲ 錦秋S・3勝 **3** 8枠 10番 ダ1600 晴 重 3人 5.8 1367 35.2 0.3 北村宏司 58 496 ±0 B 1 1 ウェイワードアクト 4 週	2024.10.5 東京 14頭 ○ △ 赤富士H・3勝 **3** 7枠 12番 ダ1600 小雨 重 8人 28.0 1344 35.0 0.1 北村宏司 57 496 ±0 B 3 2 アッシュルバニパル 14 週
2025.2.1 東京 16頭 ◎ 白嶺SH・3勝 **4** 8枠 15番 ダ1600 晴 良 4人 7.7 1372 36.2 0.5 津村明秀 56 542 −4 3 3 タガノエスコート 9 週	2024.12.1 中山 16頭 ☆ 市川SH・3勝 **8** 1枠 2番 ダ1800 晴 良 8人 18.4 1531 38.7 1.0 津村明秀 57 546 +2 9 9 11 10 クインズミモザ
2024.9.28 中京 15頭 シリウスHG3 **4** 6枠 10番 ダ1900 曇 良 8人 24.3 1576 36.7 0.5 横山武史 55 516 −2 9 9 9 9 ハギノアレグリアス 7 週	2024.8.10 札幌 14頭 報知杯H・3勝 **1** 5枠 ダ1700 晴 良 2人 1453 37.8 −0.5 横山武史 56 9 9 9 4 （ゴッドブルービー）
2024.12.15 中山 16頭 北総S・3勝 **5** 5枠 10番 ダ1800 晴 良 4人 7.1 1535 39.5 0.7 吉田豊 57 512 +2 1 1 1 2 ハビレ 3 週	2024.11.23 東京 16頭 2勝クラス **1** 4枠 ダ2100 晴 稍 2人 2113 38.8 −0.1 吉田豊 56 1 1 1 1 （キャネル）
2024.10.20 東京 13頭 ▲ ☆ ブラジH (L) **11** 5枠 7番 ダ2100 晴 良 5人 12.4 2118 37.6 1.3 荻野極 57 532 −6 13 13 12 12 グロリアムンディ 3 週	2024.9.28 中京 15頭 シリウスHG3 **8** 3枠 ダ1900 曇 良 4人 1586 37.5 1.5 荻野極 57 12 13 12 14 ハギノアレグリアス

1着⑯ヴァンヤール

（5番人気）

2着⑪ハビレ

（2番人気）

3着⑩ミファヴォリアート

（10 番人気）

単⑯ 2180 円

複⑯ 600 円

⑪ 220 円

⑩ 1320 円

馬連⑪－⑯ 4110 円

馬単⑯→⑪ 12800 円

3連複⑩⑪⑯ 23900 円

3連単⑯→⑪→⑩ 239810 円

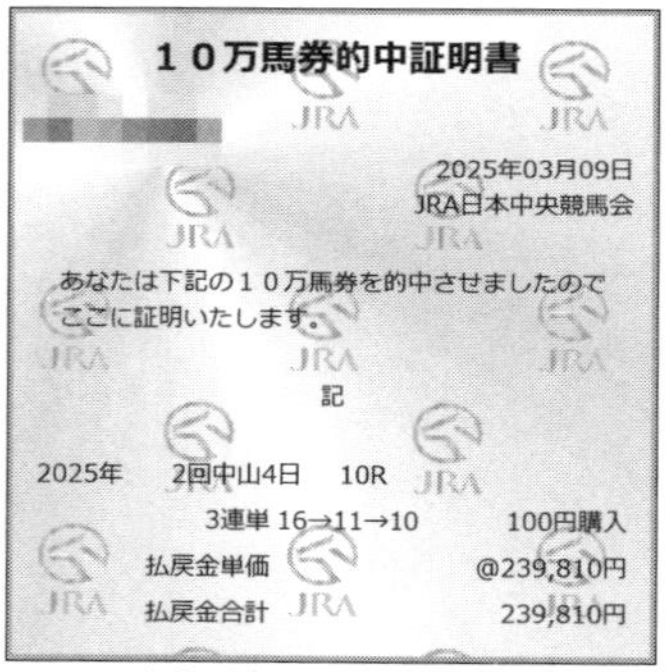

１０万馬券的中証明書

[redacted]

2025年03月09日
JRA日本中央競馬会

あなたは下記の１０万馬券を的中させましたので
ここに証明いたします。

記

2025年　2回中山4日　10R
3連単 16→11→10　100円購入
払戻金単価　@239,810円
払戻金合計　239,810円

3連単23万馬券的中!

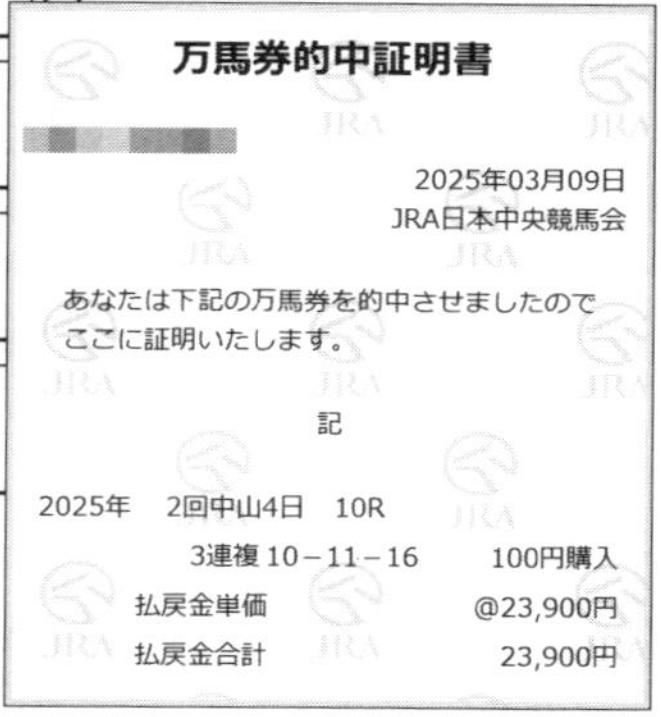

万馬券的中証明書

[redacted]

2025年03月09日
JRA日本中央競馬会

あなたは下記の万馬券を的中させましたので
ここに証明いたします。

記

2025年　2回中山4日　10R
3連複 10－11－16　100円購入
払戻金単価　@23,900円
払戻金合計　23,900円

3連複2万馬券的中!

2025年3月9日　4歳以上・オープン（別定）（国際）（特指）

中山10R　総武S

枠	馬番	馬名	性齢	所属	調教師	馬主	生産者	父	母	母父	騎手	替	斤量	レース間隔			毛色			好走S	激走S	V★D	ウマ楽	前走
1枠	1	ゴールドバランサー	牡5	美浦	鈴木慎太	居城寿与	北勝ファーム	ゴールドアクター	ゴールドグローリー	ハービンジャー	菅原明良		57	8週	2400	6752	栗毛	4月22日	休明2戦目	☆ 12.9	8.5	同 7 同	10人	2025.1.12 中山 ポルック ダ1800 曇 良 7 16頭 ▲ 4枠 8番 10人 35.6 1540 37.6 0.8 菅原明良 57 474 +10 6 6 3 3 アクションプラン 23週
1枠	2	ムルソー	牡4	栗東	池江泰寿	長谷川祐司	辻牧場	レイデオロ	ラユロット	エンパイアメーカー	ルメール	替	57	13週	2400	5090	鹿毛	3月5日	休明1戦目	◎ 13.7	8.5	延 1 短	1人	2024.12.8 京都 ブエナビ・3勝 ダ1900 小雨 良 1 10頭 ○ ◎ 7枠 8番 1人 1.7 1573 36.7 −1.2 団野大成 57 506 −8 2 2 2 1 （テリフィックプラン） 13週
2枠	3	ブリッツファング	牡6	栗東	大久保龍	ウエスト.フォレスト.ステイブル	山春牧場	ホッコータルマエ	リリーオブザナイル	バゴ	横山和生	替	57	8週	2650	2140	鹿毛	5月11日	休明2戦目	11.6	8.7	延 14 同	15人	2025.1.12 中山 ポルック ダ1800 曇 良 14 16頭 5枠 10番 15人 246.8 1556 38.3 2.4 北村宏司 57 492 +12 10 11 14 14 アクションプラン 40週
2枠	4 B	ナチュラルハイ	牡5	美浦	黒岩陽一	山口裕介	村上欽哉	スクリーンヒーロー	ニシノシュクラン	Pulpit	原優介		58	8週	3600	9652	黒鹿	5月4日	休明4戦目	10.3	7.5	短 14 延	16人	2025.1.13 中山 ニューイ（L） 芝1600 晴 良 14 16頭 ☆ 4枠 8番 16人 240.1 1334 34.6 1.1 原優介 58 486 +2 B 13 13 15 トロヴァトーレ 5週
3枠	5	ヒューゴ	牡5	美浦	加藤征弘	林正道	ヤナガワ牧場	コパノリッキー	リントス	ウォーエンブレム	丹内祐次	替	57	13週	2400	5684	黒鹿	3月7日	休明1戦目	12.2	☆ 9.1	同 15 同	8人	2024.12.8 中山 師走SH（L） ダ1800 晴 良 15 16頭 ☆ 6枠 11番 8人 33.2 1542 39.7 2.4 岩田康誠 54 456 ±0 10 10 12 13 ロードアヴニール 11週
3枠	6	オメガシンフォニー	牝5	美浦	大和田成	原禮子	岡田スタッド	ヘニーヒューズ	クレーデリンテ	ダイワメジャー	佐々木大		55	11週	2400	6240	栗毛	2月6日	休明1戦目	9.7	7.3	同 12 延	11人	2024.12.22 京都 りんくう ダ1200 晴 良 12 16頭 3枠 6番 11人 43.9 1131 37.4 1.6 佐々木大 55 498 −10 12 11 ドンアミティエ 13週
4枠	7	ホールシバン	セ7	栗東	高橋義忠	ゴドルフィン	ダーレー・ジャパン・ファーム	パイロ	サマリーズ	Hard Spun	秋山稔樹		58	5週	3600	8620	鹿毛	3月13日	休明2戦目	○ 13.5	7.8	短 1 延	15人	2025.2.2 小倉 門司S ダ1700 曇 重 1 16頭 ▲ 2枠 4番 15人 94.3 1411 35.9 −0.5 秋山稔樹 58 530 −8 10 10 8 7 （サーマルソアリング） 10週
4枠	8 B	キタノリューオー	牡7	美浦	萱野浩二	北所直人	見上牧場	ジョーカプチーノ	モリトオウカ	ブライアンズタイム	津村明秀		58	13週	3800	10797	鹿毛	4月21日	休明1戦目	6.8	4.1	延 5 同	9人	2024.12.8 中山 師走SH（L） ダ1800 晴 良 5 16頭 8枠 16番 9人 35.5 1523 37.9 0.5 津村明秀 57 478 +3 11 12 10 9 ロードアヴニール 8週
5枠	9	サンマルレジェンド	牡7	栗東	大橋勇樹	相馬勇	谷川牧場	ダノンレジェンド	ノースプリンセス	アジュディケーティング	柴田大知	替	57	23週	2230	5080	黒鹿	3月25日	休明1戦目	△ 12.8	○ 9.5	延 13 短	14人	2024.9.28 中京 シリウスHG3 ダ1900 曇 良 13 15頭 ▲ 7枠 13番 14人 152.9 2005 40.2 3.4 酒井学 54 488 +8 2 2 2 3 ハギノアレグリアス 2週
5枠	10 B	ミファヴォリート	牝6	美浦	辻哲英	サンデーレーシング	ノーザンファーム	キングカメハメハ	ミスエーニョ	Pulpit	丸山元気		55	8週	2400	6030	鹿毛	4月9日	休明2戦目	11.1	8.5	同 3 同	11人	2025.1.12 中山 ポルック ダ1800 曇 良 3 16頭 4枠 7番 11人 43.5 1537 37.5 0.5 丸山元気 55 492 +2 2 2 1 1 アクションプラン 17週
6枠	11	ハビレ	牡4	美浦	武井亮	古賀慎一	秋場牧場	ヘニーヒューズ	トモトモリバー	ブラックタイド	三浦皇成		57	8週	2400	7480	栗毛	2月19日	休明3戦目	12.4	◎			2025.1.12 中山 ポルック ダ1800 曇 良 2 16頭 ○ 8枠 15番 2人 3.7 1537 37.0 三浦皇成 56 516
6枠	12 B	タガノエスコート	牡6	栗東	小林真也	八木良司	新冠タガノファーム	ロードカナロア	スペシャルディナー	スペシャルウィーク	北村宏司		57	5週	2400	10913	鹿毛	4月9日	休明2戦目	12.5				
7枠	13	コンティノアール	牡5	栗東	矢作芳人	ライオンレースホース	レイクヴィラファーム	ドレフォン	バンデリング	キングカメハメハ	坂井瑠星	替	57	3週	2500	7050	栗毛	3月7日	休明5戦目	12.8				
7枠	14	カンピオーネ	牡6	美浦	粟田徹	GET NEXT	須崎牧場	ヘニーヒューズ	エルフィン	ダンシングブレーヴ	横山武史		57	13週	2400	9591	鹿毛	4月23日	休明1戦目	▲ 13.0				
8枠	15	ピュアキアン	牡4	美浦	竹内正洋	鶴見芳子	村上欽哉	ホッコータルマエ	ピュアプレジャー	Tiznow	吉田豊		57	9週	2400	5764	鹿毛	3月25日	休明5戦目	11.7				
8枠	16	ヴァンヤール	牡7	栗東	庄野靖志	ヒダカ・ブリーダーズ・ユニオン	槇本牧場	タートルボウル	ブライトエルフ	ブライアンズタイム	戸崎圭太		58	8週	3410	10792	栗毛	3月26日	休明2戦目	12.2				

万馬券的中証明書

[redacted]

2025年03月09日
JRA日本中央競馬会

あなたは下記の万馬券を的中させましたので
ここに証明いたします。

記

2025年　2回中山4日　10R
馬単　16→11　300円購入
払戻金単価　@12,800円
払戻金合計　38,400円

馬単万馬券を300円的中！

活用法⑥特異な傾向を狙うⅠ：23年11月5日・東京1R➡払戻59万8880円

次章の内容と被ってしまう部分もあるが、上がり指数のデータを眺めていると、特異な傾向を示すコースが存在する。例えば、指数上位がまるで来ないコースや、指数上位は普通に好走するものの、なぜか下位の好走率が高いコースなどがそれにあたる。19年以降、障害戦を除く全レースで指数を算出しているだけに、データの蓄積が少なすぎるということはないはずだ。

その中でも、回収率を伴う際立った傾向があるならば、みすみす見逃す手はない。儲けのツボと前向きにとらえ、積極的に狙っていきたい。そのひとつが東京ダート戦の「上がり指数2位」である。

■出走各馬の前走コース＆上がり3Fと上がり指数

①ハクサンツキミテイ　前走：京都芝1600m　上がり3F：35秒8➡上がり指数：307（1位）
②スペイドアン　前走：新潟ダ1800m　上がり3F：39秒8➡上がり指数：289（10位）
◎③デビッドテソーロ　前走：中山芝1600m　上がり3F：36秒1➡上がり指数：304（2位）
④ユイノコミチ　前走：東京ダ1600m　上がり3F：37秒6➡上がり指数：297（4位）
⑤フォクシー　前走：東京ダ1400m　上がり3F：37秒5➡上がり指数：295（5位）
⑥ファイアーサイン　前走：東京ダ1400m　上がり3F：37秒5➡上がり指数：294（6位）
⑦アストラカ　前走：東京ダ1400m　上がり3F：37秒5➡上がり指数：294（6位）
⑧ブルズアイ　前走：新潟ダ1800m　上がり3F：40秒0➡上がり指数：277（11位）
⑨キタノジョンヌ　前走：新潟ダ1200m　上がり3F：37秒1➡上がり指数：303（3位）

⑩レッドジャスパー　前走：新潟ダ1200m　上がり3F：37秒3⬇上がり指数：294（6位）
⑪グレイトマジック　前走：東京ダ1600m　上がり3F：38秒1⬇上がり指数：290（9位）
⑫サイモンプレジール　前走：東京ダ1600m　上がり3F：39秒4⬇上がり指数：275（12位）
⑬ワイドブリザード　前走：東京ダ1600m　上がり3F：39秒9⬇上がり指数：271（13位）

上がり指数で東京ダートを斬った場合、最も好走率が高いのはやはり指数1位である。ただ、その勝率は14・9％で、単勝回収値77円、単勝適正回収値87・5にとどまる（編註：後者の数字はかなり優秀だが）。

一方で、指数2位の勝率は13・1％と大差はなく、単勝回収値98円、単勝適正回収値92・4と回収値がべらぼうに高いのだ。理由を探ると、上がり指数1位は前走のポジショニングが悪い馬が多く、勝負圏外の後方を追走して終いだけ伸びた馬の割合が多いことがわかった。上がり指数の全般にいえることだが、実際のレースVTRも確認すれば、より精度の高い勝負が可能になる。右記の回収率であれば、そのひと絞りだけで容易くプラスに転じることができる、というわけだ。

23年11月5日の東京1R（2歳未勝利、ダート1600m）で指数1位を獲得した①ハクサンツキミテイ（10番人気）も、前走で最後方を追走し、終いだけ脚を使うも14頭立ての14着に敗れていた。これとは打って変わって、指数2位の③デビッドテソーロは先行力を見せている。しかも、当レースのちょうど1週前、10月29日に美浦のウッドコースで追い切りを敢行、ラスト1Fで11秒3と速い時計をマークしていた。

そこで③デビッドテソーロをアタマに据え、2着欄に上位人気の3頭＝②④⑫（活用法③より）、3着欄は総流しの3連単を購入。首尾よく③⬇②の順でゴールして的中が確定し、なんと3着に単勝461・7倍の⑬ワイドブリザード（12番人気）が激走。朝イチから59万馬券の大的中となった。

コース	発走時間
ダート1600m	10:00

14頭 6枠 10番 14人 195.1 56 456 ±0 ール 初週		
12頭 5枠 6番 1人 2.1 56 478 −8 ーク 3週	2023.9.23 中山 新馬 ダ1800 小雨 不 2 16頭 1枠 1番 10人 28.9 1548 39.3 0.2 西村淳也 55 486 ±0 1 1 1 1 ハンデンカイザー 初週	
16頭 3枠 6番 3人 8.2 55 460 +2 3週	2023.9.3 新潟 未勝利* 芝1400 晴 良 8 15頭 3枠 5番 2人 5.1 1240 36.4 1.5 戸崎圭太 55 458 ±0 6 6 ルージュスエルテ 3週	2023.8.13 新潟 未勝利* 芝1400 晴 良 3 18頭 8枠 18番 3人 7.1 1224 35.1 0.2 戸崎圭太 55 458 ±0 18 16 バロン 10週
16頭 2枠 4番 12人 72.1 56 486 ±0 2週	2023.10.8 東京 新馬 ダ1600 曇 良 8 15頭 3枠 4番 6人 21.0 1423 37.9 2.0 木幡初也 56 486 ±0 8 7 モアザンワンス 初週	
13頭 6枠 8番 10人 174.3 55 416 +2 2週	2023.10.9 東京 新馬 芝1600 雨 稍 11 13頭 5枠 6番 9人 98.9 1390 35.4 2.1 松岡正海 55 414 ±0 11 10 ファビュラススター 初週	
13頭 8枠 13番 4人 9.1 56 456 +8 2週	2023.10.9 東京 新馬 ダ1400 雨 不 5 15頭 3枠 4番 10人 58.4 1267 37.0 0.4 水沼元輝 53▲ 448 ±0 8 8 エンブレムボム 初週	
15頭 8枠 14番 1人 1.9 56 496 ±0 初週		
15頭 8枠 15番 11人 247.6 56 558 +2 9週	2023.8.19 新潟 新馬 ダ1800 晴 良 11 15頭 5枠 8番 13人 91.3 2015 41.7 4.0 菊沢一樹 55 556 ±0 11 11 10 11 ブルーブリマドンナ 初週	
11頭 3枠 3番 6人 20.1 51★ 456 +2 4週	2023.9.16 中山 未勝利・牝* ダ1200 曇 良 5 13頭 1枠 1番 12人 57.0 1132 37.6 0.6 小林美駒 51★ 454 +4 7 6 アシセバイラ 2週	2023.9.3 新潟 未勝利* 芝1400 晴 良 9 15頭 5枠 8番 10人 104.7 1242 36.3 1.7 小林美駒 51★ 450 +2 11 12 ルージュスエルテ 3週
15頭 3枠 4番 14人 474.3 55 414 −14 5週	2023.9.24 中山 新馬 ダ1200 晴 重 16 16頭 4枠 8番 16人 222.0 1179 39.7 6.3 大庭和弥 55 428 ±0 15 15 ヒストリアイ 初週	
13頭 4枠 4番 10人 75.9 56 474 +4 3週	2023.9.16 中山 新馬 ダ1800 曇 良 7 15頭 5枠 8番 9人 44.4 1590 40.9 3.1 菅原明良 55 470 ±0 12 11 12 11 ピュアキアン 初週	
11頭 6枠 6番 1人 2.1 56 468 +2 く 4週	2023.9.17 中山 未勝利* ダ1800 晴 良 2 12頭 6枠 8番 3人 6.0 1567 39.2 0.4 石川裕紀 55 466 +8 4 4 3 2 サンダーアラート 3週	2023.8.27 新馬 芝1600 晴 1399 11
16頭 2枠 4番 15人 151.4 56 448 ±0 初週		

１０万馬券的中証明書

[redacted]

2023年11月05日
JRA日本中央競馬会

あなたは下記の１０万馬券を的中させましたのでここに証明いたします。

記

2023年　5回東京2日　1R

3連単 03→02→13　100円購入

払戻金単価　@598,880円

払戻金合計　598,880円

３連単59万馬券的中！

2023年11月5日　　2歳・未勝利（馬齢）［指定］

東京1R　2歳・未勝利（馬齢）［指定］

枠	馬番	馬名	性齢	所属	調教師	馬主	生産者	父	母	母父	騎手	替	斤量	レース間隔		毛色	生年月日	休明	好走S	激走S	V★D		ウマ来	前走日	場	クラス	コース	天候	馬場	タイム	上がり	着差	騎手	着順	通過順	勝ち馬
1枠	1	ハクサンツキミテイ	牡2	栗東	小崎憲	河崎五市	三木田牧場	ハクサンムーン	オークヒルズ	ブライアンズタイム	国分恭介	替	56	2週		黒鹿	3月15日	休明0戦目				-- 14 同	14人	2023.10.21	京都	新馬	芝1600	曇	良	1381	35.8	1.7	小崎綾也	14	14 14	ブルーアイドガー
2枠	2	スペイドアン	牡2	美浦	加藤士津	TURFレーシング	今牧場	カリフォルニアクローム	ヘヴンリーウインド	ダイワメジャー	横山武史	替	56	3週	373	栗毛	5月12日	休明0戦目				同 4 短	1人	2023.10.14	新潟	未勝利*	ダ1800	晴	良	1557	39.8	1.0	吉田隼人	4	2 2 2 2	ブリーズオンチー
3枠	3	デビッドテソーロ	牡2	美浦	小手川準	了德寺健二ホールディングス	リョーケンファーム	スワーヴリチャード	バレットテソーロ	Camelot	菅原明良		56	6週	140	鹿毛	3月3日	休明4戦目			★	延 6 同	3人	2023.9.23	中山	未勝利*	芝1600	小雨	重	1363	36.1	0.4	菅原明良	6	2 2 3	カフェグランデ
4枠	4	ユイノコミチ	牡2	美浦	竹内正洋	由井健太郎	下河辺牧場	リオンディーズ	ローマンブリッジ	ブライアンズタイム	木幡初也		56	2週	220	青鹿	4月14日	休明0戦目				同 2 同	12人	2023.10.22	東京	未勝利*	ダ1600	晴	良	1396	37.6	0.2	木幡初也	2	8 7	メイプルタピット
4枠	5	フォクシー	牝2	美浦	畠山吉宏	竹内敬輔	グランデファーム	ディスクリートキャット	リコリアーノ	タニノギムレット	松岡正海		55	2週		鹿毛	4月2日	休明0戦目				短 6 延	10人	2023.10.21	東京	未勝利*	ダ1400	晴	良	1281	37.5	1.8	松岡正海	6	9 10	サミアド
5枠	6	ファイアーサイン	牡2	美浦	石栗龍彦	松谷翔太	中村雅明	マインドユアビスケッツ	サマーアクトレス	サクラバクシンオー	北村宏司		56	2週	127	栗毛	4月26日	休明0戦目				同 5 延	4人	2023.10.21	東京	未勝利*	ダ1400	晴	良	1281	37.5	1.8	北村宏司	5	9 10	サミアド
5枠	7	アストラカ	牡2	栗東	田中克典	水上行雄	笠松牧場	ドレフォン	アカカホール	ダイワメジャー	小沢大仁	替	55☆	2週		鹿毛	3月13日	休明0戦目				-- 6 延	1人	2023.10.22	東京	新馬	ダ1400	晴	良	1289	37.5	1.6	藤岡康太	6	9 10	トーアアイギス
6枠	8	ブルズアイ	牡2	美浦	松山将樹	プレミアムレースホース	三石川上牧場	マジェスティックウォリアー	レディーメグネイト	ファスリエフ	木幡巧也	替	56	2週		鹿毛	2月2日	休明0戦目				同 8 短	11人	2023.10.21	新潟	未勝利*	ダ1800	雨	重	1577	40.0	2.2	菊沢一樹	8	13 12 11 12	ブレードサクセ
6枠	9	キタノジョンヌ	牝2	美浦	粕谷昌央	北所直人	碧雲牧場	ストロングリターン	マイオール	フレンチデピュティ	江田照男	替	55	3週	127	鹿毛	4月9日	休明0戦目				同 7 延	6人	2023.10.15	新潟	未勝利*	ダ1200	小雨	良	1136	37.1	1.3	小林美駒	7	10 9	ワイノナオミ
7枠	10	レッドジャスパー	牝2	美浦	松永康利	田頭勇貴	芳住鉄兵	トーセンラー	レッドジェニファー	スクリーンヒーロー	大庭和弥		55	連週		鹿毛	3月11日	休明0戦目				同 13 延	14人	2023.10.29	新潟	未勝利*	ダ1200	小雨	不	1136	37.3	2.4	大庭和弥	13	15 15	グランオルカ
7枠	11 B	グレイトマジック	牡2	美浦	武市康男	櫻井秀樹	千代田牧場	ホッコータルマエ	マジックシアター	ネオユニヴァース	内田博幸		56	4週		黒鹿	4月30日	休明0戦目			★	短 8 同	10人	2023.10.9	東京	未勝利*	ダ1600	雨	稍	1393	38.1	1.5	内田博幸	8	12 12	フィリップ
8枠	12	サイモンプレジール	牡2	美浦	稲垣幸雄	澤田昭紀	笹島智則	エピカリス	ビーエムルッカ	キンシャサノキセキ	石川裕紀		56	3週	360	鹿毛	2月23日	休明0戦目				短 3 同	1人	2023.10.14	東京	未勝利*	ダ1600	曇	良	1394	39.4	0.2	石川裕紀	3	2 2	ヘヴンリーハン
8枠	13	ワイドブリザード	牡2	美浦	武井亮	幅田昌伸	フジワラファーム	カリフォルニアクローム	ハナフブキ	ディープインパクト	佐藤翔馬	替	53▲	連週		鹿毛	5月14日	休明0戦目				-- 13 同	15人	2023.10.29	東京	新馬	ダ1600	曇	良	1428	39.9	4.1	松田大作	13	14 14	アースイオス

1着③デビッドテソーロ（4番人気）　単③ 820 円

2着②スペイドアン（2番人気）　複③ 310 円　② 230 円　⑬ 8070 円

3着⑬ワイドブリザード（12 番人気）　馬連②－③ 1640 円

馬単③→② 3430 円

3連複②③⑬ 178180 円

3連単③→②→⑬ 598880 円

活用法⑥特異な傾向を狙うII：22年1月29日・東京3R➡払戻12万8940円

お次も東京ダートで「上がり指数2位」を狙った的中例をお届けしたい。

先ほど「勝負圏外を追走して終いだけ脚を伸ばした馬」はオミットしたい旨を書いたが、それはあくまでも程度による。買いたくないのは後方追走から他馬と同じような脚色でただ雪崩れ込んだだけの馬であり、目を見張る伸びを見せた馬に関してはその限りではない。

22年1月29日の東京3R（3歳未勝利、ダート1600m）に出走した各馬の指数から確認しよう。

■出走各馬の前走コース＆上がり3Fと上がり指数

①マイネルシデン	前走：中山ダ1800m	上がり3F：41秒6➡上がり指数：272	（13位）
②アマリリス	前走：中山ダ1200m	上がり3F：39秒5➡上がり指数：277	（11位）
③キャノンコア	前走：東京芝1600m	上がり3F：37秒3➡上がり指数：269	（15位）
◎④グローリー	前走：中山ダ1200m	上がり3F：37秒4➡上がり指数：300	（2位）
⑤ブラックピアノ	前走：中山ダ1800m	上がり3F：39秒1➡上がり指数：301	（1位）
⑥ジャスティンダイヤ	前走：東京ダ1600m	上がり3F：37秒8➡上がり指数：294	（5位）
⑦セイゲン	前走：東京ダ1600m	上がり3F：38秒5➡上がり指数：286	（8位）
⑧バックスクリーン	前走：中山ダ1800m	上がり3F：39秒7➡上がり指数：293	（6位）
⑨ピンクペッパー	前走：中山ダ1800m	上がり3F：42秒7➡上がり指数：258	（16位）
⑩ケイアイユニバース	前走：東京ダ1600m	上がり3F：38秒5➡上がり指数：286	（8位）

⑪キージュピター　前走：中山ダ1800m　上がり3F：39秒2⬇上がり指数：299（3位）
⑫ヤマニンクイッカー　前走：東京ダ1600m　上がり3F：39秒3⬇上がり指数：277（11位）
⑬プロキシーファイト　前走：中山ダ1800m　上がり3F：41秒8⬇上がり指数：270（14位）
⑭サイモンソーラン　前走：東京ダ1600m　上がり3F：37秒6⬇上がり指数：297（4位）
⑮ラブシックボッサ　前走：中山芝1600m　上がり3F：36秒7⬇上がり指数：282（10位）
⑯ホウオウベリテ　前走：中山ダ1800m　上がり3F：40秒2⬇上がり指数：288（7位）

指数1位は「301」と、未勝利クラスであれば及第点の数字をマークした⑤ブラックピアノ（2番人気）。芝⬇ダート替わりだった前走で2着と好走し、二度目のダートでさらなる前進が期待される1頭である。

この馬を狙うこと自体にケチをつけるつもりは一切ないのだが、先ほどのデータを見てしまった今となっては、東京のダート戦であれば指数2位が気になるところだ。

その指数2位が④グローリー。前走のデビュー戦を中山ダート1200mで迎え、最後方から上がり最速の37秒4を記録したが、2・4秒差の9着に敗れているのだ。通常であれば見向きもされない馬であり、そうした競馬ファンの総意が単勝190・7倍に表れていた。が、この馬に関しても、ぜひ初戦のVTRを確認していただきたい。とにかく、とんでもないレベルの出遅れを喫しているのだ。向正面のパトロールフィルムでは見切れてしまうほどで、そこから9着まで追い上げた末脚は未勝利レベルのそれではない。

そこでこの馬の単勝とワイドの総流しで勝負したところ、今度は4角12番手と常識的な位置で直線へ向く。馬場を真横に横切って大外へ持ち出すと、前走と変わらぬキレを発揮。ゴール直前で前を行く馬をまとめて交わし去って栄光の1着フィニッシュ。単勝万馬券×500円とワイド2点で10万円超の払い戻しとなった。

コース	発走時間
ダート1600m	11:05

1		
2		
3		
4		
5	2021.10.9 東京 新馬 芝1800 曇 良 7 16頭 8枠 16番 14人 107.9 1499 34.2 1.6 大野拓弥 55 454 ±0 14 13 13 モカフラワー 初 週	
6	2021.7.24 函館 新馬 ダ1700 曇 良 4 12頭 7枠 10番 2人 3.7 1492 40.1 1.9 武豊 54 486 ±0 7 6 4 5 カズラボニアン 初 週	
7	2021.10.24 東京 新馬 ダ1600 晴 良 3 16頭 5枠 10番 2人 4.2 1402 38.5 0.3 吉田豊 55 474 ±0 1 1 オメガブルーム 初 週	
8	2021.12.28 中山 未勝利* ダ1800 晴 良 3 16頭 6枠 11番 3人 6.6 1570 38.8 0.7 M. デム 55 520 +8 8 8 7 5 イスカンダル 10 週	2021.10.16 東京 新馬 芝1800 小雨 良 7 18頭 7枠 14番 5人 17.2 1518 34.6 1.7 三浦皇成 55 512 ±0 10 12 12 ライラック 初 週
9	2021.10.9 東京 新馬 芝1800 曇 良 11 16頭 7枠 14番 8人 36.4 1503 35.4 2.0 江田照男 55 492 ±0 3 5 4 モカフラワー 初 週	
10	2021.10.10 東京 未勝利* ダ1600 曇 良 2 15頭 4枠 7番 1人 4.5 1393 38.9 0.1 内田博幸 55 466 +8 2 2 アニージョ 6 週	2021.8.28 新潟 未勝利* 芝1600 曇 良 5 15頭 5枠 8番 5人 20.0 1363 35.4 0.5 内田博幸 54 458 +2 2 2 ホウオウパレード 5 週
11	2021.12.11 中京 新馬 ダ1400 晴 良 5 13頭 3枠 3番 11人 113.5 1285 38.5 2.3 丹内祐次 55 494 ±0 13 13 ナッカーフェイス 初 週	
12		
13	2021.12.12 中山 新馬 芝1600 曇 良 16 16頭 4枠 7番 16人 270.7 1409 36.6 4.2 小林凌大52▲ 486 ±0 16 16 16 バンテレリア 初 週	
14	2021.9.11 中山 未勝利* ダ1800 曇 稍 9 16頭 2枠 3番 12人 140.6 1590 43.6 4.1 秋山稔樹52△ 480 -8 3 4 4 4 セイルオンセイラー 3 週	2021.8.22 新潟 新馬 ダ1800 曇 稍 9 15頭 3枠 5番 10人 28.2 1580 40.3 4.5 内田博幸 54 488 ±0 14 14 12 9 コンシリエーレ 初 週
15		
16	2021.12.19 中山 新馬 芝1600 晴 良 5 16頭 2枠 4番 4人 8.5 1376 35.9 0.8 菅原明良 55 450 ±0 1 3 4 アオイモエ 初 週	

1着④グローリー　（13番人気）
2着⑧バックスクリーン（4番人気）
3着⑦セイゲン　（6番人気）

単④ 19070円
複④ 3030円 ⑧ 240円 ⑦ 380円
馬連④－⑧ 65370円
馬単④→⑧ 199920円
3連複④⑦⑧ 209060円
3連単④→⑧→⑦ 2475070円

万馬券的中証明書

[redacted]

2022年01月29日
JRA日本中央競馬会

あなたは下記の万馬券を的中させましたので
ここに証明いたします。

記

2022年　1回東京1日　3R
ワイド　04－07　100円購入
払戻金単価　@20,620円
払戻金合計　20,620円

ワイド④－⑦
2万馬券的中!

万馬券的中証明書

[redacted]

2022年01月29日
JRA日本中央競馬会

あなたは下記の万馬券を的中させましたので
ここに証明いたします。

記

2022年　1回東京1日　3R
ワイド　04－08　100円購入
払戻金単価　@12,970円
払戻金合計　12,970円

ワイド④－⑧
万馬券的中!

2022年1月29日　3歳・未勝利（馬齢）（混）

東京3R　3歳・未勝利（馬齢）（混）

枠	馬番	馬名	父	母	母父	騎手	替	斤量	性齢	毛色	生年月日	所属	調教師	馬主	生産者	レース間隔	休明	
1枠	1	マイネルシデン	コパノリッキー	トウホクビジン	スマートボーイ	柴田大知		56	牡3	鹿毛	2月10日	美浦	菅野浩二	サラブレッドクラブ・ラフィアン	ビッグレッドファーム	2週	休明0戦目	60
1枠	2	アマリリス	スピルバーグ	アオバ	ブライアンズタイム	山田敬士		52△	牝3	青鹿	4月11日	美浦	小桧山悟	中村勝彦	松浦牧場	6週	休明0戦目	
2枠	3	キャノンコア	キングカメハメハ	ノンコ	アグネスタキオン	石川裕紀		56	牡3	栗毛	4月 5日	美浦	加藤征弘	亀岡和彦	社台ファーム	9週	休明0戦目	
2枠	4	グローリー	ホッコータルマエ	グリシーヌシチー	ハーツクライ	丸田恭介		56	牡3	鹿毛	4月30日	美浦	佐藤吉勝	平本敏夫	武牧場	4週	休明0戦目	
3枠	5	ブラックピアノ	タイムパラドックス	ヒナセブン	タイキシャトル	大野拓弥		56	牡3	青鹿	3月 4日	美浦	松永康利	井上久光	大林ファーム	2週	休明2戦目	210
3枠	6 B	ジャスティンダイヤ	ドレフォン	ハヤブサエミネンス	Medaglia d'Oro	横山武史	替	56	牡3	鹿毛	4月16日	美浦	伊藤圭三	三木正浩	グランド牧場	12週	休明1戦目	161
4枠	7	セイゲン	エスポワールシチー	ヘイブンズギフト	クロフネ	永野猛蔵	替	54△	牡3	栗毛	2月 9日	美浦	中川公成	伊藤誠吉	五丸農場	10週	休明1戦目	180
4枠	8	バックスクリーン	スクリーンヒーロー	ミスラゴ	Encosta De Lago	M. デム		56	牡3	栗毛	1月24日	美浦	斎藤誠	DMMドリームクラブ	社台ファーム	2週	休明3戦目	260
5枠	9 B	ピンクペッパー	ラブリーデイ	オルニス	マンハッタンカフェ	江田照男		56	牡3	青毛	4月28日	美浦	小野次郎	松本有啓	千代田牧場	5週	休明2戦目	
5枠	10	ケイアイユニバース	キンシャサノキセキ	ケイアイアテナ	Afleet Alex	藤岡佑介	替	56	牡3	鹿毛	4月 6日	美浦	上原博之	ケイアイスタリオン	新冠橋本牧場	10週	休明1戦目	521
6枠	11	キージュピター	ディープスカイ	キーレター	リンドシェーバー	北村宏司	替	56	牡3	鹿毛	4月30日	美浦	青木孝文	北前孔一郎	中本牧場	3週	休明0戦目	122
6枠	12	ヤマニンクイッカー	シニスターミニスター	ヤマニンパソドブル	シンボリクリスエス	野中悠太	替	56	牡3	青鹿	4月12日	美浦	田島俊明	土井肇	廣田光夫	9週	休明0戦目	
7枠	13	プロキシーファイト	サトノアラジン	レディルー	Samum	横山琉人	替	53▲	牡3	鹿毛	4月28日	美浦	大江原哲	田頭勇貴	秋田牧場	5週	休明0戦目	
7枠	14	サイモンソーラン	コパノリッキー	プレゼンスウーマン	サクラローレル	吉田豊	替	56	牡3	栗毛	4月29日	美浦	勢司和浩	澤田昭紀	ヤナガワ牧場	15週	休明1戦目	
8枠	15	ラブシックボッサ	イスラボニータ	シンギングセンセーション	Coronado's Quest	丸山元気		56	牡3	青鹿	4月 5日	美浦	伊藤大士	グリーンファーム	恵比寿興業株式会社那須野牧場	5週	休明0戦目	
8枠	16	ホウオウベリテ	ロードカナロア	キョウエイトルース	フジキセキ	田辺裕信	替	56	牡3	鹿毛	5月23日	美浦	高木登	小笹芳央	岡田スタッド	3週	休明0戦目	280

馬番	好走S	激走S	V★D	ウマ楽	前走
1			-- 5 短	3人	2022.1.15 中山 新馬 ダ1800 晴 稍 1599 41.6 2.5 柴田大知 56 5着 8頭 7枠 7番 3人 7.9 470 ±0 3 3 5 4 グリューヴルム 初週
2			-- 14 延	16人	2021.12.19 中山 新馬 ダ1200 晴 稍 1170 39.5 4.3 山田敬士 52△ 14着 16頭 4枠 8番 16人 345.3 440 ±0 13 14 スコラーリ 初週
3			-- 11 同	7人	2021.11.27 東京 新馬 芝1600 晴 良 1389 37.3 2.4 石川裕紀 55 11着 16頭 6枠 12番 7人 34.2 430 ±0 5 6 コウキ 初週
4			-- 9 延	12人	2021.12.28 中山 新馬 ダ1200 晴 良 1155 37.4 2.4 丸田恭介 55 9着 14頭 5枠 7番 12人 131.5 474 ±0 14 13 ギユウ 初週
5			同 2 短	8人	2022.1.16 中山 未勝利 ダ1800 晴 良 1565 39.1 0.2 大野拓弥 56 2着 16頭 1枠 2番 8人 17.6 464 +10 8 8 9 7 ホウオウニンジャ 14週
6			短 5 同	3人	2021.11.7 東京 未勝利* ダ1600 曇 良 1403 37.8 1.3 ルメール 55 5着 14頭 6枠 9番 3人 4.1 492 +6 5 4 コンクエスト 15週
7			同 外 同	--人	2021.11.21 東京 未勝利* ダ1600 曇 良 ---- ---- ---- 吉田豊 55 外 16頭 5枠 10番 --人 470 -4 ミヤビクライ 4週
8			同 3 短	2人	2022.1.15 中山 未勝利 ダ1800 晴 稍 1569 39.7 1.4 M. デム 56 3着 16頭 8枠 15番 2人 2.7 518 -2 12 11 7 3 ギャラクシーナイト 2週
9			同 11 短	5人	2021.12.26 中山 未勝利* ダ1800 晴 良 1598 42.7 5.1 江田照男 55 11着 14頭 8枠 13番 5人 26.9 506 +14 5 8 12 11 トモジャワールド 11週
10			同 2 同	1人	2021.11.21 東京 未勝利* ダ1600 曇 良 1406 38.5 0.2 内田博幸 55 2着 16頭 5枠 9番 1人 1.2 464 -2 1 1 ミヤビクライ 6週
11					2022.1.5 中山 未勝利 5着 15頭 5枠 8番

単勝万馬券を500円的中！

万馬券的中証明書

[redacted]

2022年01月29日
JRA日本中央競馬会

あなたは下記の万馬券を的中させましたので
ここに証明いたします。

記

2022年　1回東京1日　3R

単勝	04	500円購入
払戻金単価		@19,070円
払戻金合計		95,350円

活用法⑥特異な傾向を狙うⅢ：24年9月8日・中山7R⬇払戻3万6750円

東京ダートという大枠の狙い目に比べるとミクロな視点になるが、これと似たように指数1位以外が明らかに狙い目というコースのひとつに「中山芝１６００ｍ」がある。１コーナー奥の引き込み線からスタートし、外回りを使用する三角形のような特殊コース。速い上がりを使う馬が突き抜けるようなイメージを持っている方は少ないはずである。上がり指数のデータも、この印象を裏付ける。

というのも、指数1〜4位の勝率が1位13・5％、2位10・2％、3位11・3％、4位11・6％と、ほぼ横並び状態なのだ。それでも平均人気は指数順に比例して変動するため、結果として期待値は指数3、4位のほうが高い、という状態が続いている。

24年9月8日の中山7R（3歳上1勝クラス、芝１６００ｍ）は、このデータを具現化する決着となった。

■出走各馬の前走コース＆上がり3Fと上がり指数

①ラパンラピッド　前走：函館芝１８００ｍ　上がり3F：35秒8⬇上がり指数：２９８（11位）
②ビッグフラワー　前走：新潟芝１４００ｍ　上がり3F：34秒7⬇上がり指数：３０８（5位）
◎③ピックアチェリー　前走：中京芝１６００ｍ　上がり3F：34秒1⬇上がり指数：３１３（3位）
④ドリームクルーズ　前走：東京芝１４００ｍ　上がり3F：34秒8⬇上がり指数：３０２（8位）
⑤ブルーグロット　前走：小倉ダ１７００ｍ　上がり3F：38秒6⬇上がり指数：３０１（9位）
◎⑥ガルサブランカ　前走：東京芝１６００ｍ　上がり3F：33秒9⬇上がり指数：３１０（4位）
⑦レッドロスタム　前走：東京芝１６００ｍ　上がり3F：35秒1⬇上がり指数：２９３（14位）

⑧セリオーソ　前走：新潟芝１６００ｍ　上がり３Ｆ：35秒５➡上がり指数：２８４（16位）
⑨セレンディピティ　前走：福島芝１８００ｍ　上がり３Ｆ：35秒７➡上がり指数：３０６（６位）
⑩ボールドトップ　前走：東京ダ１４００ｍ　上がり３Ｆ：36秒６➡上がり指数：３０５（７位）
⑪クイーンズワーフ　前走：新潟芝１８００ｍ　上がり３Ｆ：35秒３➡上がり指数：２９０（15位）
⑫ロジプラヤ　前走：東京芝１６００ｍ　上がり３Ｆ：34秒９➡上がり指数：２９６（13位）
⑬ジーゲル　前走：東京芝１４００ｍ　上がり３Ｆ：34秒６➡上がり指数：２９８（11位）
⑭ダノンティアラ　前走：福島芝２０００ｍ　上がり３Ｆ：36秒６➡上がり指数：３０１（９位）
⑮エフォートレス　前走：東京芝１４００ｍ　上がり３Ｆ：33秒２➡上がり指数：３１７（１位）
⑯リヤンドゥミラクル　前走：東京芝１６００ｍ　上がり３Ｆ：34秒０➡上がり指数：３１４（２位）

狙い目に沿って上がり指数３位と４位の２頭を確認すると、３位が③ピックアチェリー（２番人気）、４位が⑥ガルサブランカ（１番人気）で、まさかの１、２番人気の２頭だ。これでは妙味がないか……と思いきや、３連単の１番人気が70倍以上もあり、ファンのジャッジは「難解なレース」と見て取れる。

上がり指数的には勝つのは２頭のどちらかという予想であり、なおかつ⑥ガルサブランカはいつもどこでも詰めの甘い馬。前走を勝利しての昇級初戦ではあるが、自ずとアタマは③ピックアチェリーに定まった。そこで⑦ガルサブランカを２、３着付けにした３連単を計１７００円分だけ購入することに。

レースは逃げた⑦レッドロスタム（４番人気）が押し切り濃厚と思った瞬間、大外から道中15番手のピックアチェリーが突っ込み、鼻面があわさったところでゴールイン。写真判定の結果は③ピックアチェリーがハナだけ差し切っており、２➡４➡１番人気の上位決着ながら３連単は１２２・５倍の万券決着となった。

コース	発走時間
芝1600m	13:30

[指定]

2024.5.12 東京 9頭 ○ ▲ 1勝クラス **4** 4枠 4番 芝1800 曇 良 1人 2.1 1467 35.4 0.5 モレイラ 58 486 -2 2 3 3 イルチルコ 5週	2024.4.7 中山 8頭 1勝クラス **2** 8枠 8番 芝1800 晴 重 3人 3.8 1500 35.4 0.0 団野大成 58 488 -4 1 1 1 1 フラミニア 10週
2024.4.20 東京 16頭 1勝クラス* **9** 8枠 16番 ダ1600 晴 良 9人 28.9 1390 37.4 1.8 坂井瑠星 57 484 ±0 14 13 ブシン 9週	2024.2.18 東京 16頭 新馬 **1** 4枠 7番 ダ1400 晴 良 1人 2.7 1282 37.5 -0.2 ムルザバ 57 484 ±0 5 6 (デルマルドラ) 初週
2023.12.23 中山 16頭 未勝利* **3** 1枠 1番 芝1600 晴 良 1人 2.7 1346 35.5 0.2 戸崎圭太 55 438 +8 2 4 3 モリノレッドスター 4週	2023.11.26 東京 18頭 未勝利* **2** 4枠 7番 芝1600 曇 良 3人 5.1 1351 34.1 0.0 戸崎圭太 55 430 +6 2 2 ツルマウカタチ 7週
2024.5.4 東京 18頭 未勝利 **2** 3枠 5番 芝1600 晴 良 2人 3.1 1339 34.5 0.2 横山武史 55 496 ±0 1 1 ニシノインヴィクタ 3週	2024.4.13 中山 16頭 未勝利 **2** 1枠 2番 芝1600 晴 良 2人 4.6 1350 35.3 0.2 横山武史 55 496 ±0 2 1 1 ナファロア 4週
2024.1.28 小倉 14頭 △ 1勝クラス **14** 4枠 5番 芝1200 小雨 良 12人 82.5 1103 34.4 1.3 菊沢一樹 58 534 ±0 14 14 コナブラック 連週	2024.1.21 小倉 15頭 ◎ ▲ 八幡特別・1勝 **12** 1枠 1番 芝1200 曇 稍 5人 14.1 1116 35.7 1.3 菊沢一樹 58 534 -6 5 4 トーセンエスクード 4週
2024.3.2 阪神 16頭 チューリG2 **8** 5枠 10番 芝1600 曇 稍 4人 7.4 1338 35.3 0.7 ルメール 55 444 -10 8 7 スウィーブフィート 14週	2023.11.26 東京 8頭 ベゴニア・1勝 **2** 8枠 8番 芝1600 曇 良 1人 1.4 1371 33.2 0.1 ルメール 55 454 ±0 3 3 オーサムストローク 15週
2024.3.31 中山 13頭 ○ 1勝クラス **2** 3枠 3番 芝1600 晴 良 1人 2.1 1346 34.1 0.1 三浦皇成 58 488 -2 2 2 2 タミオスター 4週	2024.3.2 中山 16頭 ◎ △ 1勝クラス **2** 4枠 7番 芝1600 曇 稍 2人 4.9 1354 35.9 0.6 三浦皇成 58 490 -12 3 3 3 ダイシンヤマト 4週
2024.3.31 中山 13頭 1勝クラス **9** 1枠 1番 芝1600 晴 良 8人 27.7 1354 34.5 0.9 石橋脩 56 442 -4 7 8 9 タミオスター 4週	2024.3.2 中山 16頭 1勝クラス **5** 1枠 2番 芝1600 曇 稍 4人 9.2 1357 35.9 0.9 戸崎圭太 56 446 +6 6 5 8 ダイシンヤマト 10週
2024.6.9 東京 17頭 1勝クラス **8** 3枠 6番 芝1600 曇 良 8人 36.1 1338 34.8 0.8 菊沢一樹 58 482 -16 9 8 ニュージーズ 44週	2023.8.5 札幌 9頭 ○ ▲ 利尻特別・1勝 **6** 8枠 9番 芝2000 曇 稍 1人 2.0 2034 36.8 1.5 ルメール 55 498 +18 8 8 5 5 フェアエールング 19週
2024.5.26 東京 16頭 ◎ ◎ 1勝クラス **消** 6枠 11番 ダ1400 晴 良 --人 ---- ---- ---- 原優介 57☆ --- ±0 ニシノスピカ 13週	2024.2.25 小倉 11頭 ▲ ◎ 1勝クラス **10** 8枠 10番 ダ1700 晴 稍 11人 241.3 1472 37.9 3.0 秋山稔樹56☆ 456 -2 10 10 9 9 タマモヴェナトル 連週
2024.4.27 京都 12頭 矢車賞・1勝* **10** 7枠 10番 芝2200 曇 良 12人 68.3 2143 36.9 1.5 菱田裕二 55 450 ±0 3 2 2 2 チルカーノ 3週	2024.4.6 福島 13頭 △ ひめさゆ・1勝 **13** 7枠 11番 芝2000 曇 良 11人 64.5 2020 37.2 1.9 吉田隼人 55 450 -2 3 3 3 4 キープカルム 9週
2024.5.18 東京 18頭 未勝利 **1** 2枠 4番 芝1600 晴 良 2人 3.0 1340 34.2 -0.4 三浦皇成 57 466 -12 1 1 (レッドアトレーヴ) 4週	2024.4.20 東京 18頭 未勝利 **2** 2枠 3番 芝1600 晴 良 5人 13.4 1340 35.2 0.4 三浦皇成 57 478 +20 3 4 ジーゲル 28週
2024.4.20 東京 18頭 未勝利 **1** 6枠 11番 芝1600 晴 良 1人 2.8 1336 35.0 -0.4 戸崎圭太 57 428 +6 1 1 (ロジブラヤ) 19週	2023.12.9 中山 16頭 未勝利* **4** 1枠 1番 芝1800 晴 良 2人 4.5 1485 35.7 0.5 横山和生 56 422 +2 1 1 1 1 ヤマニンアドホック 4週
2024.7.14 福島 16頭 1勝クラス **8** 3枠 6番 芝1800 小雨 良 7人 15.4 1490 35.8 0.6 柴田善臣 56 466 ±0 6 9 8 7 ロードレイナード 15週	2024.3.31 中山 13頭 1勝クラス **10** 6枠 8番 芝1600 晴 良 3人 5.9 1354 34.7 0.9 岩田康誠 56 466 -4 4 4 4 タミオスター 11週
2024.4.28 東京 18頭 未勝利 **1** 2枠 4番 芝1400 晴 良 2人 4.4 1211 33.6 -0.1 野中悠太 57 470 -4 12 12 (ヴィヴァクラウン) 3週	2024.4.7 中山 16頭 未勝利 **2** 6枠 12番 芝1600 曇 重 3人 9.6 1360 37.0 0.3 野中悠太 57 474 -2 2 3 3 レッドセニョール 13週
2024.5.4 東京 18頭 未勝利 **3** 6枠 12番 芝1600 晴 良 4人 8.9 1339 33.7 0.2 田辺裕信 55 430 -4 7 8 ニシノインヴィクタ 3週	2024.4.13 中山 16頭 未勝利 **5** 4枠 8番 芝1600 晴 良 5人 8.8 1352 34.5 0.4 田辺裕信 55 434 +2 13 14 15 ナファロア 12週

1着③ピックアチェリー
（2番人気）
2着⑦レッドロスタム
（4番人気）
3着⑥ガルサブランカ
（1番人気）

単③ 490 円
複③ 180 円
⑦ 170 円
⑥ 140 円
馬連③ー⑦ 1580 円
馬単③→⑦ 2690 円
3連複③⑥⑦ 1730 円
3連単③→⑦→⑥ 12250 円

万馬券的中証明書

[redacted]様

2024年09月08日
JRA日本中央競馬会

あなたは下記の万馬券を的中させましたので
ここに証明いたします。

記

2024年　4回中山2日　7R
3連単 03→07→06　200円購入
払戻金単価　@12,250円
払戻金合計　24,500円

3連単万馬券
200円的中!

万馬券的中証明書

[redacted]様

2024年09月08日
JRA日本中央競馬会

あなたは下記の万馬券を的中させましたので
ここに証明いたします。

記

2024年　4回中山2日　7R
3連単 03→07→06　100円購入
払戻金単価　@12,250円
払戻金合計　12,250円

3連単万馬券的中!

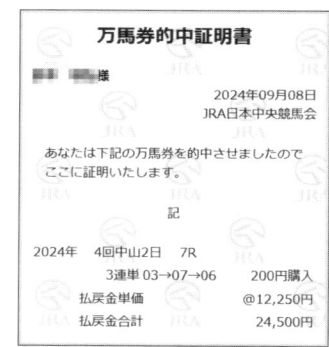

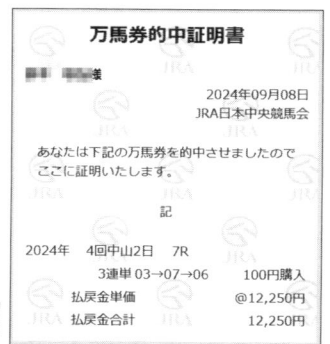

2024年9月8日　3歳以上・1勝クラス/500万下（定量）［指定］

中山7R　3歳以上・1勝クラス/500万下（定量）［

1枠	1	ラパンラピッド	B	父 ルーラーシップ / 母 クードラバン / 母父 ダイワメジャー	富田暁	替	セ4	58	美浦 武井亮	シルクレーシング	社台コーポレーション白老ファーム	レース間隔 10週	鹿毛	2月 4日	休明1戦目	400 / 1443
1枠	2	ビッグフラワー		父 ビッグアーサー / 母 マリアフィオーレ / 母父 ハーツクライ	岩田康誠		牡3	56	美浦 加藤征弘	丸山担	伏木田牧場	レース間隔 4週	鹿毛	3月19日	休明2戦目	400 / 700
2枠	3	ピックアチェリー		父 モーリス / 母 チェリーヒロイン / 母父 キングカメハメハ	佐々木大	替	牝3	54	美浦 和田正一	社台レースホース	社台ファーム	レース間隔 25週	鹿毛	3月24日	休明1戦目	400 / 1255
2枠	4	ドリームクルーズ		父 エピファネイア / 母 パセンジャーシップ / 母父 ダイワメジャー	吉田豊	替	牝3	54	美浦 戸田博文	DMMドリームクラブ	社台コーポレーション白老ファーム	レース間隔 14週	栗毛	1月23日	休明1戦目	400 / 1213
3枠	5	ブルーグロット		父 ゴスホークケン / 母 マルターズクリス / 母父 シンボリクリスエス	松岡正海	替	牡5	58	美浦 伊藤伸一	藤田在子	天羽禮治	レース間隔 30週	黒鹿	3月25日	休明1戦目	400 / 1100
3枠	6	ガルサブランカ		父 キズナ / 母 シャトーブランシュ / 母父 キングヘイロー	ルメール	替	牝3	54	美浦 木村哲也	シルクレーシング	ノーザンファーム	レース間隔 13週	鹿毛	4月16日	休明1戦目	400 / 1230
4枠	7	レッドロスタム		父 ロードカナロア / 母 レッドメデューサ / 母父 Mr. Greeley	三浦皇成		牡4	58	美浦 国枝栄	東京ホースレーシング	ノーザンファーム	レース間隔 11週	鹿毛	5月14日	休明1戦目	400 / 2237
4枠	8	セリオーソ		父 ディープブリランテ / 母 エバーグレーズ / 母父 シンボリクリスエス	小林勝太	替	牝4	54△	美浦 高柳瑞樹	Viridian Keiba Club	清水牧場	レース間隔 5週	鹿毛	3月 3日	休明2戦目	400 / 980
5枠	9	セレンディピティ		父 ドゥラメンテ / 母 ジェラシー / 母父 ハービンジャー	菊沢一樹		セ4	58	美浦 菊沢隆徳	近藤英子	ノーザンファーム	レース間隔 8週	鹿毛	2月18日	休明3戦目	400 / 1000
5枠	10	ボールドトップ		父 エーシントップ / 母 アンプレシオネ / 母父 クロフネ	石田拓郎	替	牡4	55▲	美浦 鈴木慎太	増田陽一	笹島智則	レース間隔 12週	芦毛	2月23日	休明1戦目	400 / 550
6枠	11	クイーンズワーフ		父 アルアイン / 母 バーミーブリーズ / 母父 キンシャサノキセキ	藤田菜七		牝3	52◇	美浦 青木孝文	吉田照哉	社台ファーム	レース間隔 3週	鹿毛	4月 4日	休明2戦目	400 / 960
6枠	12	ロジプラヤ		父 ルーラーシップ / 母 チャオプラヤ / 母父 ネオユニヴァース	田辺裕信	替	牡3	56	美浦 新開幸一	久米田正明	オリエント牧場	レース間隔 13週	鹿毛	3月 1日	休明1戦目	400 / 960
7枠	13	ジーゲル		父 ブリックスアンドモルタル / 母 アルマンド / 母父 ディープインパクト	武豊	替	セ3	56	美浦 田中博康	キーファーズ	社台ファーム	レース間隔 14週	青鹿	3月23日	休明1戦目	400 / 923
7枠	14	ダノンティアラ		父 ドゥラメンテ / 母 ザキア / 母父 New Approach	大野拓弥	替	牝5	56	美浦 大竹正博	ダノックス	ノーザンファーム	レース間隔 7週	栗毛	1月11日	休明3戦目	400 / 1563
8枠	15	エフォートレス		父 エピファネイア / 母 ブライトガーランド / 母父 ダイワメジャー	野中悠太		牡3	56	美浦 嘉藤貴行	ライオンレースホース	秋場牧場	レース間隔 12週	栗毛	4月27日	休明1戦目	400 / 1162
8枠	16	リヤンドゥミラクル		父 ルーラーシップ / 母 ツインエンジェルズ / 母父 ハーツクライ	原優介	替	牝3	53☆	美浦 和田勇介	吉本雄二	社台ファーム	レース間隔 11週	鹿毛	4月23日	休明1戦目	400 / 1120

馬番	好走S	激走S	V★D	ウマ楽
1	▲ 12.8	☆ 8.3	同 13 短	3人
2	10.3	7.3	短 5 延	9人
3	11.9	7.5	同 1 同	1人
4	10.9	7.2	短 1 延	1人
5	9.6	○ 8.9	延 11 短	13人
6	◎ 13.9	◎ 9.1	同 5 同	1人
7	10.9	7.0	同 5 同	5人
8	10.6	7.3	同 18 同	16人
9	11.8	▲ 8.7	延 6 短	◆ 2人
10	11.3	8.0	同 11 延	15人
11	11.9	7.6	短 5 短	10人
12	○ 13.3	7.9	同 5 同	6人
13	△ 12.0	△ 8.2	短 14 延	5人
14	9.2	8.1	延 6 短	◆ 9人
15	9.7	6.9	同 2 延	3人
16	☆ 12.1	7.4	同 1 同	2人

1	2024.6.30	函館	1勝クラス	芝1800	曇	良	13	15頭	5枠	8番	3人	5.1	1497	35.8 / 0.9	岩田康誠	58	488 / +2	4 5 5 5	ガジュノリ	7 週	☆
2	2024.8.10	新潟	1勝クラス	芝1400	晴	良	5	18頭	1枠	1番	9人	37.3	1218	34.7 / 0.6	岩田康誠	55	490 / +6	7 7	ララマセラシオン	16 週	
3	2024.3.17	中京	未勝利	芝1600	曇	良	1	16頭	7枠	14番	1人	2.7	1357	34.1 / -0.1	吉田隼人	55	426 / -12	6 5 4	(ジャズ)	12 週	
4	2024.6.2	東京	未勝利	芝1400	曇	稍	1	18頭	7枠	14番	1人	2.5	1216	34.8 / -0.1	横山武史	55	496 / ±0	2 2	(スコア)	4 週	
5	2024.2.11	小倉	1勝クラス	ダ1700	晴	良	11	13頭	3枠	3番	13人	128.1	1472	38.6 / 2.5	黛弘人	58	526 / -8	10 11 11 10	サバテアール	2 週	
6	2024.6.8	東京	1勝クラス・牝	芝1600	晴	良	5	13頭	7枠	11番	1人	2.6	1337	33.9 / 0.3	北村宏司	53	458 / +14	4 4	ハリケーンリッジ	14 週	○◎
7	2024.6.22	東京	1勝クラス	芝1600	晴	良	5	11頭	6枠	7番	5人	10.5	1338	35.1 / 0.4	三浦皇成	58	500 / +12	1 1	テウメッサ	12 週	
8	2024.8.4	新潟	1勝クラス	芝1600	晴	良	18	18頭	8枠	16番	16人	139.1	1346	35.5 / 2.1	三浦皇成	56	456 / +14	4 5	シヴァース	18 週	
9	2024.7.14	福島	1勝クラス	芝1800	小雨	良	6	16頭	8枠	16番	2人	5.7	1487	35.7 / 0.3	菊沢一樹	58	488 / +6	8 6 6 3	ロードレイナード	5 週	
10	2024.6.16	東京	1勝クラス	ダ1400	晴	良	11	16頭	6枠	12番	15人	326.6	1256	36.6 / 1.4	横山琉人	57☆	454 / -2	11 12	カフェニクス	3 週	
11	2024.8.17	新潟	1勝クラス・牝	芝1800	晴	良	5	18頭	6枠	12番	10人	78.2	1463	35.3 / 0.9	藤田菜七	51◇	454 / +4	1 1	ニューステソーロ	16 週	
12	2024.6.9	東京	1勝クラス	芝1600	曇	良	5	17頭	2枠	4番	6人	15.6	1337	34.9 / 0.7	三浦皇成	55	454 / -12	6 5	ニュージーズ	3 週	
13	2024.6.1	東京	1勝クラス	芝1400	晴	良	14	18頭	7枠	13番	5人	7.4	1213	34.6 / 1.0	戸崎圭太	55	420 / -8	9 8	サクセスカラー	6 週	◎◎
14	2024.7.21	福島	伊達特別・1勝	芝2000	晴	良	6	13頭	4枠	4番	9人	45.8	2012	36.6 / 0.6	柴田善臣	56	460 / -6	3 3 3 3	ネビュルーズ	連 週	
15	2024.6.16	東京	1勝クラス	芝1400	晴	良	2	14頭	4枠	5番	3人	5.7	1206	33.2 / 0.1	野中悠太	55	472 / +2	10 10	セントメモリーズ	7 週	
16	2024.6.22	東京	未勝利	芝1600	晴	稍	1	16頭	3枠	6番	2人	3.6	1344	34.0 / -0.1	田辺裕信	55	426 / -4	5 5	(エリカヴァリエンテ)	7 週	

ちなみに、P107~110では25年1月19日の中山9R・若潮S（芝1600m）を紹介しているが、このレースで狙いをつけたフロムダスクもまた、上がり指数は3位であった。

さらに、本書は25年4月の発売で3月に制作のピークを迎えたが、その直近でも3月9日の中山5R（3歳未勝利）を上がり指数3位のルナルーチェットが逃げ切り勝ち。指数1位を2着に抑えるかたちで、3連複は4万馬券、3連単は11万馬券が飛び出している。

中山芝1600mの波乱には、上がり指数3位と4位が大きく関わっている。上位人気馬であれば、かなり強力な補強材料になるし、穴馬の激走を誘発する条件でもある。こうした特異な傾向は、ぜひとも覚えておきたいところだ。

そしてもちろん、特定の競馬場や特定のトラック、あるいは特定のクラスに特定のコースなど、通常のデータから逸脱し、特異な傾向を示すケースは他にも存在する。

そこで、次章ではこうした事例を紙幅の許す限り取り上げていきたい。

この中には説明がつきにくい狙い目もあるのだが、前述の通り、予想において最も重要なのは「割り切り」と「曖昧さ」だと考えている。

なぜ？　どうして？　理屈と突き詰めるのも結構なことだが、競馬における傾向とは猫の目のように変わるものだと誰もがご存じだろう。レースが終わってから「わかっていたのに……！」とおなじみのセリフを吐かぬよう、勝ち馬には丸乗りするのが得策だ。理由の解明は馬券が当たった後でも十分できるのだから。

繰り返すが、誰が見ても明白なほど特異な傾向が現れているのであれば、考えるより先に狙うべきである。馬券に挑む際は常に、機を見るに敏でありたいものだ。

第5章

厳選！ここが勝負のお宝パターン7

鉄板条件①指数1位➡2位との指数差＝11～20

上がり指数を通して全レースを眺めていると、時折、抜けた指数値を持つ馬に出くわすことがある。2位以下に指数値で大きな差をつけた馬は、いうまでもなく好走率が高い。

その中でも特注は「指数差＝11～20」というゾーンで、2019～24年のベタ買いで勝率20・7％、複勝率45・8％、単勝回収値91円、単勝適正回収値90・5をマーク。好走率と回収率の双方を兼ね備えたお宝ホースといえ、積極的に買いである。

もちろん人気に推されてしまう馬は多くなるが、裏を返せば、高指数ながら過剰人気にならない臨戦過程ならば妙味は増す。例えば、今走が「昇級戦」なら勝率21・8％、複勝率48・9％と好走率はむしろアップし、クラスが上がって世間のマークが甘くなるため単勝回収値109円、複勝回収値93円と利鞘《りざや》も大きくなる。

あるいは、着順で嫌われる「前走5～9着」は、勝率12・6％、複勝率31・2％とさすがに好走率は落ちるものの、そのぶん単勝回収値114円と破壊力はアップする。こちらは単勝適正回収値も106・7を示すように、上位人気に推された馬もコンスタントに結果を出しているだけに、見かけたら是が非でも勝負したいところである。

一方、指数2位が「21以上」と、さらに大きな差をつけている馬はどうか。

こちらは勝率23・2％、複勝率49・5％と好走率は続伸の構えだが、単勝回収値57円がすべてを物語るように、世間に正体がバレてしまうがゆえに妙味はさほどない。該当馬のうち約7割にあたる馬が前走で4着以内に入っているため、必要以上に馬券が売れてしまうのだ。

鉄板条件②GⅠ➡上がり指数315以上かつ単勝10倍未満

本書の発売は4月中旬とのことで、GIシーズン真っただ中に読んでくださる方がたくさんいるはずだ。そこで、GIに限定したデータから狙い目を炙り出してみることにした。

その条件が「上がり指数＝315以上」かつ「単勝10倍未満」というもの。論より証拠ということで、ここは実際のデータをご覧いただいたほうが話は早いだろう。

■GIにおける単勝10倍未満の成績（全体➡上がり指数＝315以上）

勝　率21・2％　単回値90円　➡　勝　率25・8％　単回値103円
複勝率47・8％　複回値86円　➡　複勝率53・0％　複回値＝92円

2019〜24年の平地GIを対象にしたデータでは、単勝10倍未満の馬が単勝回収値90円と、実は過小評価であることがわかる。有力馬が揃うGIだけに、それぞれに票が分散することで理論値以上の妙味が望めるのだと推測される。

では、単勝10倍未満ながら「上がり指数＝314以下」だとどうなるか。

こちらは勝率16・5％、複勝率42・5％、単勝回収値76円、複勝回収値81円と、ほぼ理論値通りのリターンという結果が見て取れる。逆説的な物言いになってしまうが、実はGIレースで勝敗を分けるカギが「上がりの脚」である表れではないか。「前走の上がり3Fのタイム」に特化した「上がり指数」を用いることで好走率も回収率も大幅にアップするのだから、そう断じてもいいはずだ。東京・中山・京都・阪神の中央4場なら大差はなく、どこでも狙えることも付記しておきたい。

鉄板条件③2、3歳未勝利戦➡上がり指数310以上

前章の「活用法⑥特異な傾向を狙う」では、何も指数順通りに狙う必要はないという事例をご覧いただいた。「東京ダート」では「上がり指数2位」が買いとなるし、「中山芝1600m」では「上がり指数3、4位」が儲かるのは前述の通りである。そこで、上がり指数を扱ううえでマスターすべき「コース・クラス・時期別の鉄板条件」もお届けしておきたい。

ならば、朝一からその日の勝利を確定させる「未勝利戦」の鉄板条件についてである。

クラスが上がれば上がるほど総合的な能力を求められるが、未来の重賞勝ち馬と生涯未勝利の馬が一緒に走る新馬戦や未勝利戦では、出走各馬の能力差が非常に大きいケースがままある。そんなメンバー構成であれば総合力を問われることはなく、一芸に秀でた馬が好走しやすい。つまり、前走の上がり3Fタイムだけに着目した上がり指数も例に漏れず、確かな武器として機能してくれる。

2019～24年の6年間、2歳戦も含めた「未勝利戦」において、「上がり指数＝310以上」は勝率17・2％、複勝率41・1％で単勝回収値101円と、ベタ買いでプラスを叩き出している。指数順位が4位以下だと勝率9・2％、単勝回収値84円なので、指数順1～3位に狙いを定めたい。

集計期間の6年間のうち、単勝回収値が95円を下回った年が一度しかないほど、実に安定したリターンが期待できる鉄板条件である。メンバーレベルが落ちる4月以降の3歳未勝利はどんどん妙味が増す傾向にあり、未勝利戦末期である7～9月は単勝回収値が133円にまでアップする。特にラストが我慢比べになりやすいダート戦はより精度が上がるので、手ぐすね引いて待ちたいところだ。

鉄板条件④夏の2歳未勝利➡上がり指数1〜4位

右記の条件とダブってしまうが、2歳未勝利戦も上がり指数上位が非常に強い条件である。やはり出走各馬のレベル差に大きな開きがあるため、上がり指数という一芸で突破しやすいのだろう。

特に夏競馬の間はその傾向が顕著で、2歳未勝利戦の「上がり指数＝1〜4位」の馬連ボックスは的中率が4割にも達するのだ。人気馬ばかりかと思いきや、そんなことは決してなく、意外と人気にならない馬も多い。

P98〜101で紹介した新潟2歳SはGⅢ戦なので厳密には異なるが、このレースで本命に推したトータルクラリティも圧倒的に高い指数を示しながら6番人気にとどまっていた。ノーザンファーム生産のキャロットクラブ募集馬トータルクラリティでさえ、見逃されることがあるのだ。プロフィール面で見劣る馬がピックアップされたのであれば、臆《おく》せずに狙っていきたい。

2022年8月14日の小倉1R（2歳未勝利）では3連単18万馬券、翌週8月21日の新潟2R（2歳未勝利）では20万馬券がヒットした。前者は指数1位の⑩オバケノキンタ（1番人気）を1列目に、指数2位のセロンテソーロ（7番人気）を2列目に固定し、3列目は総流し（10頭立て）でたった8点買い。後者は指数1、2位の⑦ウインオーディン（2番人気）と⑤ヤングローゼス（1番人気）が1列目。2列にこの2頭と指数3位の④シーズオブホープ（8番人気）と⑥モンドプリューム（3番人気）の4頭を置き、3列目は総流し（9頭立て）で42点買いでの大的中となった。いずれも2着に人気薄が激走した結果だが、どちらも指数順位は1〜4位に収まっており、前走で価値ある末脚を見せながら、ファンに見逃された格好である。

夏の2歳未勝利戦は、指数1〜4位のワンツー狙いで望外の高配当を期待しよう。

鉄板条件⑤函館ダート1000m➡上がり指数6位

ＪＲＡの全コースと上がり指数の順位をクロスさせ、勝率順に並び替えた表36を左頁に掲載したので、ぜひご覧いただきたい（註：データ数100件以上の組み合わせのみ）。

当然ながら、各コースと上がり指数1位の組み合わせが並び、時折、指数2位や3位が入ってくる格好だ。その中で異彩を放っているのが勝率順で15位にあたる「函館ダ1000」×「6位」の組み合わせだろう。

そもそも、ＪＲＡ全10場で最も直線距離の短い函館は、上がり指数との相性がよくない競馬場という認識はあった。終いにいい脚を使っても伸び切る前にゴールを迎えてしまうため、上がり指数の上位馬が苦戦を強いられる傾向にあるからだ。

まして最短距離の1000mとあっては、上がり指数が生きないのも仕方ないのだが、6位とはどういうことなのか。結論から先にいえば、まったくわからない（笑）。というのも、前走で出走しているコースに偏りがあるわけでもなく、前走の脚質に偏りがあるわけでもない。同じ函館ダート1000mに出走していた馬から該当馬を狙うのが最も効率はいいが、前走と今走の枠順もバラバラで、傾向らしい傾向は何ひとつない。ただ、指数6位が異様に強い、という事実だけが存在しているのだ。

それでも、6年連続で複数頭が勝利を収め、6年連続で単勝適正回収値が100オーバーというデータは、買いと断ずるには十分なものだろう。単勝万馬券ホースが2勝しているので単勝回収値は397円とハネ上がっているが、単勝適正回収値の高さからわかるように、上位人気の安定感がバツグン。単勝20倍未満であれば勝率30・4％、複勝率50・0％、単勝回収値189円、複勝回収値103円の大豊漁だと覚えておきたい。

表36■［コース］x［上がり指数順位］成績・勝率順（2019〜25年の6年間、件数100以上）

コース×指数順位	着別度数	勝率	複勝率	単回値	複回値	単適回値
[中京ダ1900]x[1位]	41- 19- 25- 95/180	22.8%	47.2%	74	89	95.1
[京都芝1600]x[1位]	23- 7- 9- 62/101	22.8%	38.6%	69	56	93.7
[札幌芝1800]x[1位]	24- 14- 12- 56/106	22.6%	47.2%	110	77	93.7
[東京芝2000]x[1位]	49- 34- 38-123/244	20.1%	49.6%	78	89	90.2
[東京芝1800]x[1位]	60- 35- 39-166/300	20.0%	44.7%	85	76	89.6
[京都ダ1900]x[1位]	20- 9- 15- 60/104	19.2%	42.3%	111	91	88.1
[小倉ダ1700]x[1位]	81- 57- 40-259/437	18.5%	40.7%	89	90	101.6
[阪神芝1800]x[1位]	40- 35- 18-124/217	18.4%	42.9%	101	74	86.9
[中京ダ1800]x[1位]	91- 57- 61-290/499	18.2%	41.9%	91	85	87.4
[小倉芝2000]x[1位]	43- 31- 25-140/239	18.0%	41.4%	70	82	95.9
[新潟ダ1800]x[1位]	84- 61- 45-285/475	17.7%	40.0%	98	78	93.2
[阪神ダ1800]x[1位]	126-116- 77-396/715	17.6%	44.6%	77	92	81
[中山ダ1800]x[1位]	142-111- 74-480/807	17.6%	40.5%	81	77	87.3
★[函館ダ1000]x[6位]	20- 4- 11- 79/114	17.5%	30.7%	397	137	169
[新潟芝1800]x[1位]	32- 17- 16-121/186	17.2%	34.9%	76	67	86.1
[中京芝2200]x[2位]	24- 19- 19- 78/140	17.1%	44.3%	91	94	86.6
[阪神ダ2000]x[1位]	23- 18- 11- 83/135	17.0%	38.5%	142	86	88.9
[中山芝2000]x[1位]	46- 32- 25-169/272	16.9%	37.9%	67	78	85
[中京芝2200]x[1位]	23- 18- 16- 80/137	16.8%	41.6%	76	70	81.6
[阪神芝2000]x[1位]	38- 28- 28-133/227	16.7%	41.4%	77	68	73.9
[函館ダ1700]x[1位]	41- 41- 34-130/246	16.7%	47.2%	103	108	82.4
[中山芝2200]x[1位]	18- 14- 11- 66/109	16.5%	39.4%	67	73	84.4
[中山芝1800]x[1位]	34- 26- 22-125/207	16.4%	39.6%	76	88	91.5
[札幌芝1800]x[3位]	17- 15- 12- 60/104	16.3%	42.3%	92	94	103.4
[東京芝2400]x[1位]	32- 27- 32-106/197	16.2%	46.2%	58	77	77.7
[京都芝1800]x[1位]	25- 20- 20- 89/154	16.2%	42.2%	55	87	80.2
[福島芝1800]x[1位]	25- 14- 18- 97/154	16.2%	37.0%	62	76	87.7
[東京芝2400]x[2位]	28- 16- 21-108/173	16.2%	37.6%	65	73	86.8
[東京ダ2100]x[2位]	38- 26- 21-150/235	16.2%	36.2%	107	91	100.8
[小倉芝1800]x[1位]	40- 35- 33-140/248	16.1%	43.5%	102	87	78.3
[新潟芝1600]x[1位]	23- 17- 13- 90/143	16.1%	37.1%	69	72	91.1
[中京芝2000]x[1位]	49- 51- 41-164/305	16.1%	46.2%	60	73	73.1
[東京ダ1600]x[1位]	104- 80- 82-387/653	15.9%	40.7%	70	85	85.1
[福島芝1200]x[1位]	46- 29- 18-197/290	15.9%	32.1%	81	71	106.3
[中山芝2000]x[2位]	41- 30- 28-162/261	15.7%	37.9%	114	85	98.5
[中京芝1200]x[2位]	22- 18- 13- 87/140	15.7%	37.9%	116	94	117.4
[札幌芝1500]x[1位]	16- 15- 9- 62/102	15.7%	39.2%	41	76	73.3
[阪神ダ1200]x[1位]	60- 39- 38-249/386	15.5%	35.5%	73	84	89.3
[東京芝1600]x[1位]	56- 51- 47-210/364	15.4%	42.3%	67	75	74.7
[福島ダ1700]x[2位]	49- 27- 32-211/319	15.4%	33.9%	306	100	113.7
[京都芝2000]x[3位]	23- 15- 10-102/150	15.3%	32.0%	113	59	96.7
[東京ダ1300]x[1位]	22- 17- 10- 95/144	15.3%	34.0%	77	72	107.5
[中京芝2000]x[2位]	46- 42- 31-184/303	15.2%	39.3%	93	79	92.8
[函館芝1200]x[2位]	33- 25- 12-148/218	15.1%	32.1%	64	74	93.6
[阪神ダ1800]x[2位]	101- 83- 79-414/677	14.9%	38.8%	73	82	87.5
[東京芝1600]x[2位]	53- 36- 44-223/356	14.9%	37.4%	72	77	93.5
[札幌芝1800]x[2位]	15- 10- 15- 61/101	14.9%	39.6%	215	87	91.1

鉄板条件⑥前走4着以下から巻き返し➡上がり指数12〜14位

さらに変化球を続けよう。前項でご覧いただいたように、上がり指数が低くとも狙えるコースは存在する。競馬ファンはそんなイレギュラーな事象は知り得ないため、当然ながら馬券的な妙味が極めて高くなっている。こうしたイレギュラーを発見すべく上がり指数の順位別成績を眺めていると、面白いデータに出会えた。

上がり指数の順位別好走率は指数順に比例するが、回収値はそうではない。特により実戦的な単勝適正回収値はその限りでなく、「指数順位＝12〜14位」は単勝適正回収値が高いのだ。

とはいえ、ベタ買いしても勝率は4％台にとどまり、単複の回収値は70円前後とまったく儲からない。激走馬の正体を見極めて狙い撃つ必要がある。

上がり指数が低いにも関わらず回収値が高いということは、前走から大きく巻き返しを見せている証左でもある。前走で力を発揮できず下位に沈んだ馬が狙い目であるため、前走で馬券に絡んだ馬＝1〜3着はすべてオミット、「前走4着以下」に絞りたい。また、前走と同じ距離では大きな変わり身は見込めない。前走から「距離延長or距離短縮」に狙いを定めるべきだろう。

さらに、前走で3角10番手以下の馬は、そもそも勝負圏内に位置しておらず、なおかつ上がり指数が低いのであれば、これも巻き返しは厳しいはずだ。「前走3角1〜9番手」に絞りたい。

これらすべてをクリアした馬で「単勝100倍未満」であれば、勝率は6・0％ながら単勝回収値95円、単勝適正回収値92・7と驚くほどの妙味を示している。過去6年で該当馬が50頭以上いたコースを着別度数順に並べたのが左頁の表37である。ダートや短距離が上位に並んでいる点も示唆に富む。ぜひ覚えておきたい。

表37■【コース別】12～14位の巻き返し馬（2019～25年の6年間、件数50以上）

コース	着別度数	勝率	複勝率	単回値	複回値	単適回値
中山ダ1200	32- 27- 26-352/437	7.3%	19.5%	127	77	100.3
東京ダ1400	32- 24- 27-296/379	8.4%	21.9%	103	94	117.0
小倉ダ1700	26- 20- 22-327/395	6.6%	17.2%	97	78	108.8
中山ダ1800	23- 24- 19-286/352	6.5%	18.8%	81	61	103.9
福島ダ1700	23- 18- 19-256/316	7.3%	19.0%	105	77	104.3
東京ダ1600	18- 26- 29-343/416	4.3%	17.5%	44	84	74.4
新潟芝1000	18- 16- 10-146/190	9.5%	23.2%	108	96	123.7
福島ダ1150	17- 17- 17-208/259	6.6%	19.7%	149	84	98.3
新潟ダ1200	15- 23- 23-193/254	5.9%	24.0%	74	95	83.5
小倉ダ1000	14- 10- 8-133/165	8.5%	19.4%	94	77	138.9
京都ダ1400	14- 6- 5-122/147	9.5%	17.0%	167	73	163.2
札幌ダ1700	14- 5- 10-113/142	9.9%	20.4%	126	114	162.5
東京ダ2100	14- 3- 10-142/169	8.3%	16.0%	137	69	140.7
阪神ダ1800	13- 5- 7-132/157	8.3%	15.9%	151	78	129.0
阪神ダ1400	12- 16- 11-218/257	4.7%	15.2%	68	64	81.7
阪神ダ1200	12- 13- 18-161/204	5.9%	21.1%	147	92	83.3
京都ダ1200	12- 4- 6- 99/121	9.9%	18.2%	149	124	156.0
中京芝1600	11- 3- 3- 96/113	9.7%	15.0%	63	38	136.9
新潟ダ1800	10- 8- 15-182/215	4.7%	15.3%	56	59	70.3
阪神ダ2000	10- 5- 5- 58/ 78	12.8%	25.6%	340	127	175.3
東京芝1400	9- 18- 12-127/166	5.4%	23.5%	128	98	78.9
函館ダ1700	8- 12- 8-107/135	5.9%	20.7%	183	93	88.3
中京ダ1400	8- 10- 16-201/235	3.4%	14.5%	66	58	50.1
東京芝1600	8- 9- 3- 86/106	7.5%	18.9%	99	67	114.2
中山芝1200	8- 8- 6- 69/ 91	8.8%	24.2%	145	127	124.4
京都ダ1800	8- 8- 5- 94/115	7.0%	18.3%	78	73	121.1
阪神芝1400	8- 8- 5- 70/ 91	8.8%	23.1%	211	131	117.2
中山芝1800	8- 7- 4- 77/ 96	8.3%	19.8%	102	68	107.0
札幌芝1500	8- 3- 2- 69/ 82	9.8%	15.9%	119	54	126.2
中京ダ1200	7- 17- 6-138/168	4.2%	17.9%	68	73	56.6
福島芝1800	7- 4- 6- 87/104	6.7%	16.3%	81	75	114.1
東京芝1800	7- 2- 10- 75/ 94	7.4%	20.2%	215	124	131.4
東京ダ1300	6- 16- 16-108/146	4.1%	26.0%	111	121	60.8
小倉芝1200	6- 14- 14-152/186	3.2%	18.3%	63	95	49.5
福島芝1200	6- 11- 8-131/156	3.8%	16.0%	44	76	56.2
中山芝1600	6- 9- 11-110/136	4.4%	19.1%	109	121	73.0
札幌芝2000	6- 8- 3- 61/ 78	7.7%	21.8%	180	108	121.0
中京ダ1900	6- 7- 6- 86/105	5.7%	18.1%	119	119	96.9
中京芝1400	6- 6- 8- 87/107	5.6%	18.7%	63	74	91.1
函館芝1200	6- 6- 5- 85/102	5.9%	16.7%	102	104	91.3
新潟芝1400	6- 4- 5- 71/ 86	7.0%	17.4%	153	92	103.8
東京芝2000	5- 7- 1- 39/ 52	9.6%	25.0%	84	97	134.6
小倉芝1800	5- 6- 12- 98/121	4.1%	19.0%	85	86	60.2
新潟芝1600外	5- 4- 3- 70/ 82	6.1%	14.6%	88	59	108.8
新潟芝1800外	4- 6- 8- 55/ 73	5.5%	24.7%	28	99	81.3
中京芝2000	4- 5- 6- 60/ 75	5.3%	20.0%	84	93	87.5
函館芝1800	4- 4- 6- 40/ 54	7.4%	25.9%	65	99	115.1
中山芝2000	3- 9- 8- 74/ 94	3.2%	21.3%	83	103	60.2
中京ダ1800	3- 9- 5-108/125	2.4%	13.6%	17	61	40.6

鉄板条件⑦出世馬を早期に発見➡上がり指数325以上

変化球を2つほどご覧いただいたが、やはり競走馬の能力を表す指数として、最後は高指数馬の話題で締めたいところだ。そこで本書で紹介しているデータの中でも最上位の区分である「上がり指数＝325以上」について触れておく。

上がり指数の算出を開始したのは2019年からであり、その間、JRAの平地GIは年間24レースで統一されている。6年間で延べ144頭のGI勝ち馬が登場しているが、そのうち「上がり指数＝325以上」を叩き出した経験のある馬はどのくらいか、見当がつくだろうか。

答えは114頭。実にGI馬の約8割が確かな上がり性能を示していたのである。このあたりは本章の鉄板条件②で紹介したGIのデータと通底する部分である。イクイノックスやドウデュース、アーモンドアイやグランアレグリアにレモンポップなど、路線や性別に関係なく、名馬はことごとくこの条件を満たすのだ。ちなみに、現4歳世代を見ても、ジャスティンミラノ、ダノンデサイル、アーバンシックと牡馬三冠の勝ち馬はすべて該当し、世代マイル王のジャンタルマンタル、3歳牝馬ながら有馬記念を制したレガレイラも含まれる。

年度ごとの内訳は、19年＝15勝、20年＝20勝、21年＝20勝、22年＝19勝、23年＝22勝、24年＝18勝となっている。仮に18年以前のデータを集計すれば、19年の該当馬は4、5頭ほど増えるに違いない。

この数字をご覧いただけば、「出世馬を見つけるなら『上がり指数＝325以上』が必須」という主張に疑問を挟む余地はないだろう。そこで次章では2024年1月6日～25年3月9日までの期間に「上がり指数＝325以上」をマークした馬を一覧にした。今後の馬券勝負の参考にしていただければ幸いである。

第6章

「指数＝325以上」の注目馬リスト公開！

5章ラストで触れたように、本章では2024年1月6日～25年3月9日の期間内に、クラスを問わず上がり指数＝325以上をマークした馬の一覧（50音順）を公開します。能力の高い馬として、馬券の参考にしてください。

データ項目は、馬名・レース日付・レース番・コース・馬場状態・着順・馬体重・自身の上がり3Fタイム・指数値となっています。なお、複数回記録している馬は最高値のみ掲載しています。

■上がり指数＝325以上をマークした馬一覧

（期間：2024年１月６日～2025年３月９日）

【アークドール～アンシール】

馬名	日付	レース	コース	状	着	馬体重	上3F	指数
アークドール	2024.12.1	中京7R	ダ1800	良	4	434	36.5	326
アースイオス	2024.12.7	中山8R	ダ1800	良	7	520	37.3	326
アーテルアストレア	2024.12.1	中京11R	ダ1800	良	7	476	36.3	331
アーバンシック	2024.1.14	中山11R	芝2000	良	2	516	33.9	329
アームズレイン	2024.10.27	東京12R	ダ1400	良	1	500	35.3	325
アーリントンロウ	2024.6.22	京都5R	芝1400内	良	2	504	33.7	334
アイオリア	2024.10.5	東京5R	芝2000	稍	7	502	33.6	329
アイザックバローズ	2024.1.27	京都10R	芝2200	良	4	474	33.7	328
アイファーテイオー	2024.4.13	中山10R	ダ1800	良	8	464	36.7	331
アウトレンジ	2024.4.7	阪神12R	ダ1800	良	1	494	35.8	335
アウフヘーベン	2024.5.12	京都6R	芝2000	良	2	458	32.8	338
アオイイーグル	2024.3.23	中京11R	ダ1900	重	5	488	36.7	326
アクートゥス	2024.8.18	中京10R	芝1400	良	1	454	33.2	326
アクションプラン	2025.1.12	中山10R	ダ1800	良	1	518	36.9	332
アグラシアド	2024.5.19	京都10R	芝2000	良	4	484	33.6	328
アサヒ	2024.5.26	京都10R	芝1400外	良	5	506	33.0	329
アスクカムオンモア	2024.10.5	東京9R	芝2000	稍	1	482	33.0	337
アスクコンナモンダ	2024.3.30	中山11R	芝1600	稍	3	450	33.9	325
アスクデビューモア	2025.2.1	東京8R	ダ2100	良	5	460	35.8	331
アスクドゥポルテ	2024.7.27	札幌11R	芝2000	良	13	478	34.6	327
アスクビギンアゲン	2024.7.14	小倉11R	芝1200	不	8	566	35.1	335
アスクビックスター	2025.1.5	中山9R	ダ1800	良	2	480	36.8	331
アスコリピチェーノ	2024.9.8	中山11R	芝1600	良	1	480	32.7	338
アスターブジエ	2024.5.12	京都6R	芝2000	良	3	460	33.0	335
アセレラシオン	2025.3.1	小倉11R	ダ1700	良	2	538	36.4	333
アッシュルバニパル	2024.10.5	東京10R	ダ1600	重	1	518	34.4	336
アッティーヴォ	2024.7.13	福島11R	ダ1150	稍	8	464	35.1	332
アドマイヤデイトナ	2025.2.23	東京9R	ダ1600	良	4	516	35.5	327
アドマイヤテラ	2024.9.15	中京9R	芝2200	稍	1	478	34.3	331
アパイシュナール	2024.6.30	福島8R	ダ1700	良	1	450	37.1	325
アバンチュリエ	2024.7.20	札幌11R	芝1200	良	11	466	33.5	325
アピーリングルック	2024.10.6	東京12R	ダ1600	重	2	468	34.8	327
アマートカヴァロ	2024.11.2	福島6R	ダ2400	稍	3	476	38.3	331
アムールドパリ	2024.11.2	東京9R	ダ2100	重	2	454	35.5	328
アメリカンエール	2024.10.26	新潟10R	ダ1800	良	10	508	36.9	328
アラタ	2024.1.6	中山11R	芝2000	良	13	480	33.9	327
アルーブルト	2024.1.7	中山10R	ダ1800	良	3	498	37.0	329
アルトゥーム	2024.5.18	京都9R	芝1600内	良	2	422	33.9	331
アルナシーム	2024.3.30	中山11R	芝1600	稍	9	444	33.8	327
アルピノ	2024.10.19	京都5R	芝1400内	稍	2	464	34.6	325
アルファヒディ	2024.10.26	新潟10R	ダ1800	良	2	480	36.6	330
アルファマム	2024.5.12	京都11R	ダ1400	良	3	466	34.4	342
アルベリック	2025.1.18	中京9R	ダ1800	良	6	468	36.4	329
アルマリアルト	2024.6.22	京都5R	芝1400内	良	10	498	34.1	327
アルムエアフォルク	2024.8.31	中京8R	ダ1800	不	2	476	35.6	332
アルムブラーヴ	2024.11.17	東京11R	ダ1400	良	6	482	35.0	328
アレンテージョ	2024.5.26	京都7R	芝1800	良	2	480	33.4	326
アンシール	2025.1.19	中京10R	ダ1200	良	4	478	35.5	325

【アンバードール～エクセルゴールド】

馬名	日付	レース	コース	状	着	馬体重	上3F	指数
アンバードール	2025.1.18	中京7R	ダ1900	良	1	520	36.4	340
アンビバレント	2024.8.4	札幌10R	芝1200	稍	13	466	33.9	326
アンリーロード	2024.9.14	中山10R	芝1600	良	3	478	33.2	330
イトカワサクラ	2024.10.13	京都7R	芝1800	良	4	460	33.2	328
イブニングタイド	2024.9.14	中山5R	芝2000	良	1	434	33.5	330
インヴォーグ	2025.2.10	京都5R	芝1600内	良	1	480	34.6	325
インザモーメント	2024.6.9	京都9R	芝2400	稍	1	476	34.2	330
インスタキング	2024.7.27	札幌11R	芝2000	良	12	516	34.8	326
インプレス	2024.3.17	中京11R	ダ1800	良	8	538	36.6	330
インペリアルライン	2024.10.13	東京8R	ダ2100	良	3	484	35.7	334
インユアパレス	2024.9.22	中京12R	ダ1200	良	1	474	35.5	325
ヴァルツァーシャル	2024.3.24	中山11R	ダ1800	良	1	504	36.2	341
ヴァンヴィーヴ	2024.2.11	小倉9R	芝2000	良	4	496	34.6	325
ヴァンガーズハート	2024.3.31	中山8R	芝1600	良	3	520	33.7	325
ヴァンドーム	2024.6.2	東京12R	ダ1400	重	2	494	34.1	335
ヴァンヤール	2025.1.12	中山10R	ダ1800	良	5	530	36.8	334
ヴァンルーラー	2024.11.2	京都12R	芝1800	不	5	456	34.7	335
ウィープディライト	2024.10.27	東京8R	芝2400	良	3	500	33.5	327
ヴィヴァン	2025.2.1	東京9R	ダ1600	良	5	494	34.9	334
ウィクトルウェルス	2025.2.9	東京9R	芝2400	良	1	510	33.5	328
ウィステリアリヴァ	2024.10.26	新潟10R	ダ1800	良	1	498	37.0	326
ウィルソンテソーロ	2024.12.1	中京11R	ダ1800	良	2	482	36.2	333
ヴィレム	2024.5.4	東京11R	芝2000	良	4	512	33.1	330
ウインエーデル	2024.4.7	阪神7R	芝1600	良	3	444	32.8	325
ウインオアシス	2024.10.5	東京5R	芝2000	稍	5	502	33.1	337
ウインオーディン	2024.8.3	新潟11R	芝2000外	良	2	484	32.4	337
ウインシャーガス	2024.11.9	京都5R	芝1600内	良	4	484	34.5	326
ウインスノーライト	2024.6.8	京都11R	芝1600外	良	2	490	32.7	334
ヴィンセドリス	2024.3.16	中京7R	芝2000	良	1	488	33.7	326
ウィンドフォール	2024.8.11	新潟8R	ダ1800	良	1	460	36.4	332
ウインマイルート	2024.1.13	小倉6R	芝2600	良	4	456	35.0	330
ウインロゼライト	2024.12.15	京都5R	芝1600内	良	2	440	34.0	331
ヴーレヴー	2024.11.2	京都11R	芝1400外	不	4	456	34.2	337
ウェイトゥゴー	2025.1.5	中京6R	ダ1800	良	7	466	36.7	325
ウェイワードアクト	2024.11.3	東京10R	ダ1600	重	1	542	34.3	340
ウエストチェリー	2024.5.11	京都4R	芝1600内	良	8	454	33.9	333
ウェットシーズン	2024.10.13	東京6R	ダ1600	良	1	524	35.1	333
ヴェルミセル	2024.3.16	阪神9R	芝2600	良	5	454	34.2	331
ヴェローチェエラ	2024.3.9	阪神9R	芝2400	良	2	498	33.5	336
ヴェンチュラムーン	2024.8.3	新潟11R	芝2000外	良	8	440	33.0	325
ウォーターエアリー	2024.11.2	京都11R	芝1400外	不	8	400	34.2	333
ウォーターリヒト	2024.10.26	東京10R	芝1600	良	1	462	32.8	326
ヴォランテ	2024.11.2	福島6R	ダ2400	稍	1	454	37.5	340
ウナギノボリ	2024.1.13	中山10R	ダ1200	良	5	476	35.2	330
ウンブライル	2024.4.6	阪神11R	芝1600	良	2	476	32.9	325
エアファンディタ	2024.9.8	中山11R	芝1600	良	14	470	33.3	328
エイカイカッシーナ	2024.12.15	京都5R	芝1600内	良	6	430	34.0	330
エイシンスポッター	2024.5.26	京都10R	芝1400外	良	1	504	32.5	337
エイシンレジューム	2024.3.23	中京8R	ダ1400	重	1	516	35.7	325
エーティーマクフィ	2025.2.23	京都11R	ダ1200	良	3	486	34.9	325
エクセルゴールド	2024.9.21	中山4R	芝1200	良	5	468	32.7	329

【エクロジャイト～カフェグランデ】

馬名	日付	レース	コース	状	着	馬体重	上3F	指数
エクロジャイト	2024.7.13	福島11R	ダ1150	稍	12	516	35.3	332
エコロアゼル	2024.9.28	中京9R	ダ1400	良	5	502	35.8	330
エコロヴァルツ	2024.4.14	中山11R	芝2000	良	7	486	33.9	328
エコロレイズ	2024.5.26	京都11R	芝1800	良	4	500	33.0	334
エコロレジーナ	2024.6.29	福島11R	芝1200	良	2	484	33.5	326
エゾダイモン	2024.5.18	京都10R	芝1800	良	4	476	33.3	328
エナハツホ	2024.9.28	中京11R	ダ1900	良	6	450	36.6	332
エフォートレス	2024.9.8	中山7R	芝1600	良	4	472	33.4	327
エブリモーメント	2025.1.19	中京10R	ダ1200	良	6	502	35.6	325
エミサキホコル	2024.9.21	中京11R	ダ1400	良	1	492	36.1	325
エラトー	2024.9.7	中山11R	芝2000	良	8	488	34.0	326
エリカサンタモニカ	2024.12.1	京都2R	芝1600内	良	5	460	34.5	325
エリキング	2024.9.21	中京8R	芝2000	良	1	498	33.4	331
エレクトリックブギ	2024.9.8	中山9R	芝1800	良	6	436	33.1	327
エンセリオ	2024.6.30	函館7R	ダ1700	良	1	442	36.4	327
エンドウノハナ	2024.6.15	京都10R	芝2200	良	7	480	33.5	331
エンブロイダリー	2024.6.2	東京5R	芝1600	稍	2	480	33.2	328
エンペラーワケア	2024.9.7	中京11R	ダ1400	良	1	536	35.0	345
エンマ	2024.9.29	中京2R	芝2000	重	3	462	34.7	325
エンヤラヴフェイス	2025.1.18	中京11R	ダ1400	良	7	502	35.5	334
オーサムデアラー	2024.7.13	福島7R	ダ1150	稍	6	494	35.6	327
オオバンブルマイ	2024.8.25	札幌11R	芝1200	良	3	448	33.2	328
オープンファイア	2024.3.24	阪神10R	芝2400	重	4	500	35.0	329
オールセインツ	2024.8.3	新潟11R	芝2000外	良	1	492	32.3	340
オールナット	2024.12.1	京都10R	芝1800	良	1	526	33.4	329
オールマキシマム	2024.3.3	中山7R	ダ1800	稍	4	446	37.0	326
オーロイプラータ	2024.1.21	京都11R	ダ1800	重	5	544	35.3	337
オーロラエックス	2024.11.23	京都10R	芝2200	良	1	490	33.7	329
オコタンペ	2025.1.12	中京8R	ダ1200	良	3	494	35.4	328
オシゲ	2024.2.25	阪神8R	ダ1800	不	2	476	35.7	327
オセアフラッグ	2024.4.28	新潟9R	ダ1800	良	4	504	37.0	326
オタルグリーン	2024.5.11	京都4R	芝1600内	良	3	434	34.1	329
オブシディアン	2024.3.23	中京12R	ダ1200	重	6	524	35.2	325
オフトレイル	2024.2.10	京都9R	芝1600内	良	1	440	33.7	335
オメガギネス	2024.9.28	中京11R	ダ1900	良	2	496	36.9	331
オメガタキシード	2024.6.16	京都10R	ダ1800	良	2	444	35.9	329
オリアメンディ	2024.10.27	新潟11R	芝1000	良	8	482	31.5	330
オルトパラティウム	2025.1.26	小倉10R	芝2600	良	3	508	35.6	325
オンザライン	2024.8.31	新潟11R	ダ1800	稍	2	448	36.8	326
ガイアメンテ	2024.11.2	京都12R	芝1800	不	1	498	33.7	355
カエルム	2024.5.18	京都9R	芝1600内	良	7	476	33.4	342
カシマエスパーダ	2024.3.3	中山1R	ダ1800	稍	1	494	37.0	329
ガジュノリ	2024.9.7	中山11R	芝2000	良	9	462	33.9	326
カズペトシーン	2024.7.7	小倉9R	ダ1700	良	3	484	35.9	337
カズラポニアン	2024.9.28	中京12R	ダ1400	良	6	482	35.8	329
カゼノランナー	2024.3.16	中京5R	ダ1900	良	1	516	36.6	336
カナウ	2024.9.7	中京12R	ダ1200	良	5	536	35.7	325
カナルビーグル	2024.12.7	京都2R	ダ1800	良	1	490	36.1	329
カニキュル	2024.9.15	中京11R	芝2000	稍	8	494	34.1	328
カネフラ	2024.7.27	札幌11R	芝2000	良	6	436	34.3	329
カフェグランデ	2024.6.1	東京9R	芝2400	良	1	460	33.2	330

【カプラローラ～クレーキング】

馬名	日付	レース	コース	状	着	馬体重	上3F	指数
カプラローラ	2024.2.3	東京12R	ダ1600	良	3	486	34.8	335
カムニャック	2024.8.11	中京5R	芝2000	良	1	476	33.6	327
カラテ	2024.10.6	東京11R	芝1800	良	11	526	33.1	325
カリボール	2024.5.5	京都11R	芝1200	良	3	494	32.9	325
ガルサブランカ	2024.9.8	中山7R	芝1600	良	3	454	33.2	329
カルリーノ	2024.1.13	中山11R	芝1600	良	10	526	33.6	326
カレンラップスター	2024.8.31	中京5R	芝2000	重	1	498	34.7	327
カワキタマナレア	2024.11.2	京都11R	芝1400外	不	5	424	34.0	338
カンパニョーラ	2025.1.5	中京10R	ダ1200	良	6	452	35.1	329
カンピオーネ	2024.7.6	福島11R	ダ1700	良	3	516	36.6	336
キープカルム	2024.5.4	京都11R	芝2200	良	5	484	33.9	325
キタサンシデン	2024.9.1	中京7R	ダ1800	不	3	496	36.2	325
キタノブライド	2024.6.23	京都9R	芝1400外	重	6	424	33.9	326
キタノリューオー	2024.1.7	中山10R	ダ1800	良	2	476	36.7	332
キミノナハマリア	2024.8.3	札幌11R	芝2600	良	3	508	35.2	326
キャッスルレイク	2024.11.2	京都11R	芝1400外	不	7	462	34.6	332
キャネル	2024.8.11	新潟8R	ダ1800	良	2	496	36.5	333
キャロルビアンカ	2024.5.12	京都6R	芝2000	良	7	476	33.7	326
キュールエフウジン	2024.9.29	中京10R	ダ1800	稍	7	496	36.0	337
キョウエイカンフ	2024.6.2	東京12R	ダ1400	重	8	522	34.4	332
キヨラ	2024.11.17	福島8R	芝2000	良	5	482	34.7	327
キレナイカ	2024.3.24	中京6R	ダ1800	重	3	524	36.2	328
キングサーガ	2024.9.15	中京9R	芝2200	稍	4	488	34.6	327
キングズパレス	2024.7.7	福島11R	芝2000	良	2	496	34.9	325
キントラダンサー	2024.12.1	京都2R	芝1600内	良	3	462	34.4	326
キントリヒ	2024.1.27	京都10R	芝2200	良	3	470	33.6	329
クイーンズウォーク	2024.9.15	中京11R	芝2000	稍	1	522	33.5	339
クインズステラ	2024.2.25	小倉12R	芝1800	稍	3	462	34.5	326
クヴェレ	2024.1.21	京都5R	芝1600内	不	5	454	36.5	326
グーデンドラーク	2024.4.7	阪神12R	ダ1800	良	2	522	36.1	332
クールミラボー	2024.4.28	東京10R	ダ2100	良	3	488	35.8	333
クムシラコ	2024.10.27	新潟11R	芝1000	良	4	470	31.7	326
クラウンシエンタ	2024.8.11	新潟8R	ダ1800	良	3	488	36.5	332
グラウンドビート	2024.10.5	東京10R	ダ1600	重	7	502	34.7	330
グラスシフォン	2024.3.24	中京12R	ダ1400	重	2	422	34.9	330
グラニット	2024.9.8	中山9R	芝1800	良	1	468	33.1	329
グラフィティアート	2024.12.22	京都2R	芝1600内	良	1	476	34.5	326
グランアルティスタ	2025.1.26	小倉10R	芝2600	良	1	524	34.9	337
グランオース	2024.9.21	中京6R	ダ1900	良	1	514	37.3	326
グランドセントラル	2025.3.1	小倉11R	ダ1700	良	3	466	36.4	329
クランフォード	2024.6.23	京都9R	芝1400外	重	1	454	33.9	328
クリスマスパレード	2024.9.7	中山11R	芝2000	良	1	460	33.9	326
クリニクラウン	2024.6.30	福島10R	ダ1700	良	3	488	36.9	330
クリノグローリー	2024.4.14	福島8R	ダ1700	良	1	478	36.9	329
クリノフィガロ	2024.10.26	京都12R	ダ1800	良	2	498	36.2	328
グルーヴビート	2024.6.1	京都7R	芝2200	良	5	480	33.4	333
クルミナーレ	2024.9.21	中山6R	芝2000	良	4	508	33.8	330
グレイイングリーン	2024.5.26	京都10R	芝1400外	良	2	506	32.6	335
クレイヴィンオナー	2024.6.2	東京8R	ダ1600	重	3	532	35.1	326
グレイスカリヨン	2024.11.10	福島12R	ダ1150	良	6	456	35.6	325
クレーキング	2024.9.28	中京9R	ダ1400	良	3	482	35.5	333

【グレーターバーチュ～サトノクローク】

馬名	日付	レース	コース	状	着	馬体重	上3F	指数
グレーターバーチュ	2024.10.5	東京5R	芝2000	稍	6	490	33.5	330
クロシェットノエル	2024.8.18	新潟7R	芝2000内	良	1	444	34.6	326
グロスビーク	2024.10.26	東京2R	芝2000	良	5	466	33.2	325
クロックフォード	2025.2.15	東京4R	ダ2100	良	1	498	36.0	330
グロバーテソーロ	2024.11.2	東京9R	ダ2100	重	1	506	35.5	331
ケイアイブイスリー	2024.6.22	京都5R	芝1400内	良	8	440	34.0	325
ケーブパール	2024.8.24	中京12R	芝1400	良	1	436	33.1	327
ゲキザル	2024.11.30	中山7R	ダ1200	稍	6	482	35.5	326
ケンキョ	2024.5.4	東京7R	ダ1300	稍	1	472	34.6	330
ケンシンコウ	2024.7.21	福島11R	ダ1700	良	3	500	36.9	331
コーカサスゴールド	2024.5.11	東京6R	ダ1600	良	3	564	35.2	334
ゴージャス	2024.11.2	京都11R	芝1400外	不	12	418	34.6	329
ゴールデンシロップ	2024.5.26	京都10R	芝1400外	良	14	538	33.0	331
ゴールデンスナップ	2024.10.27	京都10R	芝3000	良	2	474	33.9	335
ゴールドアローン	2024.7.20	福島12R	ダ1700	良	2	454	36.9	328
ゴールドバランサー	2024.3.2	中山10R	ダ1800	重	3	474	36.7	325
ココナッツブラウン	2024.2.11	京都9R	芝1800	良	1	432	33.1	328
コスタノヴァ	2024.5.25	東京11R	ダ1400	良	1	484	34.8	331
コスモエクスプレス	2024.7.27	札幌7R	芝2000	良	3	496	34.3	333
コスモオピニオン	2024.10.26	新潟10R	ダ1800	良	3	506	36.9	328
コスモサガルマータ	2024.2.18	東京10R	芝2000	良	5	498	33.3	326
コスモジンバック	2025.2.23	小倉8R	ダ2400	良	1	500	37.5	327
コスモフレディ	2024.5.19	新潟3R	ダ1800	良	4	452	36.9	325
ゴッドヴァレー	2024.6.16	京都5R	芝1600内	良	3	452	34.2	329
ゴッドエスパーダ	2025.2.2	小倉8R	ダ1700	重	3	476	36.0	328
ゴッドブルービー	2024.1.20	小倉11R	ダ1700	稍	1	462	36.3	330
コト	2024.5.11	京都4R	芝1600内	良	1	460	34.1	331
コパノサントス	2024.10.27	京都10R	芝3000	良	1	476	34.0	334
コブラ	2025.3.1	小倉11R	ダ1700	良	1	496	36.6	328
コルデアニル	2024.10.5	新潟11R	ダ1800	稍	4	472	36.9	326
ゴルデールスカー	2024.12.1	中京6R	ダ1200	良	6	470	35.5	325
ゴルトリッチ	2024.8.4	札幌10R	芝1200	稍	9	508	34.0	327
コレペティトール	2024.6.2	東京11R	芝1600	稍	12	482	33.3	327
コンクイスタ	2025.1.18	中京11R	ダ1400	良	2	492	35.4	335
コンテソレーラ	2024.11.2	福島6R	ダ2400	稍	5	480	38.7	326
コントラポスト	2024.3.24	中山10R	芝1600	良	2	466	33.5	325
サーナーティオン	2024.6.15	京都4R	芝1400内	良	4	498	33.3	339
ザイツィンガー	2024.4.6	福島11R	ダ1700	良	8	438	36.7	329
サイモンザナドゥ	2024.7.6	福島11R	ダ1700	良	2	470	36.2	339
サイモンソーラン	2024.4.28	新潟9R	ダ1800	良	5	486	36.8	328
サイルーン	2024.3.24	中山10R	芝1600	良	1	470	33.5	325
サヴォーナ	2024.3.17	阪神11R	芝3000	稍	6	536	35.6	336
サウザンサニー	2025.3.1	中山11R	芝1200	良	12	520	32.9	328
サウンドブライアン	2024.7.14	小倉11R	芝1200	不	5	488	35.4	326
サクセスドレーク	2024.1.14	小倉9R	芝2000	良	10	502	34.6	326
サクソンジェンヌ	2025.1.5	中京6R	ダ1800	良	1	458	36.1	332
サクラトップリアル	2025.2.1	東京9R	ダ1600	良	2	510	34.7	339
サスケ	2024.7.14	小倉9R	芝1800	不	2	470	35.7	332
サスツルギ	2024.4.6	阪神10R	芝2600	良	5	494	34.5	329
サトノアルペジオ	2024.10.12	新潟9R	芝1200	良	17	488	33.3	325
サトノクローク	2024.2.17	小倉10R	芝2600	良	1	478	35.0	332

馬名	日付	レース	コース	状	着	馬体重	上3F	指数
サトノシャイニング	2024.9.22	中京5R	芝2000	良	1	490	33.7	326
サトノシュトラーセ	2024.2.11	小倉9R	芝2000	良	1	506	34.6	326
サトノスカイターフ	2024.11.23	京都10R	芝2200	良	2	508	33.6	331
サトノテンペスト	2024.5.12	京都11R	ダ1400	良	5	494	35.0	335
サトノトルネード	2024.4.6	阪神9R	芝2400	良	4	518	34.0	329
サトノバトラー	2024.1.20	小倉8R	ダ2400	稍	5	504	37.1	332
サトノラポール	2024.9.14	中山5R	芝2000	良	2	450	33.4	333
サトミノマロン	2024.3.17	中山12R	ダ2400	良	5	532	38.1	328
サノノエスポ	2024.6.30	福島10R	ダ1700	良	1	458	36.7	331
サパテアール	2024.11.10	京都7R	ダ1800	良	3	510	36.1	330
サフィラ	2024.9.15	中京11R	芝2000	稍	11	454	34.0	327
サブマリーナ	2024.5.11	京都9R	芝2000	良	1	468	33.0	336
サムハンター	2024.1.20	小倉11R	ダ1700	稍	7	496	36.6	328
サラコスティ	2024.6.23	京都5R	芝1800	重	2	462	34.3	327
サラサハウプリティ	2024.12.1	京都8R	ダ1400	良	12	458	35.4	327
サリーチェ	2024.9.29	中京2R	芝2000	重	2	472	34.2	333
サルヴァトーレ	2024.10.5	東京10R	ダ1600	重	2	482	34.6	331
サルヴェージワーク	2024.4.21	東京4R	芝2400	良	4	514	33.7	325
サロニコス	2024.11.2	京都12R	芝1800	不	4	450	35.2	328
サンセットビュー	2024.9.15	中京11R	芝2000	稍	10	458	34.0	327
サンデーファンデー	2024.2.24	阪神10R	ダ1800	稍	1	518	36.6	325
サンマルパトロール	2024.4.28	京都9R	ダ1800	良	2	480	36.1	328
サンライズアリオン	2024.11.17	福島11R	ダ1700	良	2	522	37.2	328
サンライズグルーヴ	2025.1.5	中山9R	ダ1800	良	13	526	37.2	328
サンライズジパング	2025.2.23	東京11R	ダ1600	良	2	526	35.2	332
サンライズパスカル	2024.6.1	京都10R	ダ1800	稍	2	542	36.3	329
サンライズフレイム	2024.9.7	中京11R	ダ1400	良	3	528	35.0	344
シアージスト	2024.3.23	中山9R	ダ1200	良	1	578	35.4	333
ジーティームソウ	2024.4.27	京都4R	芝1600内	良	4	496	34.5	327
ジーティームテキ	2024.6.23	京都4R	芝1600内	重	2	456	35.2	330
シヴァース	2024.10.5	東京9R	芝2000	稍	3	448	33.4	329
シェイクユアハート	2024.12.8	京都9R	芝2200	良	2	452	33.3	332
ジェットマグナム	2024.7.7	福島5R	芝2000	良	1	474	34.7	327
ジオセントリック	2024.10.5	東京9R	芝2000	稍	2	478	33.4	331
シゲルショウグン	2024.6.9	函館10R	ダ1700	良	1	508	36.8	325
シゲルソロソロ	2025.1.18	中京11R	ダ1400	良	4	476	35.2	337
シゲルホサヤク	2024.7.13	福島11R	ダ1150	稍	4	480	35.4	329
シックスペンス	2024.3.17	中山11R	芝1800	良	1	492	33.3	328
シホノスペランツァ	2024.4.6	阪神10R	芝2600	良	8	492	33.8	340
シホリーン	2024.9.8	中山5R	芝1600	良	2	444	33.2	328
シャイニングソード	2024.6.8	京都6R	芝2400	良	1	514	34.1	326
シャインベック	2024.12.8	京都5R	芝1800	良	6	452	33.4	325
ジャクソン	2024.4.14	福島8R	ダ1700	良	3	500	37.3	325
ジャスティンガルフ	2024.4.20	京都9R	芝1800	良	2	490	33.4	327
ジャスティンスカイ	2024.5.5	京都11R	芝1200	良	1	536	32.9	327
ジャスティンパレス	2024.10.27	東京11R	芝2000	良	4	470	33.0	329
ジャスパーバローズ	2024.3.16	中京9R	ダ1900	良	8	512	37.1	329
ジャスリー	2025.1.18	中京11R	ダ1400	良	3	534	35.3	340
シャパリュ	2025.1.18	中京9R	ダ1800	良	4	522	36.6	329
ジャンカズマ	2025.2.22	東京11R	芝3400	良	2	492	35.4	328
ジャンタルマンタル	2024.2.11	東京11R	芝1800	良	2	492	32.6	331

【シャンパンポップ～スノーブリザード】

馬名	日付	レース	コース	状	着	馬体重	上3F	指数
シャンパンポップ	2024.3.24	中京3R	ダ1800	重	1	546	35.2	345
ジューンアヲニヨシ	2024.1.27	京都10R	芝2200	良	1	482	33.6	330
ジューンオレンジ	2024.9.8	中山11R	芝1600	良	5	454	32.9	333
ジューンテイク	2024.5.4	京都11R	芝2200	良	1	486	33.6	330
ジューンポンポン	2024.10.5	東京12R	ダ1400	重	12	500	34.6	328
シュガークン	2024.2.24	阪神5R	芝2000	稍	1	504	34.5	325
シュガーコルト	2024.4.28	京都9R	ダ1800	良	5	502	36.3	326
ジュタロウ	2024.4.7	阪神12R	ダ1800	良	7	484	36.2	329
シュトルーヴェ	2024.2.3	東京11R	芝2400	良	1	486	33.2	331
シュバルツクーゲル	2024.7.27	札幌11R	芝2000	良	3	484	34.6	327
シュプリンガー	2025.1.12	中京9R	ダ1900	良	9	508	36.6	336
ジュラ	2024.10.26	東京2R	芝2000	良	6	456	33.1	326
シュラザック	2025.2.2	小倉8R	ダ1700	重	1	486	35.4	337
ジュンゴールド	2024.3.17	中山11R	芝1800	良	10	482	33.4	326
ジュンブロッサム	2024.6.8	京都11R	芝1600外	良	1	476	33.1	327
ショウサンキズナ	2024.12.7	中京10R	ダ1800	良	8	528	36.4	333
ショウナンアデイブ	2024.7.27	札幌11R	芝2000	良	9	506	34.8	326
ショウナンガチ	2025.2.22	小倉10R	芝2600	良	3	502	35.5	326
ショウナンカブト	2024.2.3	東京12R	ダ1600	良	2	546	35.5	328
ショウナンザナドゥ	2024.6.1	京都5R	芝1600内	良	2	434	33.8	333
ショウナンハクラク	2024.4.14	中山12R	芝1200	良	6	476	33.0	325
ショウナンライシン	2024.7.6	福島11R	ダ1700	良	1	492	37.0	329
ショウナンラウール	2024.5.18	京都9R	芝1600内	良	3	418	33.8	332
ショウナンラプンタ	2024.3.9	阪神9R	芝2400	良	1	538	33.4	340
ショウヘイ	2024.11.30	京都5R	芝1800	良	2	466	33.2	329
ジョージテソーロ	2024.7.7	福島10R	ダ1700	良	1	468	36.5	334
ジョディーズマロン	2024.11.3	東京10R	ダ1600	重	2	462	33.8	341
ジョバンニ	2024.9.21	中京8R	芝2000	良	2	484	33.3	332
シランケド	2024.10.26	新潟11R	芝2000外	良	1	514	33.0	330
シリアルノヴェル	2024.2.10	小倉9R	芝2600	良	1	480	35.2	329
シルブロン	2024.11.30	中山11R	芝3600	良	2	500	34.8	327
ジレトール	2024.6.2	京都11R	ダ1200	稍	1	484	34.7	328
シンエンペラー	2024.11.24	東京12R	芝2400	良	2	488	33.1	333
シングザットソング	2024.5.26	京都10R	芝1400外	良	3	444	32.9	327
シンコーナホチャン	2024.9.15	中京6R	ダ1800	重	4	472	35.9	329
ジンセイ	2025.3.2	阪神10R	ダ1800	良	2	512	36.3	329
シンティレーション	2024.10.14	東京11R	芝1800	良	2	480	32.8	327
シンドリームシン	2024.7.14	小倉9R	芝1800	不	4	484	36.1	327
シンハナーダ	2024.7.6	福島4R	芝2000	良	1	452	34.6	327
シンリミテス	2024.7.20	小倉10R	ダ1700	重	4	494	35.5	336
ズイウンゴサイ	2024.10.13	東京7R	芝2400	良	3	460	33.3	328
スイッチオン	2024.3.23	中京12R	ダ1200	重	9	478	34.9	327
スカイハイ	2024.5.19	京都3R	芝1600内	良	2	530	34.6	327
スズカコテキタイ	2024.11.9	京都10R	ダ1200	良	4	498	34.8	328
スターザサンライズ	2024.12.14	中京3R	ダ1200	良	9	464	34.9	333
スターターン	2024.9.7	中京12R	ダ1200	良	1	476	35.5	325
スターリングアップ	2024.6.23	京都8R	芝2000	重	4	430	34.0	333
スティンガーグラス	2024.3.17	中山11R	芝1800	良	6	470	33.4	325
ステークホルダー	2024.9.21	中山4R	芝1200	良	1	462	32.7	328
ステラクラウン	2024.3.23	阪神6R	芝2000	重	1	496	34.9	326
スノーブリザード	2024.2.11	小倉9R	芝2000	良	5	496	34.5	327

【スピーディブレイク～ダノンアルム】

馬名	日付	レース	コース	状	着	馬体重	上3F	指数
スピーディブレイク	2025.1.26	小倉10R	芝2600	良	7	452	35.0	330
スペシャルナンバー	2025.1.19	中京10R	ダ1200	良	9	504	35.2	331
スマートフォルス	2024.11.17	東京11R	ダ1400	良	2	480	34.9	329
スマートミストラル	2024.10.27	京都5R	芝1600内	良	2	434	34.4	325
スマートワイス	2024.5.18	京都9R	芝1600内	良	1	478	33.6	339
スミ	2024.7.27	札幌11R	芝2000	良	2	482	34.4	330
スモーキンビリー	2024.7.7	小倉8R	ダ1000	良	8	492	34.4	325
スリーアイランド	2024.4.28	京都10R	芝1200	良	16	480	32.9	325
スリールミニョン	2024.11.2	京都11R	芝1400外	不	6	432	34.6	330
スワローシチー	2024.6.22	東京5R	芝1800	稍	3	454	33.3	325
セイウンガレオン	2025.2.15	東京4R	ダ2100	良	3	536	36.4	327
セオ	2024.5.11	京都11R	芝1800	良	1	484	33.5	325
セクシーブーケ	2024.7.13	函館9R	ダ1700	良	1	446	36.4	327
ゼットリアン	2025.2.10	京都11R	ダ1900	良	4	442	36.2	325
セフィロ	2024.11.9	東京12R	芝1600	良	1	470	32.7	328
セブンスレター	2024.11.16	東京10R	ダ2100	良	6	494	36.3	326
セブンマジシャン	2024.1.14	小倉9R	芝2000	良	4	502	34.3	330
セボンサデッセ	2025.2.2	小倉8R	ダ1700	重	2	490	35.8	332
セルバーグ	2024.9.8	中山11R	芝1600	良	4	434	33.4	325
セレクティオ	2025.1.12	中京9R	ダ1900	良	4	488	36.9	330
セレシオン	2024.9.1	新潟11R	芝2000外	良	2	472	32.8	330
センジュコスモス	2024.9.8	中山5R	芝1600	良	10	424	33.3	325
ゼンダンハヤブサ	2024.11.2	京都3R	芝1400内	重	2	446	35.1	325
ゼンノインヴォーク	2024.3.3	小倉9R	芝2600	稍	2	456	35.2	335
ソウテン	2024.3.16	阪神10R	芝1200	良	1	524	33.1	325
ソウルラッシュ	2024.6.2	東京11R	芝1600	稍	3	510	33.1	331
ソーニーイシュー	2025.3.1	中山12R	ダ1800	良	1	504	36.6	335
ソールオリエンス	2024.6.23	京都11R	芝2200	重	2	460	34.0	338
ソニックステップ	2025.2.2	小倉8R	ダ1700	重	4	520	36.1	329
ソニックドライブ	2024.6.16	京都4R	芝2000	稍	3	448	33.8	330
ソリダリティ	2024.6.23	函館9R	芝2000	良	4	506	34.3	325
ソレルビュレット	2025.3.1	中山12R	ダ1800	良	2	520	37.0	330
ゾンニッヒ	2024.7.21	札幌11R	芝1200	良	1	482	33.5	325
タイキエクセロン	2024.12.14	中京10R	ダ1400	良	7	508	36.1	326
ダイシンヤマト	2024.3.30	中山8R	芝1600	稍	3	510	33.9	329
タイセイウォリアー	2024.1.20	小倉11R	ダ1700	稍	2	496	36.8	325
タイセイフィオーレ	2024.11.9	京都5R	芝1600内	良	2	464	34.2	329
タイセイフェリーク	2024.10.6	東京9R	芝2400	良	2	428	33.2	327
タイセイブレイズ	2024.7.13	福島11R	ダ1150	稍	6	470	35.0	334
タイセイレスポンス	2024.5.26	東京5R	ダ1400	良	2	494	34.8	332
タイムトゥヘヴン	2024.9.8	中山11R	芝1600	良	2	492	32.4	344
ダイメイセブン	2024.7.7	小倉9R	ダ1700	良	2	510	36.4	332
タガノエスコート	2024.10.5	東京10R	ダ1600	重	3	496	35.0	326
タガノデュード	2024.2.10	京都9R	芝1600内	良	4	484	34.1	332
タガノバビロン	2025.2.1	東京4R	ダ1600	良	2	512	35.5	326
タガノバルコス	2024.5.12	京都9R	芝2400	良	4	492	33.1	341
タツダイヤモンド	2024.4.28	京都10R	芝1200	良	4	486	32.8	326
タッチャブル	2024.4.28	京都7R	ダ1900	良	2	514	36.4	326
ダディーズトリップ	2024.6.30	福島10R	ダ1700	良	5	468	37.2	325
ダノンアーリー	2024.3.3	小倉7R	芝1200	稍	7	476	33.8	326
ダノンアルム	2024.5.18	京都4R	芝1400内	良	4	454	34.0	326

【ダノンターキッシュ～ドゥラエレーデ】

馬名	日付	レース	コース	状	着	馬体重	上3F	指数
ダノンターキッシュ	2024.4.6	阪神9R	芝2400	良	2	456	33.6	331
ダノンデサイル	2024.5.26	東京11R	芝2400	良	1	504	33.5	328
ダノンピレネー	2024.9.14	中京10R	ダ1800	良	2	534	36.7	328
ダノンフェアレディ	2024.6.1	京都5R	芝1600内	良	1	438	33.8	333
ダノンブリザード	2024.3.16	中京7R	芝2000	良	2	494	33.7	326
ダノンブレット	2024.9.16	中京11R	ダ1800	良	3	522	36.0	338
ダノンベルーガ	2024.11.24	東京12R	芝2400	良	9	492	33.4	328
ダノンボレロ	2024.1.20	小倉8R	ダ2400	稍	1	556	37.1	336
ダブルジョーク	2024.2.17	京都12R	ダ1400	稍	5	574	35.9	326
ダブルハートボンド	2024.9.8	中京6R	ダ1800	良	1	472	36.7	325
タマモダイジョッキ	2024.1.13	中山10R	ダ1200	良	3	486	35.5	326
タマモティーカップ	2024.11.2	京都11R	芝1400外	不	10	440	34.9	327
タマモロック	2024.2.3	東京12R	ダ1600	良	1	502	35.1	332
タリスマン	2024.8.11	新潟8R	ダ1800	良	7	464	36.7	328
タンゴバイラリン	2024.7.27	札幌7R	芝2000	良	1	506	34.5	330
ダンツエスプリ	2024.5.12	京都9R	芝2400	良	5	492	33.1	341
ダンツエラン	2024.11.2	京都11R	芝1400外	不	1	486	34.4	337
チェルヴィニア	2024.11.24	東京12R	芝2400	良	4	494	33.4	329
チェルノボーグ	2024.1.14	小倉9R	芝2000	良	3	490	34.4	328
チェレスタ	2024.6.1	京都7R	芝2200	良	2	486	33.5	332
チカミリオン	2024.8.31	中京8R	ダ1800	不	1	482	35.8	330
チャンネルトンネル	2024.4.13	阪神11R	芝1600	良	3	476	32.5	331
ツインクルトーズ	2025.3.9	阪神10R	芝1200	良	1	518	33.1	325
ツウカイリアル	2024.1.28	京都9R	ダ1800	良	3	502	36.4	325
ツーネサーン	2024.6.15	京都4R	芝1400内	良	1	504	33.6	335
ディアドコス	2024.9.7	中山10R	芝1200	良	5	500	32.7	331
ディープリボーン	2024.3.16	中京9R	ダ1900	良	2	458	37.0	327
ディープレイヤー	2024.1.14	小倉9R	芝2000	良	5	494	34.5	327
ディヴィナシオン	2024.5.5	京都11R	芝1200	良	8	480	32.7	328
ディオ	2024.9.8	中山11R	芝1600	良	6	492	33.5	326
ディオアステリア	2024.9.7	中山10R	芝1200	良	4	494	33.0	325
テイクイットオール	2025.2.1	京都9R	芝1600内	良	6	442	34.2	328
テイクザクラウン	2024.6.8	京都6R	芝2400	良	2	438	33.9	325
ディスペランツァ	2024.4.13	阪神11R	芝1600	良	1	514	32.4	335
ディマイザキッド	2024.2.11	東京11R	芝1800	良	4	446	32.5	330
ティルドーン	2024.6.1	京都10R	ダ1800	稍	3	522	36.4	326
ティンク	2024.9.15	中山8R	芝2000	良	7	490	33.9	328
テーオーグランビル	2024.4.7	阪神12R	ダ1800	良	5	500	36.2	330
テーオーシュタイン	2024.9.29	中京2R	芝2000	重	4	460	34.6	327
テーオーダグラス	2024.4.20	京都9R	芝1800	良	3	484	33.5	325
テーオードレフォン	2024.3.17	中京11R	ダ1800	良	1	502	36.0	337
テーオーパスワード	2025.1.25	中京11R	ダ1900	良	1	482	36.7	333
テーオーリカード	2024.3.17	中京11R	ダ1800	良	2	490	36.3	332
テーオーロイヤル	2024.2.17	東京11R	芝3400	良	1	452	33.7	350
デコラシオン	2024.4.21	京都10R	芝1800	稍	3	520	33.9	329
デュアルウィルダー	2024.4.27	東京11R	芝2400	良	3	508	33.5	328
テラメリタ	2024.6.23	京都9R	芝1400外	重	5	462	33.9	328
デルシエロ	2024.5.18	京都9R	芝1600内	良	4	408	33.6	334
テンホワイトラブ	2024.12.1	中京6R	ダ1200	良	12	512	35.6	326
ドゥアイズ	2024.7.28	札幌11R	芝1800	稍	4	474	34.7	325
ドゥラエレーデ	2024.12.1	中京11R	ダ1800	良	3	512	36.4	332

馬名	日付	レース	コース	状	着	馬体重	上3F	指数
ドゥラドーレス	2025.2.9	小倉11R	芝2000	稍	1	502	35.1	326
ドゥラレジリエント	2024.5.26	東京10R	ダ1600	良	1	512	34.8	337
トゥルース	2024.9.21	中山6R	芝2000	良	11	496	34.0	327
ドゥレッツァ	2024.11.24	東京12R	芝2400	良	2	470	33.4	327
トーセンサウダージ	2024.5.18	東京8R	ダ1400	良	2	518	35.3	325
トーセンリョウ	2024.2.18	東京10R	芝2000	良	2	462	32.8	331
トータルクラリティ	2024.6.16	京都5R	芝1600内	良	1	454	33.9	333
トクシージェネラル	2024.7.21	福島2R	ダ1700	良	1	516	37.0	330
トクシースタローン	2025.2.23	東京7R	ダ2100	良	5	506	35.9	332
ドッビアーコ	2025.1.26	小倉12R	ダ1700	良	1	562	36.7	330
トップナイフ	2024.10.6	東京11R	芝1800	良	9	492	33.0	325
ドラゴンヘッド	2024.6.8	函館10R	芝1800	良	9	448	33.7	326
トラマンダーレ	2024.7.27	新潟6R	芝1600	良	1	512	32.7	325
ドリームクルーズ	2024.9.8	中山7R	芝1600	良	11	498	33.4	328
トリポリタニア	2024.9.7	中京4R	ダ1800	良	1	478	36.5	328
トロピカルヒーロー	2024.12.14	中京3R	ダ1200	良	12	522	35.4	329
トロピカルライト	2024.2.17	東京11R	芝3400	良	5	476	33.9	350
ドンアチェカ	2024.11.2	京都12R	芝1800	不	3	492	34.3	344
ナイトアクアリウム	2024.5.26	東京10R	ダ1600	良	3	496	35.1	332
ナイトインロンドン	2024.10.6	東京9R	芝2400	良	3	494	32.8	338
ナチュラルハイ	2024.4.6	福島11R	ダ1700	良	6	476	36.7	332
ナムアミダブツ	2024.2.17	小倉10R	芝2600	良	6	472	34.7	336
ナムラエイハブ	2024.6.23	京都8R	芝2000	重	3	504	34.2	336
ナムラクレア	2024.3.24	中京11R	芝1200	重	2	470	33.2	333
ナムラフッカー	2024.8.3	新潟11R	芝2000外	良	4	470	32.3	338
ナルカミ	2024.11.9	京都4R	ダ1800	良	1	500	36.3	326
ニヴルヘイム	2024.9.8	中山2R	芝2000	良	3	452	33.8	327
ニシキギミッチー	2024.10.5	東京12R	ダ1400	重	5	496	34.2	334
ニシノコウフク	2025.1.26	小倉10R	芝2600	良	9	466	35.3	327
ニシノスーベニア	2024.3.30	中山11R	芝1600	稍	4	532	33.9	330
ニシノレヴナント	2024.2.17	東京11R	芝3400	良	7	494	34.6	341
ニホンピロキーフ	2024.3.3	小倉11R	芝2000	稍	1	480	34.9	328
ニホンピロハーバー	2024.4.20	福島10R	ダ1700	良	1	500	37.2	326
ニュージーズ	2024.8.3	新潟11R	芝2000外	良	5	488	32.4	338
ネイチャーシップ	2024.3.3	小倉9R	芝2600	稍	7	510	35.6	333
ネーヴェフレスカ	2024.6.22	京都5R	芝1400内	良	5	446	33.8	328
ネオシルバー	2024.10.13	東京6R	ダ1600	良	3	496	35.3	329
ノースブリッジ	2024.10.27	東京11R	芝2000	良	11	500	33.3	326
ノーブルアクト	2024.11.2	福島8R	ダ1700	重	2	506	36.4	331
ノーブルロジャー	2024.6.15	京都11R	芝1600外	良	4	488	33.2	326
ノクナレア	2024.12.15	京都5R	芝1600内	良	1	462	34.1	331
パーサヴィアランス	2024.3.24	中京10R	ダ1800	重	2	452	36.0	326
ハーツコンチェルト	2024.5.11	東京10R	芝2400	良	4	502	33.2	332
パーティーベル	2024.1.28	京都9R	ダ1800	良	4	458	36.1	327
ハーバーライト	2025.2.1	東京8R	ダ2100	良	1	532	36.1	331
パープルクラウド	2024.3.3	小倉9R	芝2600	稍	1	510	35.3	338
パープルナイト	2024.10.13	東京6R	ダ1600	良	2	494	35.5	325
ハーモニーマゼラン	2024.5.5	新潟10R	芝1000	良	5	518	31.9	325
バールデュヴァン	2024.7.27	札幌11R	芝2000	良	8	506	34.4	332
ハイウェイスター	2025.1.5	中京6R	ダ1800	良	3	488	36.8	325
ハイディージェン	2024.6.23	京都8R	芝2000	重	2	474	34.3	332

馬名	日付	レース	コース	状	着	馬体重	上3F	指数
ハイラント	2024.6.29	福島9R	芝2600	良	2	436	34.5	332
ハギノアルデバラン	2024.4.13	阪神9R	芝1800	良	3	518	33.1	327
ハギノアレグリアス	2024.9.28	中京11R	ダ1900	良	1	496	36.4	338
ハギノサステナブル	2025.1.25	中京11R	ダ1900	良	2	482	36.7	333
バグラダス	2024.6.2	東京10R	ダ1400	重	1	480	34.1	334
ハチメンロッピ	2024.5.25	東京11R	ダ1400	良	4	508	34.9	331
ハッスルダンク	2024.9.29	中京10R	ダ1800	稍	9	442	36.4	327
バッデレイト	2024.6.23	京都8R	芝2000	重	1	458	34.0	335
バトゥーキ	2024.6.23	京都10R	ダ1400	不	4	488	34.9	327
バニシングポイント	2024.8.31	札幌9R	ダ1700	重	2	484	35.7	327
バハルダール	2024.1.14	京都10R	ダ1800	良	2	512	35.6	338
ハピ	2024.4.6	阪神10R	芝2600	良	9	484	34.3	332
ハビレ	2025.1.12	中山10R	ダ1800	良	2	516	37.0	330
パフ	2025.3.1	小倉11R	ダ1700	良	5	472	36.6	327
ハヤテノフクノスケ	2025.3.1	阪神10R	芝3000	良	1	540	35.1	335
パラレルヴィジョン	2024.3.30	中山11R	芝1600	稍	1	486	34.0	326
パルクリチュード	2025.1.5	中京6R	ダ1800	良	2	450	36.5	327
バルティカ	2024.9.29	中京2R	芝2000	重	1	434	34.5	326
バルミュゼット	2024.3.24	中京12R	ダ1400	重	13	516	35.0	335
パレハ	2024.1.21	京都5R	芝1600内	不	4	432	36.4	326
バロッサヴァレー	2024.3.16	阪神9R	芝2600	良	1	458	34.3	330
パンジャ	2025.3.2	中山9R	芝1800	良	4	484	33.4	326
バンデルオーラ	2024.4.14	中山12R	芝1200	良	12	472	32.9	326
バンドシェル	2024.10.12	京都12R	芝1200	良	2	482	32.9	325
ピースオブザライフ	2024.10.6	新潟11R	ダ1800	良	1	482	37.0	325
ビオグラフィア	2024.7.13	小倉11R	ダ1700	良	4	496	36.4	331
ピクシレーション	2024.12.21	京都12R	芝1800	良	5	478	33.5	325
ビターグラッセ	2024.10.5	東京9R	芝2000	稍	4	508	33.8	326
ピックアチェリー	2024.9.8	中山7R	芝1600	良	1	436	32.5	337
ビッグフラワー	2024.9.8	中山7R	芝1600	良	7	494	33.5	326
ヒットアンドロール	2024.11.2	福島6R	ダ2400	稍	2	442	38.2	330
ビップスコーピオン	2024.11.16	東京10R	ダ2100	良	4	456	36.1	327
ビップデイジー	2024.10.12	京都8R	芝1800	良	1	438	33.3	326
ピュアキアン	2024.11.2	東京9R	ダ2100	重	3	508	35.9	325
ヒルズカーン	2024.4.21	福島12R	ダ1700	良	1	486	36.8	331
ヒルノデプラーツ	2024.10.26	新潟10R	ダ1800	良	4	494	36.9	327
ヒルノピレネー	2024.12.1	中京10R	ダ1200	良	6	460	35.3	327
ヒルノローザンヌ	2024.7.14	小倉11R	芝1200	不	11	488	34.5	340
ファームツエンティ	2024.5.12	京都6R	芝2000	良	5	466	32.9	337
ファイアンクランツ	2024.7.28	札幌5R	芝1800	重	1	442	34.8	329
ファイヴレター	2024.10.26	新潟10R	ダ1800	良	11	460	36.8	327
ファジーロップ	2024.11.2	京都6R	芝1600内	重	4	442	35.3	328
ファルコンミノル	2024.12.7	中京6R	ダ1900	良	6	448	37.0	326
ファルシオン	2024.6.16	京都8R	芝1400外	良	7	442	32.9	327
ファンダム	2024.9.8	中山5R	芝1600	良	1	458	33.4	326
フィフティシェビー	2024.10.6	東京12R	ダ1600	重	8	520	34.7	332
ブーディガ	2024.12.1	京都2R	芝1600内	良	1	478	34.2	330
フームスムート	2025.1.18	中京11R	ダ1400	良	9	548	35.9	331
フェアエールング	2024.7.27	札幌11R	芝2000	良	1	454	34.3	330
フォーザボーイズ	2024.9.7	中山11R	芝2000	良	5	432	33.8	326
フォーチュンコード	2024.5.12	京都9R	芝2400	良	2	476	33.7	330

【フォーチュンタイム～ベラジオポンド】

馬名	日付	レース	コース	状	着	馬体重	上3F	指数
フォーチュンタイム	2024.9.1	中京9R	芝1600	重	1	498	33.8	336
フォーチュンテラー	2024.11.24	京都9R	ダ1800	良	1	484	35.9	331
フォスターボンド	2024.2.11	東京11R	芝1800	良	8	530	33.1	325
フォルテフィオーレ	2024.7.28	札幌4R	芝2000	重	1	430	35.6	325
フクノブルーレイク	2024.9.8	中山5R	芝1600	良	7	448	33.3	327
フジマサインパクト	2025.1.25	中京11R	ダ1900	良	7	430	36.8	328
フタイテンロック	2024.9.28	中京11R	ダ1900	良	3	484	37.0	329
プッシュオン	2024.4.13	阪神9R	芝1800	良	2	454	32.8	328
ブトンドール	2024.2.11	小倉11R	芝1200	良	3	492	33.4	326
フナデ	2024.9.7	中山7R	芝2000	良	1	446	33.9	325
プラーヴィ	2024.10.5	東京10R	ダ1600	重	8	480	35.0	325
ブライアンセンス	2025.2.10	京都11R	ダ1900	良	1	520	35.9	334
プラウドヘリテージ	2024.11.16	東京10R	ダ2100	良	2	504	36.2	328
プラダリア	2024.6.23	京都11R	芝2200	重	4	468	34.9	325
フラッシング	2025.3.1	小倉11R	ダ1700	良	6	490	36.7	326
フラッシングレート	2024.2.25	小倉12R	芝1800	稍	2	470	34.6	325
フラミニア	2024.9.8	中山9R	芝1800	良	2	466	32.9	332
ブランデーロック	2024.2.24	中山11R	芝1600	稍	5	488	34.1	325
フリームファクシ	2024.12.15	中京11R	ダ1400	良	1	520	36.0	328
ブリオメンテ	2025.1.18	中京7R	ダ1900	良	6	562	36.9	335
プリズマジコ	2024.6.23	京都4R	芝1600内	重	1	446	35.2	329
ブリュットミレジメ	2024.3.31	阪神10R	芝1400	良	2	512	33.1	334
プリンスミノル	2024.1.21	中山10R	ダ1800	不	2	470	36.2	330
ブルースピリット	2024.9.8	中山10R	芝1200	良	2	498	32.8	329
フルール	2024.2.17	小倉10R	芝2600	良	8	482	35.2	329
フルオール	2024.12.14	中京11R	ダ1800	良	2	474	36.5	328
プルナチャンドラ	2024.12.1	中京7R	ダ1800	良	3	504	36.8	325
プルパレイ	2024.5.5	京都11R	芝1200	良	2	492	32.7	328
フルム	2024.10.27	東京12R	ダ1400	良	3	488	35.2	325
ブレイヴロッカー	2024.4.6	阪神10R	芝2600	良	2	464	33.3	345
ブレイクフォース	2025.2.10	京都11R	ダ1900	良	5	502	35.8	334
プレイサーゴールド	2024.7.7	小倉9R	ダ1700	良	7	492	36.3	332
ブレイディヴェーグ	2024.10.14	東京11R	芝1800	良	1	472	32.8	327
フレミングフープ	2024.6.9	京都4R	芝1600内	稍	1	478	34.0	341
プレリュードシチー	2024.7.13	福島10R	芝2600	良	1	474	34.9	329
フレンチギフト	2024.3.31	中山10R	ダ1800	良	7	472	36.5	334
ブローザホーン	2024.6.23	京都11R	芝2200	重	1	428	34.0	335
プログノーシス	2024.8.18	札幌11R	芝2000	良	4	478	34.4	330
プロクレイア	2025.2.1	京都9R	芝1600内	良	8	448	34.0	331
フロスティクォーツ	2024.4.21	福島12R	ダ1700	良	4	470	36.7	332
プロミストジーン	2025.2.23	東京9R	ダ1600	良	2	476	34.7	336
フロムダスク	2024.7.14	小倉11R	芝1200	不	12	504	34.8	336
フロンタルジェダイ	2024.1.20	小倉8R	ダ2400	稍	3	548	37.5	329
ペイシャケイプ	2025.1.19	中京6R	ダ1200	良	1	538	35.5	328
ベイビールビオ	2024.7.13	函館9R	ダ1700	良	4	498	36.6	328
ヘヴンリーハンド	2024.12.7	中京10R	ダ1800	良	10	504	36.8	325
ペースセッティング	2024.9.7	中京11R	ダ1400	良	5	506	36.0	327
ヘデントール	2025.2.22	東京11R	芝3400	良	1	482	34.9	335
ヘニーガイスト	2024.11.23	東京4R	ダ1400	稍	1	514	35.1	328
ベラジオオペラ	2024.6.23	京都11R	芝2200	重	3	518	34.8	330
ベラジオボンド	2024.2.11	東京11R	芝1800	良	6	476	32.9	325

【ベリタバグス～マテンロウオリオン】

馬名	日付	レース	コース	状	着	馬体重	上3F	指数
ベリタバグス	2024.11.16	福島3R	ダ1700	良	1	476	37.1	327
ペリプルス	2024.3.3	小倉9R	芝2600	稍	5	434	35.5	329
ベルイストワール	2024.12.14	中京7R	ダ1800	良	4	538	36.9	326
ベルビースタローン	2024.11.2	京都11R	芝1400外	不	3	490	34.7	333
ヘルモーズ	2024.9.29	中京12R	ダ1400	稍	2	504	36.1	326
ベンサレム	2024.6.1	東京9R	芝2400	良	2	480	33.4	328
ベンテイガ	2025.1.5	中山9R	ダ1800	良	10	522	37.1	329
ペンナヴェローチェ	2025.1.12	中京9R	ダ1900	良	2	500	36.9	331
ホウオウアートマン	2025.2.1	京都9R	芝1600内	良	7	482	33.9	335
ホウオウスーペリア	2024.1.14	小倉9R	芝2000	良	2	476	34.3	329
ホウオウバリスタ	2024.5.19	東京10R	ダ2100	良	2	526	36.4	326
ホウオウプレミア	2024.3.30	中山8R	芝1600	稍	6	490	34.0	326
ホウオウムサシ	2024.9.21	中山6R	芝2000	良	1	452	33.4	333
ホウオウユニコーン	2024.2.17	小倉10R	芝2600	良	10	480	35.4	326
ホウオウラスカーズ	2024.2.11	東京9R	芝1800	良	2	456	32.7	327
ホウオウルーレット	2024.3.17	中京11R	ダ1800	良	7	510	36.2	335
ポエットリー	2024.2.10	京都9R	芝1600内	良	2	458	34.3	328
ホーエリート	2024.9.7	中山11R	芝2000	良	6	466	33.6	331
ボーデン	2024.5.12	京都10R	芝1600外	良	1	490	33.3	325
ホールシバン	2025.2.2	小倉11R	ダ1700	重	1	530	35.9	333
ボールドゾーン	2024.10.6	東京12R	ダ1600	重	1	504	34.5	334
ホールネス	2024.3.23	中京10R	芝2200	重	1	524	35.1	329
ボッケリーニ	2024.6.1	京都11R	芝2000	良	2	474	33.7	326
ポッドテオ	2024.11.9	東京12R	芝1600	良	12	474	32.8	326
ポッドロゴ	2025.3.2	阪神10R	ダ1800	良	3	482	36.4	326
ポルカリズム	2024.9.14	中山10R	芝1600	良	1	478	33.4	327
ボルザコフスキー	2024.5.26	京都10R	芝1400外	良	7	514	32.8	333
ホルトバージ	2024.9.21	中山7R	ダ1800	良	7	464	37.1	326
ホワイトガーベラ	2024.9.8	中京10R	ダ1200	良	3	506	35.0	334
ホワイトビーチ	2024.6.29	福島9R	芝2600	良	3	486	35.0	328
ボンドガール	2024.9.7	中山11R	芝2000	良	3	448	33.0	338
マーブルマウンテン	2025.1.18	中京9R	ダ1800	良	1	468	36.6	326
マイエレメント	2024.10.26	東京11R	芝1600	良	5	480	32.8	327
マイスターヴェルク	2024.9.8	中山5R	芝1600	良	3	490	33.6	325
マイネルエンペラー	2024.12.8	京都9R	芝2200	良	1	480	33.5	331
マイネルカーライル	2024.1.27	小倉7R	ダ1700	良	1	512	36.7	327
マイネルクロンヌ	2024.4.7	阪神12R	ダ1800	良	6	500	36.5	325
マイネルティグレ	2024.6.23	京都9R	芝1400外	重	2	476	34.0	327
マイネルフォルツァ	2025.2.23	小倉9R	芝1800	良	10	522	34.3	325
マイネルフランツ	2025.2.22	小倉12R	芝2000	良	1	488	34.6	325
マイネルメモリー	2024.6.15	京都9R	芝2000	良	1	466	33.5	328
マイネルモーント	2024.2.18	東京10R	芝2000	良	3	458	33.1	326
マウンテンエース	2024.6.23	東京8R	ダ2100	重	7	508	35.9	325
マキシ	2024.4.6	阪神9R	芝2400	良	1	512	33.6	335
マコトヴェリーキー	2024.1.27	京都10R	芝2200	良	2	480	33.5	331
マサノカナリア	2024.11.17	福島12R	芝1200	良	1	474	33.5	325
マッドクール	2024.3.24	中京11R	芝1200	重	1	540	33.7	329
マッドマックス	2025.2.1	京都9R	芝1600内	良	2	496	33.8	338
マディソンガール	2024.11.30	京都5R	芝1800	良	1	448	33.0	330
マテンロウアルテ	2025.2.23	小倉9R	芝1800	良	2	490	34.2	325
マテンロウオリオン	2024.12.21	京都11R	芝1400外	良	14	488	32.7	333

馬名	日付	レース	コース	状	着	馬体重	上3F	指数
マテンロウガイ	2024.11.16	東京10R	ダ2100	良	5	500	36.1	329
マテンロウバローズ	2025.2.15	京都9R	芝1600内	良	1	480	34.3	329
マテンロウムーブ	2025.2.9	東京9R	芝2400	良	5	502	33.6	326
マテンロウレオ	2024.1.6	中山11R	芝2000	良	7	482	34.0	326
マニバドラ	2024.7.13	福島11R	ダ1150	稍	1	520	35.1	336
マリアナトレンチ	2024.3.24	中京10R	ダ1800	重	3	472	35.8	330
マリオロード	2024.3.17	中京11R	ダ1800	良	5	506	36.5	330
マルカブリッツ	2024.5.12	京都9R	芝2400	良	3	474	33.4	335
マルチャン	2024.8.3	新潟11R	芝2000外	良	3	468	32.6	333
マンマリアーレ	2024.8.10	新潟8R	ダ1800	良	1	472	36.8	327
ミアネーロ	2024.9.7	中山11R	芝2000	良	2	480	33.0	341
ミスタージーティー	2024.5.26	東京11R	芝2400	良	16	460	33.4	327
ミスティックロア	2024.1.28	京都9R	ダ1800	良	1	522	35.9	334
ミッキークレスト	2025.1.12	中京9R	ダ1900	良	1	518	37.0	331
ミッキーヌチバナ	2024.5.18	京都11R	ダ1900	良	6	522	36.4	327
ミッキーハーモニー	2024.12.1	中山11R	芝1200	良	5	464	32.7	328
ミニトランザット	2024.11.9	京都5R	芝1600内	良	1	464	34.2	329
ミヤジシャルマン	2024.7.7	小倉9R	ダ1700	良	4	492	35.9	338
ミュージアムマイル	2024.11.10	京都9R	芝2000	良	1	496	33.7	327
ミラキュラスライト	2024.3.24	中京12R	ダ1400	重	4	490	35.6	325
ミラバーグマン	2024.9.8	中京10R	ダ1200	良	5	454	35.3	327
ムーンスカイ	2024.5.12	京都6R	芝2000	良	4	446	33.4	328
ムガ	2024.2.25	小倉12R	芝1800	稍	6	474	34.5	327
ムコウジマランプ	2024.12.7	中京8R	ダ1200	良	6	510	35.3	330
ムジェロ	2024.1.20	小倉8R	ダ2400	稍	2	512	37.2	332
ムルソー	2024.4.6	阪神5R	ダ1800	稍	1	504	36.4	327
メイクザビート	2024.4.7	阪神12R	ダ1800	良	4	490	36.5	325
メイショウカイト	2024.6.23	京都9R	芝1400外	重	12	476	34.2	325
メイショウゲキリン	2024.5.12	京都9R	芝2400	良	1	520	33.5	336
メイショウコガシラ	2024.3.16	中京9R	ダ1900	良	1	500	36.9	331
メイショウコナン	2024.12.15	中京6R	ダ1900	良	5	508	37.3	326
メイショウサンガ	2024.5.26	京都7R	芝1800	良	4	522	33.4	329
メイショウシナノ	2024.9.29	中京10R	ダ1800	稍	6	498	36.3	332
メイショウシンタケ	2024.6.15	京都11R	芝1600外	良	5	484	32.8	332
メイショウソウタ	2025.1.18	中京7R	ダ1900	良	2	528	37.0	331
メイショウノブカ	2024.8.24	中京12R	芝1400	良	2	514	33.5	325
メイショウハリオ	2025.2.23	東京11R	ダ1600	良	6	508	35.5	326
メイショウブレゲ	2024.3.17	阪神11R	芝3000	稍	8	474	35.4	334
メイショウフンジン	2024.4.28	東京10R	ダ2100	良	1	518	36.4	326
メイショウマントル	2024.10.12	京都9R	ダ1800	良	4	524	36.4	326
メイショウミカワ	2025.1.25	中京11R	ダ1900	良	4	516	36.9	332
メイショウミツヤス	2024.7.13	福島11R	ダ1150	稍	7	498	35.0	336
メイショウユズルハ	2025.1.12	中山10R	ダ1800	良	4	500	37.0	329
メイテソーロ	2024.5.11	東京10R	芝2400	良	10	498	33.5	327
メイプルタピット	2024.12.21	京都10R	ダ1800	良	4	506	36.1	330
メイプルリッジ	2024.4.27	東京9R	ダ2100	稍	1	488	35.8	333
メジェド	2024.4.28	京都9R	ダ1800	良	3	536	36.2	330
メジャーデビュー	2024.6.30	函館7R	ダ1700	良	2	436	36.5	325
メタマックス	2024.7.13	福島11R	ダ1150	稍	2	526	34.7	343
メリオーレム	2024.7.6	小倉10R	芝2600	良	1	484	35.2	329
メルキオル	2024.9.14	中京2R	ダ1800	良	1	474	36.6	327

馬名	日付	レース	コース	状	着	馬体重	上3F	指数
モーニングヘイズ	2024.10.5	東京12R	ダ1400	重	8	538	34.4	333
モーメントキャッチ	2024.12.15	中京6R	ダ1900	良	3	526	37.4	325
モズトキキ	2024.9.7	中山10R	芝1200	良	2	548	33.0	328
モズナナスター	2024.11.2	京都11R	芝1400外	不	2	448	34.7	330
モズミギカタアガリ	2025.1.18	中京11R	ダ1400	良	1	466	35.4	333
モナルヒ	2024.6.23	東京10R	ダ1600	重	5	478	34.5	332
モモンウールー	2024.12.7	中京3R	ダ1800	良	1	454	36.6	325
モリノレッドスター	2024.9.21	中山4R	芝1200	良	3	478	32.8	328
モンタナアゲート	2024.4.7	中山10R	芝2000	重	11	536	35.0	330
モンタルチーノ	2024.11.2	京都3R	芝1400内	重	1	494	35.2	326
モンテシート	2025.2.1	京都9R	芝1600内	良	1	494	33.9	336
モンテディアーナ	2024.6.22	京都5R	芝1400内	良	3	456	33.9	327
モンドプリューム	2025.1.19	中京10R	ダ1200	良	2	504	35.5	327
モンブランミノル	2024.3.9	阪神9R	芝2400	良	3	494	33.8	331
ヤクシマ	2024.4.14	中山12R	芝1200	良	13	520	32.6	333
ヤマニンアラクリア	2024.6.29	福島9R	芝2600	良	4	466	35.1	325
ヤマニンアルリフラ	2024.6.15	京都4R	芝1400内	良	3	470	33.6	333
ヤマニンウルス	2024.1.14	京都10R	ダ1800	良	1	582	36.0	336
ヤマニンサンパ	2024.6.1	京都11R	芝2000	良	4	484	33.8	325
ヤマニンステラータ	2024.7.7	小倉3R	芝2600	良	1	464	35.0	331
ヤングソルジャー	2024.6.22	京都5R	芝1400内	良	6	424	33.7	328
ユアフラッシュ	2024.11.9	福島4R	ダ2400	良	1	462	38.6	326
ユキノファラオ	2024.4.14	中山12R	芝1200	良	11	498	32.7	330
ユハンヌス	2024.9.15	中京10R	芝1600	稍	3	476	33.8	326
ユメハハテシナク	2025.1.18	中京9R	ダ1800	良	2	490	36.6	327
ヨーホーレイク	2025.2.16	京都11R	芝2200	稍	1	534	34.2	331
ヨリノサファイヤ	2024.3.17	中山12R	ダ2400	良	1	518	38.1	327
ライジン	2025.1.5	中京10R	ダ1200	良	11	492	35.4	328
ライツフォル	2024.9.7	中京11R	ダ1400	良	4	492	35.7	331
ライトバック	2024.4.7	阪神11R	芝1600	良	3	470	32.8	326
ライフセービング	2024.7.27	札幌9R	芝2600	良	1	452	34.9	327
ラインオブソウル	2024.3.24	中山11R	ダ1800	良	5	522	37.2	327
ラヴァンダ	2024.2.10	京都9R	芝1600内	良	3	480	34.3	329
ラウダブル	2024.5.18	京都9R	芝1600内	良	10	510	34.4	329
ラオラシオン	2024.2.25	中山4R	ダ1800	稍	1	490	36.7	333
ラトラース	2024.6.16	京都5R	芝1600内	良	2	462	34.2	329
ラパンラピッド	2024.9.8	中山7R	芝1600	良	8	480	33.4	327
ラフエイジアン	2025.2.1	東京9R	ダ1600	良	8	470	35.0	331
ランスオブカオス	2024.12.1	京都5R	芝1400内	良	1	502	33.6	335
ランスノーブル	2024.4.14	中山6R	ダ1800	良	2	460	37.1	325
ランドオブラヴ	2024.9.7	中山10R	芝1200	良	1	430	32.3	332
リアライズオーラム	2024.10.26	東京2R	芝2000	良	1	496	33.3	325
リアレスト	2024.11.16	東京10R	ダ2100	良	1	512	35.4	340
リチャ	2024.9.29	中京10R	ダ1800	稍	4	492	36.2	333
リチュアル	2024.4.28	東京10R	ダ2100	良	2	510	36.4	325
リトルジャイアンツ	2024.11.30	中山9R	芝2000	良	3	446	33.9	325
リバートゥルー	2025.2.1	東京9R	ダ1600	良	9	460	34.7	335
リビアングラス	2025.2.2	京都10R	芝2200	稍	1	496	34.4	326
リフレーミング	2024.4.14	福島11R	芝2000	良	1	468	34.2	333
リューデスハイム	2024.9.8	中京7R	ダ1900	良	1	508	37.2	327
リラエンブレム	2024.10.27	京都5R	芝1600内	良	1	470	34.4	327
リラボニート	2024.5.18	京都9R	芝1600内	良	5	458	34.0	332

馬名	日付	レース	コース	状	着	馬体重	上3F	指数
ルージュアベリア	2024.10.6	新潟3R	ダ1800	稍	1	492	36.7	330
ルーチェロッサ	2024.9.8	中山9R	芝1800	良	4	468	33.3	326
ルーフ	2024.4.28	京都10R	芝1200	良	10	488	32.9	325
ルーベンス	2024.4.21	東京4R	芝2400	良	2	514	33.5	328
ルカランフィースト	2025.3.2	中山9R	芝1800	良	9	478	33.2	328
ルクスビッグスター	2024.11.2	京都12R	芝1800	不	2	492	34.2	346
ルクソールカフェ	2025.2.23	東京9R	ダ1600	良	1	534	35.1	334
ルシュヴァルドール	2024.12.21	京都10R	ダ1800	良	3	528	35.9	334
レアンダー	2024.7.7	小倉9R	ダ1700	良	1	460	36.0	334
レイククレセント	2024.6.2	東京7R	芝2000	稍	6	422	33.5	326
レイデラルース	2024.6.29	福島9R	芝2600	良	1	486	35.1	326
レイニング	2024.11.3	東京5R	芝1800	良	1	468	32.9	325
レイワサンサン	2025.1.18	中京7R	ダ1900	良	3	498	37.2	327
レーベンスティール	2024.10.27	東京11R	芝2000	良	8	480	33.2	326
レガレイラ	2024.9.15	中京11R	芝2000	稍	5	468	33.1	341
レッドエヴァンス	2024.1.14	京都5R	芝1600内	良	6	506	34.3	331
レッドキングリー	2024.10.5	東京5R	芝2000	稍	1	500	33.4	332
レッドサジェス	2024.12.1	中山5R	芝2000	良	2	488	34.0	326
レッドテリオス	2024.9.7	中山7R	芝2000	良	2	468	33.4	334
レッドバリエンテ	2024.4.6	阪神10R	芝2600	良	1	482	34.0	336
レッドバレンティア	2024.7.27	札幌10R	芝1500	良	3	462	33.8	328
レッドファーロ	2024.4.28	東京10R	ダ2100	良	6	510	36.0	331
レッドモンレーヴ	2025.3.1	中山11R	芝1200	良	7	522	32.3	339
レッドロスタム	2024.9.8	中山7R	芝1600	良	2	496	33.3	330
レディベル	2024.7.6	福島10R	芝2000	良	2	532	35.0	325
レディントン	2024.5.18	京都9R	芝1600内	良	8	480	33.5	341
レベルスルール	2024.10.5	京都5R	芝1600内	良	5	500	34.6	326
レミージュ	2024.6.29	福島10R	芝1800	良	3	446	34.1	327
ローザサンリヴァル	2025.3.1	小倉9R	芝2600	良	1	510	35.6	325
ローズスター	2024.6.23	京都10R	ダ1400	不	2	456	34.1	337
ロードエクレール	2024.9.7	中京11R	ダ1400	良	2	470	35.4	334
ロードオルデン	2024.12.14	中京10R	ダ1400	良	4	486	35.9	327
ロードデルレイ	2024.1.27	東京11R	芝2000	良	1	486	33.2	326
ロードフォアエース	2024.8.31	中京11R	芝1200	不	2	530	34.9	325
ロードフォンス	2024.11.17	東京11R	ダ1400	良	1	494	34.9	330
ロードプレジール	2024.10.27	京都10R	芝3000	良	5	492	34.2	332
ロードマンハイム	2024.11.2	京都12R	芝1800	不	6	510	35.4	329
ロードラビリンス	2024.6.16	京都5R	芝1600内	良	7	470	34.5	325
ローレルキャニオン	2024.6.9	京都9R	芝2400	稍	2	568	33.7	345
ロコポルティ	2024.3.23	中京11R	ダ1900	重	1	520	35.9	340
ロスティチェーレ	2025.1.5	中京6R	ダ1800	良	4	486	36.6	327
ロストシークレット	2024.1.20	京都12R	芝1600内	重	2	452	35.5	325
ロパシック	2024.7.28	札幌5R	芝1800	重	2	430	34.8	328
ロレンツォ	2024.1.13	中山8R	ダ1200	良	5	486	35.5	326
ロングラン	2024.4.14	福島11R	芝2000	良	8	480	34.5	330
ワープスピード	2024.2.17	東京11R	芝3400	良	3	504	33.7	356
ワールズエンド	2024.4.13	阪神11R	芝1600	良	4	462	32.1	336
ワイドエンペラー	2024.10.6	東京9R	芝2400	良	1	492	32.8	338
ワザモノ	2024.9.8	中山9R	芝1800	良	7	498	33.3	328
ワンダーカモン	2024.1.21	京都5R	芝1600内	不	2	476	36.4	329
ワンデイモア	2024.4.7	中山10R	芝2000	重	4	536	34.8	333
ワンパット	2024.12.15	中京6R	ダ1900	良	1	484	36.9	330

サロン

これらコンテンツがすべて閲覧可能!

一緒に勝ち組を目指すメンバー募集中!

天才!の競馬サロンはコチラから

https://lounge.dmm.com/detail/3906/index/

【DMMオンラインサロン】

利用:月額5,500円(税込)

※配当確保のため、希望者多数の場合は先着順で受け付けを締め切りますのでご容赦ください。

▼乗り遅れるな!上がり指数からバンバン的中!!

小倉 1R　2歳・未勝利(馬齢)(九)　芝1200m 10:00

枠番	馬番	馬名	上指数 値	上指数 順	SO	狙	注	前走馬体重
1	1	テイエムハヤカケン	288	6	D			494
2	2	キリシマラッキー	288	6	D			444
3	3	カシノスターリング	302	3	D			460
4	4	ベルボールドナイン	288	6	D			460
5	5	セロンテソーロ	303	2	D			422
6	6	エイヨーチャクラ	288	6	D			430
7	7	テイエムイッキュウ	285	10	D			414
7	8	コウユーオモイノセ	297	4	D			468
8	9	カシノサヴィ	295	5	D			430
8	10	オバケノキンタ	307	1	D			438

上がり指数

投票→的中

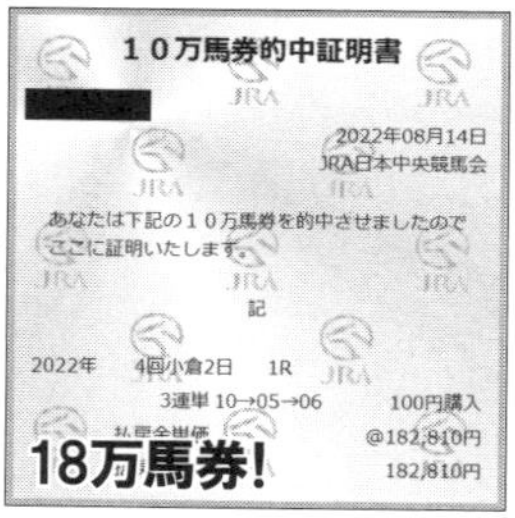

18万馬券!

新潟 2R　2歳・未勝利(馬齢)(混)　芝1800m 10:35

枠番	馬番	馬名	上指数 値	上指数 順	SO	狙	注	前走馬体重
1	1	サウスシーパール	280	9	C			460
2	2	アクラシア	297	7	A			470
3	3	マイバラード	293	8	A			442
4	4	シーズオブホープ	309	3	A	★		460
5	5	ヤングローゼス	322	2	A	★		494
6	6	モンドブリューム	302	4	A			480
7	7	ウインオーディン	329	1	C			458
8	8	シルバーティムール	300	5	C			494
8	9	エンジェリックアイ	299	6	C			476

上がり指数

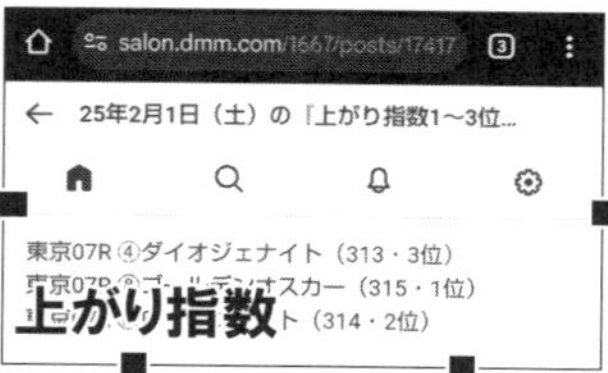

上がり指数

払戻2万6240円!

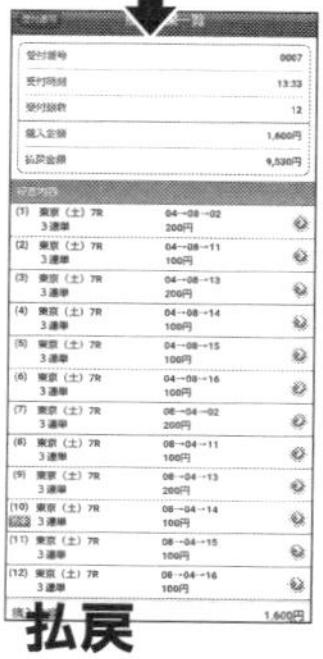

払戻9530円!

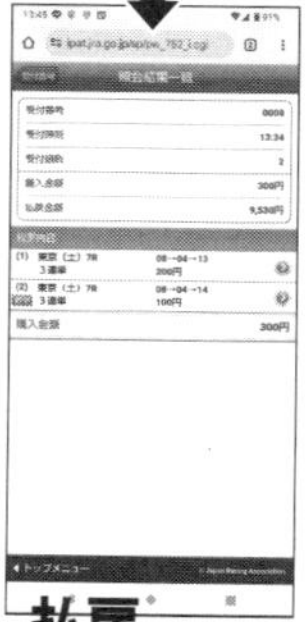

払戻9530円!

払戻9530円!

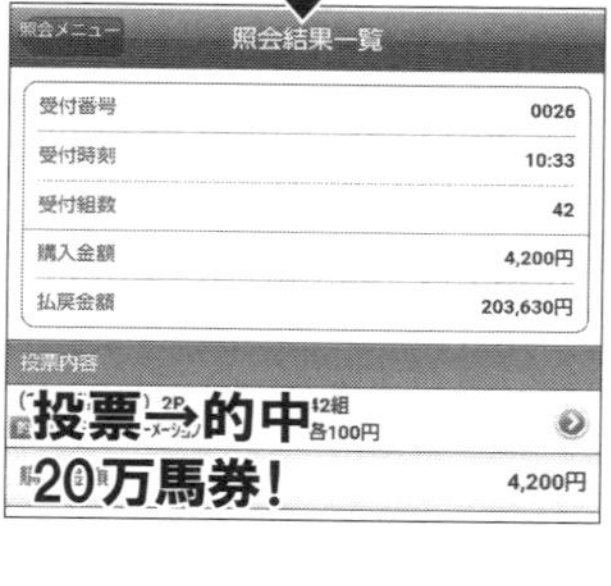

投票→的中

20万馬券!

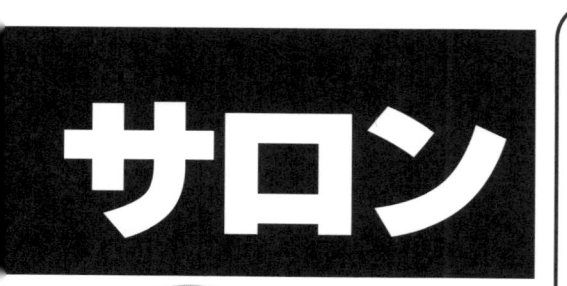

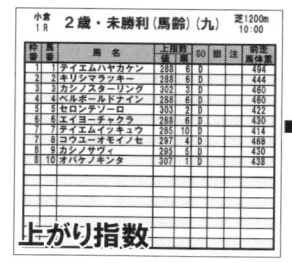

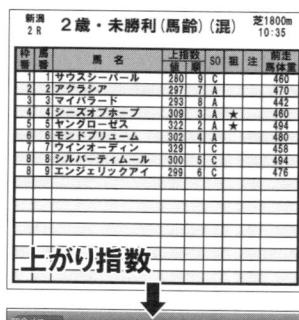

上がり指数の破壊力を体感せよ！

天才！の競馬

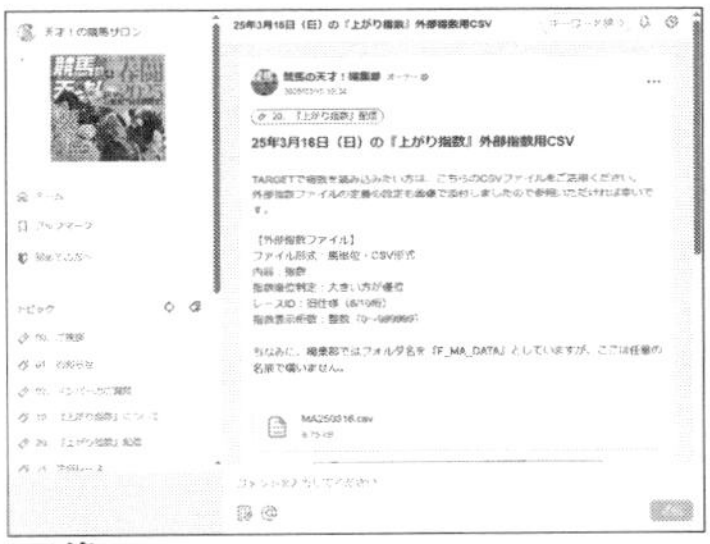

画像1

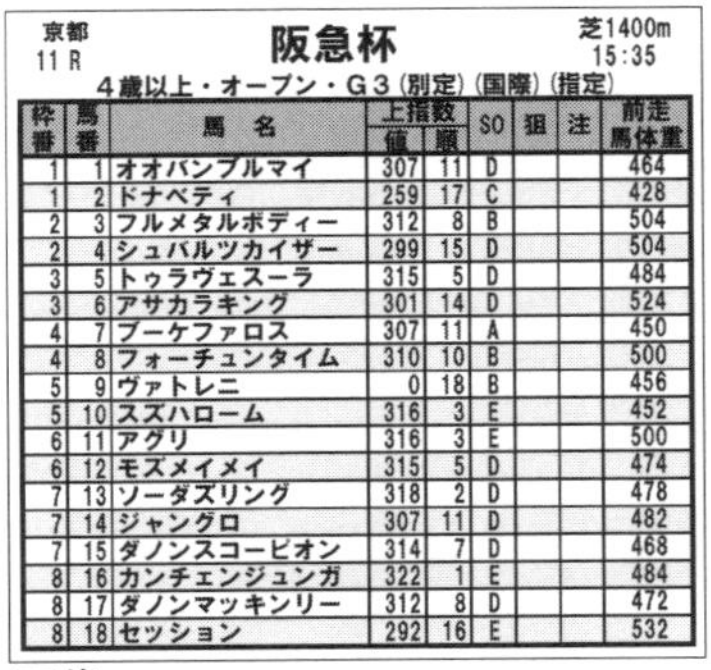

京都 11R 阪急杯 芝1400m 15:35

4歳以上・オープン・G3（別定）（国際）（指定）

枠番	馬番	馬名	上指数 値	上指数 順	SO	狙	注	前走馬体重
1	1	オオバンブルマイ	307	11	D			464
1	2	ドナベティ	259	17	C			428
2	3	フルメタルボディー	312	8	B			504
2	4	シュバルツカイザー	299	15	D			504
3	5	トゥラヴェスーラ	315	5	D			484
3	6	アサカラキング	301	14	D			524
4	7	ブーケファロス	307	11	A			450
4	8	フォーチュンタイム	310	10	B			500
5	9	ヴァトレニ	0	18	B			456
5	10	スズハローム	316	3	E			452
6	11	アグリ	316	3	E			500
6	12	モズメイメイ	315	5	D			474
7	13	ソーダズリング	318	2	D			478
7	14	ジャングロ	307	11	D			482
7	15	ダノンスコーピオン	314	7	D			468
8	16	カンチェンジュンガ	322	1	E			484
8	17	ダノンマッキンリー	312	8	D			472
8	18	セッション	292	16	E			532

画像3

画像7

【天才！の競馬サロン更新メニュー】

1. 上がり指数①

➡競馬 DB ソフト TARGET 用の外部指数ファイル、CSV 形式（画像 1）

2. 上がり指数②

➡各レースの 1 ～ 3 位馬を抜粋、テキスト形式

3. 上がり指数③

➡全レース掲載の出馬表形式、PDF（画像 3）

4. 注目レース①

➡月間や開催単位で狙える上がり指数の注目馬を紹介

5. 注目レース②

➡上がり指数と天才！オリジナル指数からAI的に注目馬を紹介

6. 注目レース③

➡上がり指数と好相性の馬券術ステルスオッズで注目馬を紹介

7. 競馬の天才！オリジナル馬柱

➡雑誌購読者だけが競馬の天才！デジタルで見られる"馬券術の印入り馬柱"（画像 7）

8. ランニング・スコアシート（CVS プリント展開中）

➡各場メインを中心に 1 日 6R 予想、AI 的に判断した鋼鉄軸馬 3 頭と爆裂穴馬 4 頭を推奨（画像 8）

9. コースの天才！（CVS プリント展開中）

➡全レースの枠（馬番）・騎手・調教師・種牡馬の好走率と回収率が記された出馬表（画像 9）

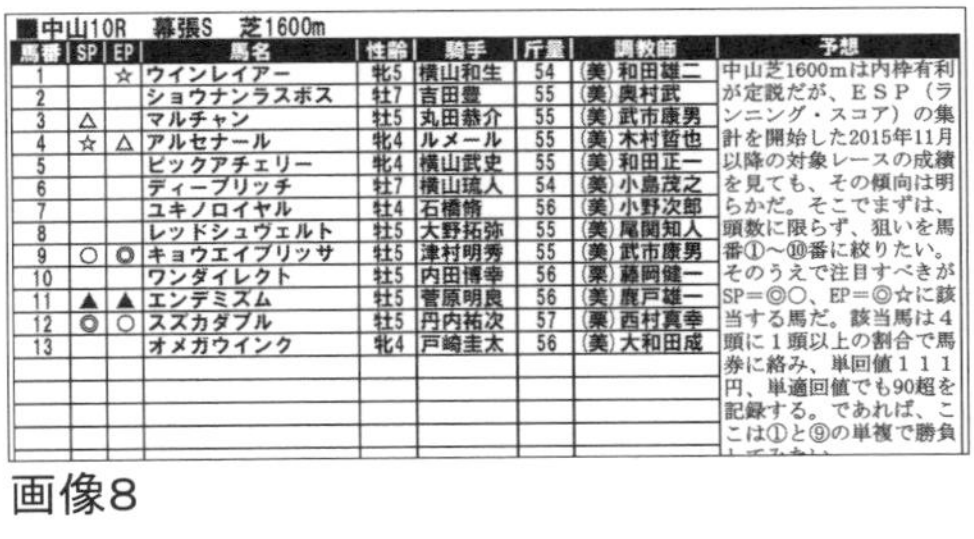

中山10R 幕張S 芝1600m

馬番	SP	EP	馬名	性齢	騎手	斤量	調教師
1		☆	ウインレイアー	牝5	横山和生	54	(美)和田雄二
2			ショウナンラスボス	牡7	吉田豊	55	(美)奥村武
3	△		マルチャン	牡5	丸田恭介	55	(美)武市康男
4	☆	△	アルセナール	牝4	ルメール	55	(美)木村哲也
5			ビックアチェリー	牝4	横山武史	55	(美)和田正一
6			ディープリッチ	牡7	横山琉人	54	(美)小島茂之
7			ユキノロイヤル	牡4	石橋脩	56	(美)小野次郎
8			レッドシュヴェルト	牡5	大野拓弥	55	(美)尾関知人
9	○	◎	キョウエイブリッサ	牡5	津村明秀	55	(美)武市康男
10			ワンダイレクト	牡5	内田博幸	56	(栗)藤岡健一
11	▲	▲	エンデミズム	牡5	菅原明良	56	(美)鹿戸雄一
12	◎	○	スズカダブル	牡5	丹内祐次	57	(栗)西村真幸
13			オメガウインク	牝4	戸崎圭太	56	(美)大和田成

予想

中山芝1600mは内枠有利が定説だが、ESP（ランニング・スコア）の集計を開始した2015年11月以降の対象レースの成績を見ても、その傾向は明らかだ。そこでまずは、頭数に限らず、狙いを馬番①～⑩番に絞りたい。そのうえで注目すべきがSP＝◎○、EP＝◎☆に該当する馬だ。該当馬は4頭に1頭以上の割合で馬券に絡み、単回値111円、単適回値でも90超を記録する。であれば、ここは①と⑨の単複で勝負

画像8

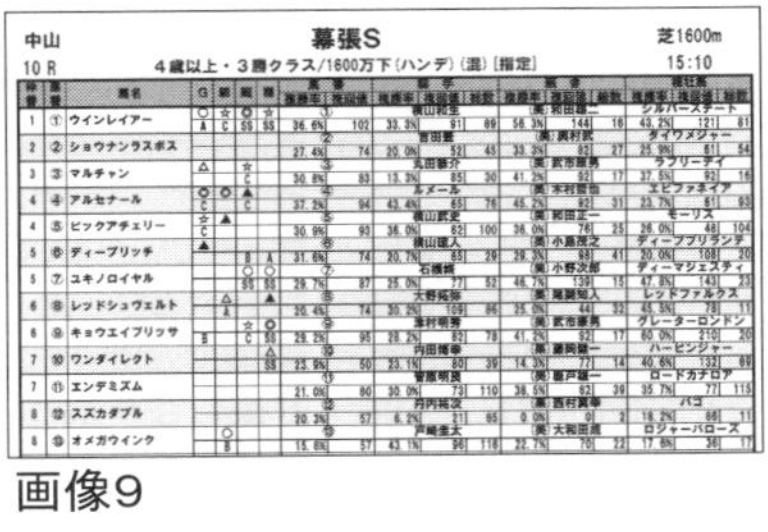

画像9

●著者紹介

「競馬の天才！」編集部（けいばのてんさい　へんしゅうぶ）

「競馬の天才！」（株式会社メディアボーイ刊）は、2018 年 10 月 13 日創刊。毎月 13 日発売の競馬専門誌。2025 年5月発売号で 80 号となる。雑誌だけではなく、オンラインサロン「天才！の競馬サロン」を運営。上がり指数は、編集部が開発したオリジナル指数で、同サロンで公開中（本書P 174 ～ 175 参照）。また、4月下旬にはPOGムック「天才！のPOG青本」（2025 ～ 26 年版）を刊行予定。

競馬《けいば》のプロが使《つか》っている上《あ》がり指数《しすう》
ガツンと儲《もう》ける！攻略《こうりゃく》ガイド

発行日　2025年4月25日　　第1版第1刷

著　者　「競馬《けいば》の天才《てんさい》!」編集部《へんしゅうぶ》

発行者　斉藤　和邦
発行所　株式会社　秀和システム
〒135－0016
東京都江東区東陽2-4-2　新宮ビル2F
Tel 03-6264-3105（販売）　Fax 03-6264-3094

印刷所　三松堂印刷株式会社　Printed in Japan

ISBN978-4-7980-7520-4 C0075

定価はカバーに表示してあります。

乱丁本・落丁本はお取りかえいたします。

本書に関するご質問については、ご質問の内容と住所、氏名、電話番号を明記のうえ、当社編集部宛ＦＡＸまたは書面にてお送りください。お電話による質問は受け付けておりませんのであらかじめご了承ください。